Baldur Airinger

AF285222

Frieden durch Achtsamkeit

Impulse für eine neue Zeit

© Baldur Airinger 2022
Herstellung und Verlag: BoD – Books on Demand, Norderstedt
ISBN: 9783756209477

„Trotz unserer erstaunlichen Leistungen haben wir nach wie vor keine Ahnung, wohin wir eigentlich wollen, und sind so unzufrieden wie eh und je. Von Kanus sind wir erst auf Galeeren, dann auf Dampfschiffe und schließlich auf Raumschiffe umgestiegen, doch wir wissen immer noch nicht, wohin die Reise gehen soll.

Wir haben größere Macht als je zuvor, aber wir haben noch immer keine Ahnung, was wir damit anfangen wollen.

Schlimmer noch, die Menschheit scheint verantwortungsloser denn je. Wir sind Self – made – Götter, die nur noch den Gesetzen der Physik gehorchen und niemandem Rechenschaft schuldig sind.

Und so richten wir unter unseren Mitlebewesen und der Umwelt Chaos und Vernichtung an, interessieren uns nur für unsere eigenen Annehmlichkeiten und **finden doch nie Zufriedenheit.**

Gibt es etwas Gefährlicheres als **unzufriedene und verantwortungslose** Götter, die **nicht wissen, was sie wollen**?"

Yuval Noah Harari | Eine kurze Geschichte der Menschheit | Abschlusspassus.

Gesundheit ist höchster Reichtum,
Zufriedenheit der schönste Schatz,
Zuversicht der beste Freund.

Dhammapada | Worte des Buddha | 15. Kapitel | Das Glückskapitel | Vers 204.

Gesundheit bedeutet, auf die Signale meines Körpers zu hören, sie ernst zu nehmen und den Selbstheilungskräften meines Organismus freien Spielraum zu geben.

Gesundheit des Systems bedeutet, auf die Signale des Systems zu hören, sie ernst zu nehmen und den Kräften der Eigenverantwortung Gehör zu verschaffen, damit sich jeder für sich und alle, sinnvoll und zu seiner eigenen Zufriedenheit und der Zufriedenheit des Systems Staat im System harmonisch integrieren kann.

Baldur Airinger 2022.

Für Thomas und Boudicca.
Für Marianne und Karlheinz, Ulla und Herbert R..
Für Rolf und Reinhard, Ralf, Andreas, Jessica, Christa, Angelika, Rebecca.
Für Brigitte, Gaby, Frau Sabine W., Hannelore R. und Herbert B..
Für Martina K. und Thomas H., Oliver G. und Familie.
Für Heribert L., Moni, Hubert, Johanna, Klaus, Markus und Viola.
Für Yuval Noah Harari.

Inhalt

Vorwort | Aufwachen!

Als die Ukrainekrise begann, wurde mir klar, dass wir – besonders in Anbetracht der Beliebtheit von Atomreaktoren, also Kernkraftwerken, Atommunition und A-tombomben in besonderen elitären politischen Kreisen – neue Wege brauchen.
Wir benötigen einen neuen Weg, vor allem einen neuen politischen Weg der Ver-ständigung und der Konfliktlösung.
Als die Coronakrise begann, wurde mir klar, das dies ein Impuls ist, unsere bis-her gegangenen Wege neu zu überdenken.

Dies passte sehr gut in meinen eigenen Lebensplan, denn mir wurde – als be-sonders leidenschaftlicher Sammler von persönlichen Krisen, Fehltritten, Fehlschlägen und Fettnäpfchen in verschiedenen Formen, Farben und Größen, die überall hier und da bei mir herum liegen und über die ich in meiner kleinen nicht so besonders ordentlichen Wohnung im überladenen Alltag immer wieder mal stolpere, bewusst, dass meine Situation im Grunde leicht in den Griff zu krie-gen wäre, wenn ich vielleicht mal die Perspektive wechseln würde.

Aus meinem Studium der Förderpädagogik erinnerte ich mich an ein Seminar zum Thema „Umgang mit persönlichen Krisen".

Krisen haben einen typischen, immer wiederkehrenden Verlauf, lernte ich da.
Eine neue Lebenssituation, sei es ein gebrochenes Bein, eine nicht bestandene Prüfung oder eine schwere Krankheit, bricht mehr oder weniger plötzlich in unser Leben ein. Zunächst wehren wir uns dagegen, denn die neue Situation entspricht nicht unseren Zielen, die wir uns gesteckt haben. Es ist wie eine Barriere, die wir überwinden müssen.
Erst verspüren wir Ohnmacht, Trauer, Zorn, vielleicht geraten wir in eine Depres-sion, alles Formen der Ablehnung der Steine, die uns in den Weg gelegt werden.
Mittlerweile gibt es viele Ratgeber, aus denen wir lernen können, welche ver-schiedenen Möglichkeiten wir haben, mit persönlichen Krisen umzugehen.
Dort wird uns erklärt, dass wir wählen können zwischen der Verzweiflung, der Kapitulation vor unserer neuen Lebenslage und einer anderen Form des Um-gangs, nämlich die unerwartet eingetretene Lebenssituation zunächst als neutrales Hindernis zu sehen und weniger emotional auf unseren Jetzt – Zustand zu reagieren. Einfach ausgedrückt: Ist das Glas halb leer oder halb voll?
Ein Sprichwort sagt: *„Aus den Steinen, die uns in den Weg gelegt werden, können wir wertvolle Dinge bauen."*

Alles was ich schreibe gilt für jede „Neuauflage" des Coronavirus, gilt ebenso für jede Neuauflage politischer Ränkespiele und Unstimmigkeiten und es gilt ebenso für meine persönliche Sicht auf mich selbst.

Denn auch mit Fettnäpfchen, die überall mal hier und da herum liegen, kann ich etwas Tolles bauen. Wenn Joseph Beuys aus einer Fettecke ein Kunstwerk machen kann, aus dem Kaloriengehalt, der gespeicherten Energie und dem Nährwert des Fettes als Symbol unserer natürlichen Ressourcen, kann ich auch aus meinen Fettnäpfchen ein Kunstwerk bauen und erkenne statt Fettnäpfchen und Fehlschlägen einfach überall nur Energie, Speicher meiner Erfahrungen und Erinnerungen, als Symbol meiner natürlichen Ressourcen.

Menschen in der Ukraine, die aktuell leiden, hilflos und verzweifelt sind, werden sich möglicherweise mit dem Finger gegen die eigene Stirn tippen, wenn sie meine ermutigenden Sprüche hören.

In Anbetracht der Tatsache, dass Corona und auch die Coronaimpfung in manchen Fällen eine lebensbedrohliche, qualvolle Situation darstellt, gilt dieser Spruch nicht für das Leid des Einzelnen, denn wer um sein Leben kämpft, erschöpft, abgeschlagen ist, sich um seine Mitmenschen sorgt und hört, wie viele Leute sterben, der hat natürlich keinen Sinn für derart aufmunternde Gedanken.

Das Robert-Koch-Institut (RKI) ist die offizielle erste Anlaufstelle für die Öffentlichkeit, für sachbezogene und alltägliche Fragen zum Thema Corona. Über die Corona-App und die Homepage des RKI können wir uns gezielt qualifizierte Antworten auf unsere Fragen einholen. Zum Beispiel informiert es über die AHA-Formel: Mit der AHA-Formel durch den Sommer bedeutet: Abstand halten, Hygiene beachten, Alltagsmaske tragen. Die Informationen sind immer auf dem neusten Stand, derzeit wird geraten, Kontakte weiterhin zu reduzieren.

Meine persönliche Anlaufstelle für die Bewältigung von Krisen ist die Lehre des Buddha. Sie ist aus meiner Perspektive eine spezielle Form des Rajayoga, weil sie diesen Yogaweg als allein selig machendes Prinzip versteht, ohne dabei allerdings auf die anderen Wege herab zu blicken, denn der Buddha ist voller Gelassenheit, Gleichmut und Glück und wer so drauf ist, muss nicht auf andere herab blicken.

Die Erkenntnis des historischen Buddha ist einfach, wenn auch radikal.

Dabei mag die Radikalität der Erkenntnis des Buddha die eine oder den anderen so sehr erschrecken, dass sie oder er einen Kollaps erlebt.

Und zwar hat Gautama Siddhartha aus der Familie der Shakya, der etwa 500 vor Christus in Nordindien lebte, erkannt, dass wir alles, was wir erleben, uns selbst in die Wiege gelegt haben. Es dient unserem Lernen, unserem Erkennen, unserer Läuterung. Und unserer Vervollkommnung.

Läuterung bedeutet hierbei einfach, dass wir erkennen, was wir brauchen können, um glücklich zu werden und dass wir auch erkennen, was uns nicht nützt, um glücklich zu sein.

Mit diesem Büchlein möchte ich dazu anregen, die Krisen, in denen wir uns momentan befinden, als einen **Impuls** zu betrachten, den wir auf geistiger Ebene nutzen können, um gemeinsam unseren gesellschaftlichen Trott, in dem wir stecken, zu hinterfragen, die ein oder andere Sackgasse, in die wir geraten sind, zu erkennen und mögliche neue Wege und Problemlösungen ins Auge zu fassen. Was hindert uns daran? Denken und Erkennen kostet nichts!

Baldur Airinger im Mai 2022.

Kapitel 1 | Fettnäpfchen oder Goldnäpfchen?

Was ist eine Krise?

A) Ein Hindernis, das unüberwindbar erscheint.
B) Eine Möglichkeit und Chance, deren Nutzen sich mir bei etwas Übung immer mehr und immer klarer erschließt.

Lust auf Abenteuer

Max und Jenni sind frisch verheiratet und wollen in den Flitterwochen ein Spiel spielen.
„Ich will mit dir auf Schatzsuche gehen!", ruft Jenni.
„Au ja, ich lad' mal ein paar Daten für ein Geo Caching hoch," gibt Max erfreut zurück.
„Nee, Max, Geo Caching spiel ich nich'. Das ist ja kein echter Schatz, der ist ja von anderen Leuten da hin gelegt worden. Wo ist denn da das Abenteuer?", fragt die erboste Jenni.
„Ach, Jenni, ist gut, du bist mein einziger Schatz," antwortet Max glücklich.
So einfach kann das Leben sein.

Max und Jenni haben es gut, wenn sie einander vertrauen und dem Partner gute Absichten unterstellen. Zumindest keine bösen Intentionen anzunehmen ist auch in unserem Falle der Gesundheit und dem Gesundheitsmanagement sowie der Politik der beste Weg.

Den anderen Menschen fragen, statt ihn zu verurteilen, das ist wichtig für meine innere Gesundheit und für eine gute Beziehung.
Für meine innere Gesundheit ist es gut, denn ich übersäuere mich nicht mit Stress und negativen Emotionen, die immer auch Stresshormone bedeuten, wenn ich nicht in der neutralen und mitfühlenden Haltung der Frage bleibe.
Für die Beziehung ist die Frage natürlich besser als der Vorwurf, weil wir auch selbst keine Vorwürfe hören wollen, wenn es uns selbst einmal dreckig geht.

„Schatz, was ist los, erzähl mal, macht dir etwas Sorgen?", höre ich jedenfalls lieber als „Mann, musst du immer so schusselig sein?", oder: „Bist du doof?"

Unsere Haltung uns selbst und der Welt gegenüber kann unsere Gesundheit verbessern, indem wir freundlicher uns selbst und der Welt gegenüber sind, denn dadurch werden ganz einfach Glückshormone ausgeschüttet.

Bei meiner Recherche zum Frieden bin ich auf fünf wichtige Begriffe gestoßen.

1. Salutogenese
2. Selbstheilungskräfte
3. Säure – Basen – Gleichgewicht
4. Natürliche Körperzyklen
5. Natürliche Gesundheitslehre©

Worum es sich bei diesen Begriffen handelt, darauf werde ich im Verlauf meiner Darstellung noch eingehen. Frieden – innerer Frieden – bringt Gesundheit.
Wichtig ist mir an dieser Stelle, aufzuzeigen, was ich über natürliche Gesundheit herausgefunden habe und wie diese im Gegensatz zu dem steht, wie wir uns heute verhalten.

Unser Weg vom Tierreich zur Hochzivilisation

Wir Menschen sind Säugetiere und können daher annehmen, dass ein Organismus, der Millionen Jahre lang die härtesten Katastrophen und Klimawechsel allein aus der Natur heraus überlebt hat, nicht in den letzten dreitausend beziehungsweise dreihundert Jahren große Veränderungen bezüglich seiner eigenen Natur und seiner natürlichen Heilkraft erfahren hat.
Heute können wir unterscheiden zwischen dem Beginn der Zivilisation vor etwa 30.000 Jahren in der heutigen Türkei, der dauerhaften Versorgung der menschlichen Großgesellschaften mit einem hohen Nahrungsanteil an Getreide vor etwa 3000 Jahren und dem gezielten Eintreten der Chemie und Technik beziehungsweise Technologie in die medizinische Prophylaxe- und Notfallversorgung seit etwa 300 Jahren.

Zwei Fragen möchte ich meinen Lesern vorab stellen.

1. Haben Sie bereits die Gelegenheit gehabt, frei lebende Tiere bei ihrer eigenen, von Mensch und Zivilisation unabhängigen „medizinischen Versorgung" zu beobachten?
2. Erinnern Sie sich an ihre Kindheit, wie ihre Hände, Knie und Schienbeine verheilt sind, als sie etwas zu wild Rad gefahren und mal vom Rad gefallen sind? Oder wenn Sie auf einen Baum geklettert sind und dabei so abgerutscht sind, dass sie sich eine Schramme zugezogen haben?

Es gibt oberflächliche Verletzungen, die heilen relativ schnell und von allein.
Innere Verletzungen stellen natürlich eine Situation dar, bei denen ein Lebewesen Hilfe braucht, um zu überleben.
Die Wundheilung der Haut jedoch, beim Hinfallen vom Rad oder glimpflich endenden Abrutschen von einem Baum, die Schürfung, der sogenannte „blaue Fleck" – es gibt oberflächliche Verletzungen, die deutlich darauf hinweisen, dass der menschliche Organismus über Selbstheilungskräfte verfügt, die wir unserem natürlichen, tierischen Erbe zu verdanken haben.
Wie jedoch gehen wir damit um?

Forschungen zu Regenerationsfähigkeit bei natürlichen Lebewesen, die verwendet werden, um in der Industrie auf hochmoderner Ebene diese Prinzipien zur Selbstregeneration bei Stahloberflächen einzusetzen im Falle eines oberflächlichen Defektes ist beispielsweise die Feuerverzinkung.
Wir erforschen also unsere Natur, um auf technischer Ebene diese Erkenntnisse in den Erhalt von Materialien zu investieren.
Wenn wir Menschen aber ein Pickelchen, eine kleine oberflächliche Schürfwunde haben oder leicht erkältet, etwas übermüdet sind, greifen wir sofort zum Medizinschrank, holen Gesichtswasser, Desinfektionsmittel, sogenannte Erkältungsmedizin hervor oder trinken schnell einen Kaffee, anstatt eine kleine Wunde selbst verheilen zu lassen, die Hautverunreinigung gelassen hinzunehmen und uns ab und zu eine Pause zu gönnen.
Was hat das nun mit dem Coronavirus zu tun?
Bei bakteriellen Infektionen können wir zu Antibiotika greifen, die Vor- und Nachteile für unseren menschlichen Organismus haben. Einerseits schaden sie erheblich unserer Darmflora und setzen unsere natürlichen Abwehrorgane einem erhöhten Stress aus, andererseits können sie sicher etwas abtöten, das zwar auch lebendig ist, von uns aber als Bedrohung empfunden wird.
Viren jedoch sind keine Lebewesen und daher wirken hier Antibiotika nicht. Anti – Bio - tika bedeutet: Antibiose. Anti bedeutet „Gegen". Bios bedeutet „Leben". Gegen das Leben. Wir müssen also organisatorische Mittel der Wahl treffen, die eine Ansteckung vermeiden.
Tröpfcheninfektion und Schmierinfektion sowie die brisanten Aerosole[1] sind die Ansteckungsmöglichkeiten bei Coronaviren beziehungsweise COVID – 19[2].
Es gilt also, Abstand zu halten, es gilt, diszipliniert und bewusst nur da anzufassen, wo ich mich oder andere durch eventuelle virale Ablagerungen auf meinen Händen nicht anstecken kann. Das Virus zwingt uns zu mehr Disziplin im Alltag.
Wir müssen uns außerdem bewusst werden, was wir tun.

---

[1] Quelle 1a | rki.de
[2] Quelle 1 | S. 357

„Ich habe mir jetzt dreimal mit der linken Hand ans Kinn gefasst!", ruft eine Freundin und greift zu einem Reinigungstuch.

Das mag leicht hysterisch erscheinen, aber das ist nicht so schlimm, denn es bedeutet auch einen Zuwachs an Bewusstsein.

Durch Corona werden wir uns unserer Handlungen bewusst.

Was sind wir, wenn wir uns unserer selbst nicht bewusst sind?

Technisch hoch entwickelte Affen beziehungsweise Schimpansen.

Haben sie schon einmal einem Schimpansen lange in die Augen geschaut? Diese Affen haben einen tiefsinnigen Augenausdruck. Ich glaube, dass manche Affen mehr Sinn für sich selbst und mehr Bewusstsein für ihr Leben haben, als manche Menschen.

Wenn wir auf unseren Alltag blicken, stellen wir fest, dass wir mehr Zeit auf der Arbeit verbringen, als mit der Familie, in der Freien Natur oder einfach einer Freizeitbeschäftigung nachgehen. Wie lange „arbeiten" unsere direkten biologischen Vorfahren und Verwandten an einem Tag?

„Arbeiten" sie auch noch nachts?

Wir haben vor tausenden von Jahren Zahlungsmittel erfunden, Währung, die ewig oder zumindest dauerhaft „währt", die aufbewahrt und verwahrt werden kann, während eine Dürreperiode kommt, wenn eine Seuche, ein Pilz die Ernte frisst oder die Ernte wegen der veränderten Witterung schlecht ausfällt.

Wenn wir uns mit Geschichte, mit unserer eigenen Vergangenheit beschäftigen, können wir daraus unseren Umgang mit Geld und vor allem seinen Sinn erkennen. Geld sollte uns, sollte den Menschen dienen.

Wenn ich auf uns und unseren Alltag blicke, dienen wir jedoch heute dem Geld.

Mehr oder weniger geht es uns allen darum, Geld zu verdienen, anstatt gesund und glücklich zu sein.

Wir haben mit unserem Blick auf das Geld unsere wirklichen Ziele aus den Augen verloren und sind in die Sackgasse eines konsumorientierten Alltags geraten, der seine Kinder frisst, die schon von der Wirtschaftspolitik und Spielzeugindustrie vereinnahmt werden, wenn sie ganz klein sind.

Mit unserem Technikwahn verhält es sich ähnlich.

Jetzt sitze ich hier und schreibe ein Buch über Zivilisation und deren Folgen. Vor dreißig Jahren war ich ein Jugendlicher, der mit seinem ebenfalls transsexuellen Freund durch einen nahe gelegenen Wald lief und – ohne Technik – eine selbst ausgedachte Variante von „Räuber und Gendarme" spielte.

Was werde ich in dreißig Jahren sein? Werde ich dann, wie es heutzutage in Japan bereits der Fall ist, von einem Roboter im Altenheim gepflegt werden?

Auf diese Art und weise möchte ich nicht, dass mein Lebensabend verläuft.

Eine Japanerin in einem Interview sagte:

„Ob es uns gefällt, oder nicht, wir werden uns in Zukunft mit mehr Robotern arrangieren müssen".

Müssen wir das?

Wer bestimmt überhaupt, was auf der Welt geschieht?

Das sind wir Menschen. **Wir** bestimmen, wo wir unsere Zeit und unser Geld investieren, wir bestimmen, wie wir leben wollen.

Ich will, dass wir erkennen, dass wir jetzt an einem Scheideweg stehen, der entweder in eine unpersönliche, kalte, lieblose und gefühllose Zukunft mündet, in eine Zukunft, in der Verschmutzung der Meere, Armut und Arbeitslosigkeit überhand nehmen, weil nur wenige Menschen die Ressourcen von Vielen haben werden. Wir können uns statt dessen auf unsere Natur besinnen, auf menschliche Wärme, inneren Frieden, auf eine Läuterung unserer Emotionen, auf Verantwortungsgefühl und eine Gesundheit, die wir selbst in der Hand haben, weil wir verstanden und begriffen haben, was Gesundheit ist.

Gesundheit kommt aus unserem Inneren. Aus uns selbst. Wir Menschen besitzen ein ungeheures Potential an Selbstheilungsfähigkeit. Wir müssen sie nur wiederentdecken und verstehen und lernen, unserer eigenen Kraft zu trauen.

Unser wirtschaftliches System und unser Arbeitsmarkt kommt nicht von ungefähr. Diese Systeme sind von uns Menschen selbst gemacht. Wie der Schatz, den Menschen beim Geo Caching hinterlassen haben, haben wir unsere Welt selbst geformt, so wie sie heute ist.

Das Schlechte daran mag sein, wenn es überhaupt etwas Schlechtes gibt, dass wir uns damit so manches Fettnäpfchen, dass wir uns selbst aufgestellt haben und in das wir auch schon öfters hinein getappt sind, als selbst gemacht eingestehen müssten.

Das Gute daran ist, dass ich der festen Überzeugung bin, dass ein Problem, das wir Menschen selbst in die Welt gebracht haben, auch von uns Menschen wieder selbst aus der Welt zu räumen ist! Das empfinde ich als ein großes Abenteuer!

Wichtig ist, dass wir dabei, wenn wir dieses Abenteuer angehen, unseren Mitmenschen, die unsere Schätze sind, vertrauen, keinem böse Absichten unterstellen und erkennen, dass wir alle nur gemeinsam ans Werk gehen und gewinnen können, wenn wir wirklich zusammen halten und uns und unseren Mitmenschen Vertrauen schenken.

Im Grunde sind wir gar nicht so verschieden. Das haben bisher nicht allein Buddhisten, spirituell ausgerichtete Menschen oder Esoteriker herausgefunden. Auch in der Medizin ist klar, dass unsere Körperfunktionen alle dem gleichen Prinzip folgen, sonst dürfte es beispielsweise keine allgemeingültigen Anatomiebücher geben, es müsste das Buch über „Max' Körper", ein Buch über „Jennis Körper", „Baldur Airingers Körper" und so weiter geben, aber wir funktionieren auf körperlicher Ebene im Prinzip alle gleich oder zumindest sehr ähnlich, deshalb unterstelle ich allen Menschen hiermit zunächst einmal, dass sie gesund, zufrieden und glücklich sein wollen, ob sie nun wie ich schon einmal Bettler, chronisch Kranker, Harz IV – Empfänger, Buchautoren sind oder waren.

Daher können die Aussagen des vorliegenden Buches für alle Menschen im mehr oder weniger gleichen Maße gelten.

Bei meiner Suche nach dem Wesen von Gesundheit bin ich auf eine Aussage gestoßen, die mich stutzig machte, es war eine Aussage über eine sogenannte **„ganzheitliche Medizin"**, diesen Begriff werde ich im Verlauf des Buches noch erläutern. Ich las also :

‚Die ganzheitliche Medizin ist ein Ansatz, Gesundheit biosozial und seelisch – geistig zu verstehen und auf dieser Verständnisgrundlage mit Krankheit umzugehen. **„Persönliches Verantwortungsgefühl, Selbstwertgefühl, sowie hohe Achtung vor dem Leben werden als primäre Voraussetzungen für Gesundheit angesehen[3]."'**

Dieser Satz bedeutete für mich zunächst einen Schlag ins Gesicht, denn mit 40 Jahren „chronischem" Selbsthass auf dem Buckel, meiner deutlichen Neigung zu Sucht- und Rauschmitteln wie Rauchen, Alkoholexzessen, Drogenabusus, meiner Unfähigkeit, mir selbst etwas zu kochen oder eine Nahrung zuzubereiten, die über gekochten Reis, Nudeln mit Ketchup oder ein Käsebrot hinaus geht, latenten Selbstmordgedanken, Neigung zu Selbstentwertung und Hass mir und allgemein dem Leben gegenüber, chronischer Neigung zu Eigenviktimisierung und dazu noch einer Tendenz zu hochaggressiven Verhaltensweisen war es für mich nicht sehr schwer, zu begreifen, dass ich kaum bis keine von diesen Voraussetzungen für Gesundheit erfüllte, die Harvey und Marilyn Diamond da nannten.

Mir wurde allmählich bewusst, wo meine vielen Krankheiten und Unzulänglichkeiten, meine Probleme und mein Leid her kamen: Von meiner Grundeinstellung zu mir selbst und zum Leben.

Ich selbst besaß bis noch vor kurzem kaum persönliches Verantwortungsgefühl, keinerlei Selbstwertgefühl, kaum bis absolut keine Achtung vor dem Leben.

Wie konnte ich da gesund sein?

Irgendwie, so spürte ich mit einer tiefen Sicherheit in meinem Inneren, hatten diese Autoren, Harvey und Marilyn Diamond mit ihrer Aussage über ganzheitliche Gesundheit Recht.

Das Buch, aus dem ich dieses Zitat entnommen habe, „Fit fürs Leben" stand in meinem Bücherregal schon seit 1995. Aber erst jetzt, im Frühjahr 2014 hatte ich begonnen, es zu lesen.

So brauchen manche Dinge eben ihre Zeit und ich bin davon überzeugt, dass es für uns Menschen jetzt an der Zeit ist, als Gesellschaft Vorurteile über Bord zu werfen, zu erkennen, dass wir in der heutigen Situation, der Coronapandemie, alle in einem Boot sitzen und gemeinsam das Geheimnis zu lüften, das Abenteuer zu wagen und uns auf den Weg zu machen, zu erkennen, wie unsere Gesundheit wirklich funktioniert und diese Prinzipien in unserer heutigen Gesellschaft für immer anzuerkennen und praktisch umzusetzen.

---

[3] Quelle 2 | S. 14f.

Gehen wir also folgenden Fragen nach:

1. Individuelle Krise und gesellschaftliche Krise – was haben sie gemeinsam?
2. Was ist Gesundheit?
3. Persönliche Gesundheit und gesellschaftliche Gesundheit – wie funktionieren sie wirklich, wie verstehen wir sie aktuell und was haben sie gemeinsam?

Eine Hand voll Probleme selbst gemacht?

Wenn wir also von Schweinegrippe, Aids, Grippewellen, SARS und dem aktuell grassierenden COVID 19 hören, oder von solchen Phänomenen betroffen sind oder waren, dann haben wir die Möglichkeit, an Verschwörung zu denken, Hass zu projizieren auf nebulöse Gesellschaften, die manchen Menschen Böses wollen, wir können uns ärgern, sauer werden und damit unseren Organismus übersäuern, oder wir schauen genau hin und erkennen, dass diese „nebulösen Gesellschaften", falls sie existieren, ja auch aus Menschen bestehen würden.

Wer selbst anderen Menschen wirklich Böses will, entspricht nicht den soeben genannten Voraussetzungen für Gesundheit.

Wer anderen Lebewesen absichtlich schaden und ihnen Leid antun will, das keinem therapeutischen Zweck dient, wie zum Beispiel bei einer schmerzhaften Zahnbehandlung, die ja auch einem therapeutischen Zweck dient und zu einem Heilerfolg führen soll, wer also aus einer Absicht handelt, die nicht dem Zweck der Heilung dient – wie gesagt, auch in einem Heilprozess können Schmerzen entstehen – der muss selbst krank sein, wenn man wie ich die oben zitierten Worte über ganzheitliche Gesundheit als wahr erachtet und „für bare Münze hält".

Menschen, die finanziellen Erfolg wichtiger nehmen als den Heilerfolg ihrer Patienten, sind demnach selbst krank, sind selbst in eine Sackgasse geraten. Sie bedürfen selbst der Heilung. Sie haben sich nicht absichtlich verschworen, um anderen zu schaden. Das Schädliche an ihnen ist Ausdruck einer eigenen Verwirrung, ist ein Ergebnis von „Gier, Hass und Verblendung", wie Buddhisten es formulieren würden.

In Bhutan, dem Land mit einem gesetzlich festgelegten „Recht auf Glücklichsein", existiert eine traditionelle Medizin, die besagt, dass alle Krankheiten, die ein Mensch haben kann, aus diesen drei Wurzeln kommt: Gier, Hass und Verblendung.

Gier ist mehr haben wollen, als ich zum Leben brauche und vom Habenwollen besessen sein. Hass ist das Gegenteil von Liebe. Verblendung ist die verschwommene Sicht auf die Wahrheit, die verschwommene Sicht auf mich und das Leben durch Über- oder Unterschätzung meiner Selbst.

Das Gegenteil ist Klarblick, die richtige „Justierung der Linsen" in einem Fernglas, der Brennpunkt im Objektiv einer Kamera, den wir brauchen, damit das Bild scharf wird.

Klarblick benötigen wir, um klar zu erkennen, wie ein Sachverhalt wirklich ist, neutral betrachtet, ohne gefärbt zu sein von einer subjektiven Einstellung. Dinge sind dann einfach, wie sie sind, ohne zu werten.

Oft jedoch sind wir, wie beim Brennpunkt der Kameralinse, zu weit entfernt oder zu nah dran an einem Sachverhalt und erhalten ein unscharfes Bild.

Wir können nicht erkennen. Wir können ohne Klarblick nicht erkennen, wer wir sind.

Mir selbst bleibt die Wahl, ob ich Wut und Hass auf Leute habe, die mit Heilerfolg hauptsächlich Geld machen, die die Bevölkerung nicht über Wahrheiten aufklären, oder ob ich mich entscheide, in einem basischen, entspannten Zustand innerer Ruhe und Toleranz zu bleiben und meinen Beitrag zur Diskussion bringe, nämlich den, dass wir Menschen auf unserer Reise durch Raum und Zeit, auf unserem Wege in und durch die Zivilisation offensichtlich nur verlernt haben, mit uns selbst und der Welt in Einklang zu leben, Gesund zu leben und zu handeln.

Wenn ich mich erinnere, dass ich selbst in meinem Leben Episoden hatte, in denen ich vor Karrierewahn meine Gesundheit komplett außer Acht gelassen habe, so glaube ich nun zu erkennen, dass wir als ganze Gesellschaft so sehr auf Erfolg, Ziele, Sicherheit, Leistung und Geschwindigkeit gepolt sind, dass wir uns mittlerweile selbst mehr damit schaden als helfen.

Dass Zorn, Wut, Angst, Habgier, Stress und Hass unseren Organismus übersäuern und wir uns selbst krank machen, wenn wir oft oder ständig solche Gefühle erleben, war meine erste Erkenntnis. Dieser Umstand, der in einigen Kulturen schon seit hunderten von Jahren bekannt ist, dürfte auch bei uns in Europa mittlerweile Allgemeinwissen sein.

Es ist natürlich eine Herausforderung, will sagen, ein Abenteuer, dieses Wissen, dass Stress krank macht, auch in die Praxis umzusetzen.

Manche Dinge sehen wir erst, wenn wir sie kennen.

Dieses Buch schreibe ich für alle Menschen, damit sie überhaupt die Möglichkeit eines Lebensweges kennen lernen und einer möglichen neuen Gesellschaftsform, wie sie hier vorgestellt wird.

Darum geht es im vorliegenden Buch bei dem Vorschlag einer neuen Gesellschaftsform, die nicht auf Steigerung der Produktion, sondern auf das Leben, auf die Steigerung individuellen und gesamtgesellschaftlichen Glücks und einer natürlichen, krisenfesten Gesundheit ausgerichtet ist. Damit alle Menschen gesund bleiben können, auch in einer Krise wie Kriegen, von denen Menschen aktuell betroffen sind und von denen wir in den Medien hören oder einer Pandemie wie COVID-19, von der wir glauben, dass wir sie mittlerweile überwunden haben.

Und was haben wir daraus gelernt?

Corona und Bedingungsloses Grundeinkommen

Vor einiger Zeit wurde über bedingungsloses Grundeinkommen diskutiert.
Es würde eine Lohnzahlung geschehen, die nicht gekoppelt ist an Leistung.
Wir hätten viel Freizeit. Was würden wir damit tun?
So viele Menschen definieren sich über ihre Arbeit. Unser Job ist unser Lebens-inhalt, dafür quälen wir uns aus dem Bett, wenn wir noch müde sind, rauchen in der kurzen Pause schnell eine, statt entspannt zu Mittag zu essen, gehen bei Dunkelheit los, kommen im Dunkeln nach Hause und schlagen uns sogar mit Mittelchen voll, damit wir durchmalochen können, auch, wenn wir uns schlapp fühlen oder wirklich krank.
„Wie geht es dir?"
„Ja, muss, ne?", ist die typische Antwort hier im Ruhrgebiet. Wir sind auf Arbeiten und malochen so sehr gepolt, dass viele von uns bei zu viel Freizeit verrückt würden. Wer keine Arbeit hat, weiß oft nichts mit sich selbst anzufangen.
Das ist so. Es ist traurig, aber wir haben es nicht anders gelernt.
Nach dem Zweiten Weltkrieg kam sofort das „Wirtschaftswunder" und das Indust-riezeitalter bekam auch in Deutschland, in Europa wieder Aufschwung.
So war der Plan. Wofür aber arbeiten wir? Für uns selbst? Für die Industrie? Für Steuern oder den Staat oder für das Europaparlament, das die geniale Eigen-schaft besitzt, physikalische Grundgesetze umzukehren, die zumindest seit Isaak Newton allgemein bekannt sein dürften: Gegenstände haben immer die Tendenz, nach unten zu fallen, außer Geld, das fließt nach oben.
COVID-19 zeigt uns nun, wie unser Leben mit „bedingungslosem Grundeinkom-men" wäre. Plötzlich befinden viele von uns sich in der Situation, grundversorgt zu sein, ohne dafür etwas leisten zu müssen.
Die Pandemie hat Teilen der Gesellschaft plötzlich eine bedingungslose Grund-versorgung aufgezwungen. Und wie fühlen wir uns nun damit?
Was macht es mit uns, auf einmal nicht mehr arbeiten gehen zu dürfen bezie-hungsweise für eine gewisse Zeitspanne zu müssen?
Corona als Ausnahmesituation unserer Gesellschaft kann uns, wenn wir nicht gerade persönlich von den Auswirkungen der Krankheit betroffen sind, einen ganz neuen Blickwinkel auf unser Leben geben.

Wofür arbeiten wir?

„Wir sind nicht dazu gemacht, um acht Stunden am Tag im Büro zu verbringen!“. Diese Aussage des renommierten Professors Richard D. Precht zum Thema Arbeit, Schule und Gesellschaft im Winter 2017 live im Düsseldorfer Schauspielhaus steht unterstützend zu meinem zentralen Anliegen, dieses Buch zu schreiben, nämlich die momentane Corona – Situation als Spiegel unseres gesellschaftlichen Verhaltens zu betrachten.

Verhalten in Bezug unseres chronischen Bewegungs- und Lichtmangels, der Situation unserer Kinder, die bereits im Vorschulalter süchtig nach digitalen Medien sind und viele grundlegende Kompetenzen verlernt haben, die für Gesundheit unverzichtbar sind.

Unsere Kinder fordern diese Technik von uns ein und wir Erwachsenen leben ihnen dieses Verhalten vor, ohne diese digitalen Dinge völlig hilflos, orientierungslos und demotiviert zu sein.

Wir Menschen arbeiten heutzutage mehr, als ein Schimpanse in einer Affenhorde leisten muss, die meiste Zeit verbringen Menschenaffen mit der Pflege sozialer Kontakte. Dieses Forschungsergebnis dürfte heute hinlänglich im Bewusstsein der Bevölkerung bekannt sein.

Arbeit kann zweierlei bedeuten: Wirtschaften oder Pflegen.

Ist bei der Arbeit meine Absicht rein ökonomischer Natur oder bringe ich meine Energie dort ein, wo ich aus Begeisterung oder Liebe etwas bewirken will?

Wenn wir arbeiten um des Wirtschaftens Willen, bekommen wir Geld als Gegenleistung zurück. Geld kann uns manche Dienste leisten aber der ein oder andere Mitbürger mag schon erkannt haben, dass man mit Geld nicht alles kaufen kann. Geld ist gefrorene Lebenszeit, hat einer meiner Freunde gesagt.

Er hat Recht. Im Grunde ist Geld tote Materie und wenn wir nun meinen, wir müssten Bargeld, Münz- und Papiergeld abschaffen, fühlen wir das Geld nicht einmal mehr. Wir haben nichts mehr in unseren Händen, was wir empfinden können, außer eine blöde Plastikkarte.

Was ist Lebensqualität? Leben wir, um zu arbeiten, oder arbeiten wir, um zu leben? Für mich bedeutet Lebensqualität, mich selbst, mein Leben und Dasein hier auf der Erde wahrzunehmen, zu spüren und zu empfinden.

Ich merke, dass ich da bin. Ich bin mir bewusst, dass ich lebe!

Ich fühle, dass ich hier auf unserer Mutter Erde in einem Körper bin, meinem Körper und dass es Momente gibt, Augenblicke, die schön sind, die ich angenehm empfinde und die mir zeigen: Ich lebe! Ich bin hier!

Das kann ich empfinden, wenn ich jetzt in der Corona – Zeit auf dem Klappstuhl auf dem Balkon oder auf einer Parkbank sitze und einfach einige bewusste Atemzüge mache. Bewusst atmen. Inne halten. Mir zulächeln. Das tut gut.

Dann spüre ich: Ich bin hier! Das ist Lebensqualität!

Bedingungsloses Grundeinkommen kann uns in die Lage versetzen, diese Lebensqualität öfter oder ständig zu erleben. Wenn wir dazu in der Lage sind.

Wem es möglich ist, Freizeit als persönlichen Zugewinn, Freiraum und Lebensqualität zu empfinden und zu genießen, der kann von COVID-19 lernen, was es heißt, arbeits- und zeittechnisch frei zu sein. Für diese Person wäre ein bedingungsloses Grundeinkommen förderlich, denn sie arbeitet, um zu leben.

Wer aber arbeitet, um zu wissen, wer er ist, wer ohne Job nicht existieren kann, der lebt, um zu arbeiten. Diese Person sollte die Möglichkeit eines bedingungslosen Grundeinkommens lieber nicht wählen.

Corona als Ausnahmesituation unserer Gesellschaft kann uns also in die Lage versetzen, in die uns vom Prinzip auch das bedingungslose Grundeinkommen bringen würde. Menschen, die in Erwägung ziehen, ob ein solches Grundeinkommen, das nicht gekoppelt ist an eine Gegenleistung, in die Gesellschaftsstruktur zu integrieren, müsste dabei bedenken, dass wir Menschen in Deutschland auf verschieden Wegen mit Freizeit umgehen.

Ich selbst wäre am Prinzip des bedingungslosen Grundeinkommens interessiert, weil ich meine Lebenszeit, meine Freizeit genießen und mein Leben selbst strukturieren kann, weil ich in der Lage bin, mir selbst Aufgaben zu geben, wie Bücher schreiben, eine neue Schulform gründen, mit Freunden zusammen essen oder spazieren gehen.

Grundeinkommen ohne geforderte Gegenleistung sollte als Konzept zunächst einigen Menschen zur Wahl angeboten werden, die bestimmte psychologische und sozialpsychologische Grundvoraussetzungen erfüllen, die also gut leben können, ohne von außen einen arbeitstechnischen Rahmen vorgegeben zu bekommen. Die Situation, in der wir uns durch Corona augenblicklich befinden, hat uns das gezeigt.

Denkbar wäre auch ein bedingungsloses Grundeinkommen auf Zeit, das gekoppelt ist an eine sozialpsychologische Begleitung oder Betreuung, in der in einem festgelegten, mit der Person, die das Einkommen bezieht, vereinbarten Turnus eine Rücksprache gehalten, eine Reflektion und eine Art Tagebuch geführt werden. Hier an dieser Stelle halte ich eine wissenschaftliche Aufarbeitung von Erfahrungsberichten mit den Methoden qualitativer Sozialforschung für angebracht.

Jeder Einzelne mag sich die Frage stellen: Wie gehe ich mit meiner Freizeit um? Was würde ich tun, wenn es bedingungsloses Grundeinkommen gäbe?

Die Situation, in der wir durch COVID-19 stecken, fordert uns geradezu dazu heraus!

Wann haben wir als „Gesamtgesellschaft", als ganze Gesellschaft von Deutschland, von Europa, von allen Ländern, die von Corona betroffen sind, jemals die Chance, gemeinsame Schranken auf der Landkarte und die Barrieren in unserem menschlichen Geist friedlich und mit ruhigen Schritten zu überwinden?

Was werden wir nach der Krise tun?

Wir sollten die Möglichkeit nutzen, unsere Situation überdenken, unser bisheriges Handeln reflektieren und erkennen, wo es bisher in unserer Gesellschaft nicht „so rund" gelaufen ist. Mein Vorschlag ist, auf mehr bewusstes, achtsames Handeln und mehr Nachhaltigkeit in Zukunft Wert zu legen.

Wir sollten es in Erwägung ziehen und uns jetzt ein paar Gedanken machen.

Was „Kostas?" – Gar nix!

Kapitel 3 | Wieder zum alten Trott?

Antworten

Dass wir uns momentan weltweit in einer Krise befinden, ist klar. Wir haben nun zwei Möglichkeiten: Entweder an der Krise zu verzweifeln oder daran zu wachsen.

Um zu erfassen, was wir aus der derzeitigen Situation mit COVID-19 lernen können, kommen wir zurück zu den drei Fragen:

1. Individuelle Krise und Pandemie – was haben sie gemeinsam?

Die Forschung hat gezeigt, dass wir Menschen auf individueller Ebene Krisen relativ ähnlich bewältigen. Man kann unsere Reaktionen auf Krisen und unser Verhalten in solchen Situationen in Stadien einteilen.
Verschiedene Ansätze weisen ähnliche Verläufe auf.

Ob wir unseren Umgang mit Einbrüchen in unseren Alltag einteilen in :
Phase 1 – Schock
Phase 2 – Reaktion
Phase 3 – Bearbeitung und
Phase 4 – Neuorientierung, wie wir von Quarks erfahren[4], oder unsere Reaktionen beschreiben wollen, wenn ein lieber Mensch gestorben ist, wenn wir eine lebensbedrohliche Situation durchleben, wie es viele Flüchtlinge in der letzten Zeit am eigenen Leib erlebt haben, und unsere Reaktion auf diese Ereignisse unterteilen in folgende Stadien:

1. Nicht – Wahrhaben wollen
2. Zorn
3. Verhandeln
4. Depression
5. Akzeptanz, wie es bei Welt erklärt wird[5], immer werden eingespielte Strukturen durchbrochen und eine Neuorientierung ist nötig.

Eine Pandemie wie COVID-19 ist eine weltweite Krise. Da wir Menschen auf Krisensituationen alle ähnlich, also innerhalb solcher Phasen, reagieren, werden wir weltweit solche Phasen auch bei Corona durchlaufen, in denen wir erst mit einer Abwehrreaktion auf die neue Situation reagieren.

---

[4] Quelle: Quarks.de | Phasen einer Krise
[5] Quelle: Welt.de | Die fünf Phasen der Krise

Wenn wir die Krankheit überwältigen können, können wir sehr dankbar sein, denn viele Menschen sind gestorben und sehr viele sind immer noch in Lebensgefahr.

Es gibt Verhaltensregeln, die von der Regierung immer wieder neu an die Situation angepasst werden. Wenn sich hierin eine Routine eingespielt hat und wir in der Lage sind, mit unserer Krise lösungsorientiert umzugehen, kann man beinahe von einer Bewältigung sprechen, in unserem Falle von Corona ist das dann, wenn wir das Virus „besiegt", also seine Verbreitung eingedämmt und neue Krankheits- und Ansteckungsfälle ausgeschlossen haben.

Die Art der Krisenbewältigung ist also das, was individuelle Krise und Pandemie gemeinsam haben sowie das „offene Ende" jeder Krise: Das Ergebnis bleibt bei beiden offen: Lernen wir aus individuellen Krisen? Was lernen wir daraus? Finden wir einen Weg, eine Art und Weise, uns weiter zu entwickeln, die langfristig und von Dauer ist oder nur an Meinungen, Ego – Täuschungen und materielle Erfolge gebunden sein kann?

Dieses offene Ende einer Krise ist, solange wir leben und Mut, Kraft, Zuversicht und ausreichend geistige und körperliche Ressourcen zur Verfügung haben, das Ergebnis einer jeden individuellen Krise und ebenso ist es auch das Ergebnis unserer aktuellen Coronapandemie.

Die wichtige Frage nach der bewältigten Krise, nach der Zeit und den Erlebnissen, die die meisten von uns während der Coronazeit durchlebt haben ist die, wie es weiter geht, wie wir weiter machen, weiter leben wollen.

Was individuelle Krise und Pandemie verbindet, ist also die Frage:

Was passiert dann?

Lernen wir aus der Krise, oder bleiben wir so „dumm" wie zuvor?

Dumm im Sinne davon, uns hetzen zu lassen, uns stressen zu lassen, unsere schlechten Gewohnheiten weiter zu praktizieren, die uns nicht gesünder machen, auf Mittelchen vertrauen, die uns gesund machen sollen.

Gegen Viren hilft kein Antibiotikum, weil sie tote Materie sind. Anti – Bio – tika sind Stoffe, die lebende Materie töten können.

Nach der Natürlichen Gesundheitslehre sind Viren:

„Zellabfall verbrauchter Körperzellen. Was man als Virus bezeichnet ist die Nukleinsäure (DNS oder RNS) verbrauchter Zellen. Diese Teilchen sind nicht lebendig. Ihre Gegenwart im Körper ist genauso giftig, wie jeder andere zurückgehaltene Körperabfall"[6].

Anstatt nun unsere Sackgassen von Fremdheilung und Fremdbestimmung weiter zu beschreiten, schlage ich hiermit vor, unseren Horizont bezüglich unserer hoch technisierten Arbeitswelt und unserer fremdbestimmten Gesundheitspraxis zu erweitern und von einer hyper schnell funktionierenden Zeit, in der wir mehr oder weniger gut funktionierende Rädchen oder digitale Steuerchips im Getriebe sind,

---

[6] Quelle 3 | S. 6

die nicht mehr selbst steuern, sondern längst gesteuert werden, in eine Zeit der Ruhe zu kommen, runter kommen vom Adrenalinrausch des Negativstresses, von dem wir süchtig geworden sind, ohne es zu bemerken.

Auch mein Karrierewunsch war rein egomotiviert. Gespeist aus dem Bedürfnis nach Selbstbestätigung habe ich für meinen Job meine Freizeit, meinen Sport, meine Kunst und Kreativität, Bewegung und Gesundheit aufgegeben.
Ich tat alles, um mich auf der Arbeit anerkannt zu fühlen. Von meinen Mitarbeitern, wie auch von den Chefs.
Das sind so ganz feine, subtile Steuermechanismen, die da ablaufen und die bei mir gezogen haben, weil ich süchtig nach Fremdbestimmung war.
Was für ein Aufatmen, als ich dies endlich erkannte!
Das dauerte natürlich seine Zeit.
Als mein altes Leben zusammenbrach und die Verankerung meines Hamsterrades aus der Halterung platzte, weil ich zu schnell darin gelaufen bin, implodierte ich erst. Ich fiel in mich zusammen, kollabierte wie ein weißer Zwerg, konzentrierte mich, fokussierte mich ausschließlich auf mich selbst.
Anschließend explodierte mein Leben förmlich, ich wurde ein roter Riese, die Konstruktion, in der ich gefangen war, zerbarst in tausend Teile, die Bruchstücke meiner verloren gegangenen Existenz sausten mir um die Ohren. Wieder und wieder musste ich die gleiche Krise durchleben, biss ich plötzlich detonierte und zu einer Supernova wurde, weil ich selbst das Hamsterrad meines Egos zerbrach.
Noch heute kann ich die Zahnräder meines Laufrades knirschen hören.
Das Laufband, auf dem ich unterwegs war, hatte nicht jemand anders angeschaltet. Ich selbst hatte den Schalter einst umgelegt, hatte auf „Start" gedrückt und nur ich selbst bin in der Lage, nun die „Stopp – Taste" zu betätigen.
Das habe ich heute begriffen. Wenn ich nicht aus eigener Kraft endlich zur Ruhe komme, werden höhere Mächte für mein Scheitern sorgen. Scheitern bedeutet, an einem Scheideweg zu sein.
Ich muss eine Entscheidung treffen.
Ich habe mich entschieden, ab heute gesund und eigenverantwortlich zu leben.
Ich selbst habe die „Stopp – Taste" meines Hamsterrades in der Hand.
Nur ich allein bestimme ab jetzt das Tempo meines Lebens.
Welch ein erleichterndes Gefühl, als endlich das alte Chaos über mir zerbarst und krachte, als mein Ego – Gerüst einstürzte und ich mein Kostüm zerriss, meine Fassade sprengte, die Ketten zerbrach, mit denen ich mich selbst gefesselt und getäuscht hatte, meine Verkleidung Stück für Stück ablegte.
Es gibt eine Wahrheit über Gesundheit, über unsere Selbstheilungskräfte und zum Thema Zivilisationskrankheiten, die uns bisher vorenthalten wurde.
Dies ist die Natürliche Gesundheitslehre©, die Lehre von der Achtsamkeit, das Werk der Eheleute Fisseler und besonders die Arbeit von Prof. Dr. Lothar Wendt:

„Die Eiweißspeicher – Krankheiten".

Ich selbst empfinde es als meine Aufgabe, den Menschen heute, hier und jetzt dieses verborgene Wissen nahe zu bringen und die damit verbundenen Erkenntnisse aufzudecken und zu erläutern, damit wir gefeit sind vor immer neuen Fehlentscheidungen, neuen Krisen in Wirtschaft, Medizin, Ökologie und Technologie.
Heute, am 22. April 2020 hat mir Frau Ingrid Fisseler persönlich am Telefon die Erlaubnis erteilt, für das Werk ihres verstorbenen Gatten, die Arbeit der Arthrose – Selbsthilfe sowie das Buch des Herrn Prof. Dr. Lothar Wendt, „Die Eiweißspeicher – Krankheiten" öffentlich einzutreten.
Dies zu tun ist mein Entschluss aufgrund meiner eigenen bewältigten Krise.
Ich habe mich für die Natürliche Gesundheitslehre© entschieden, deren Grundlagen, Funktionsweisen und Prinzipien ich nun kurz aufzeigen werde.
Quelle 19 der vorliegenden Schrift ist ein Youtube – Video: Selbstheilung von Arthrose – Interview – secret.tv | Thema der Sendung: Beschwerdefrei durch Ernährungsumstellung.
Es ist sehr informativ, sehr sehenswert und erläutert das Funktionieren der Natürlichen Gesundheitslehre auf prägnante, lebensnahe, anschauliche Weise.

3. Was ist Gesundheit?

Ein Mensch ist mehr, als die Summe seiner Teile. Die Organe, die wir in unserem Körper haben, liegen nicht alle als Einzelteile getrennt voneinander nebeneinander im Bauch herum wie Handy, Kugelschreiber, Lippenstift, Autoschlüssel, Taschentücher, Einkaufbeutel und Portemonnaie in der Handtasche einer Dame nebeneinander liegen ohne im Grunde etwas miteinander zu tun zu haben.

Unsere menschliche Gesundheit, die auf einem gesunden Organismus basiert, kann nur herbeigeführt und erzielt werden, wenn wir den Körper entsprechend seiner Wirkweise betrachten und lernen, ihn auch so zu behandeln.
Alle Organe, alle Teile des menschlichen Körpersystems hängen miteinander zusammen, alle einzelnen Faktoren spielen ineinander, alle Elemente unseres Körpers sind „Team – Player", sie wirken im Zusammenhang und bilden auch als Gesamtheit Symptome aus. Wir sind nicht unser Körper. Wir sind auch nicht unsere Symptome.
Wir laufen nicht als Nasen, Nieren, Herzen, Mägen oder Därme durch die Gegend. Da wir ganzheitliche Wesen sind, sollten wir uns auch in Bezug auf unsere Medizin und unseren Umgang mit Krankheiten als solche betrachten.

Ganzheitliche Medizin

In den USA entwickelte sich im Jahre 1822 durch viele Mitglieder der ärztlichen Berufsstände und die Initiative vor allem von **Sylvester Graham** der Wunsch nach einer natürlichen Ausrichtung der traditionellen Medizin.
So entstand die erste Bewegung für natürliche Gesundheit mit dem Namen „Natural Hygiene".
Dr. Herbert M. Shelton war einer der meist respektierten und kenntnisreichsten Gesundheitswissenschaftler unserer Zeit.
Er leitete von 1928 bis 1981 eine Gesundheitsschule mit Klinik, Labor und Lehrprogramm in San Antonio / Texas.
Sein Name ist verbunden mit dem Neubeginn der „Natural Hygiene" im Jahre 1946, da er die Organisation mit neuem Leben füllte.
Als bekannteste Fachgröße auf dem Gebiet der natürlichen Gesundheit, ihrer Philosophie, ihrer Prinzipien und praktischen Anwendung gilt allgemein Dr. Shelton.
Der Lobbyismus der Pharmaindustrie, der wirtschaftliche Einfluss der Nahrungsergänzungsmittelindustrie ist noch sehr stark, doch je mehr Menschen beginnen, die Natur und den Zweck von Krankheiten zu verstehen, desto eher werden wir erkennen, wie die Selbstheilungskräfte unseres Körpers wirken[7].
Gesundheit findet im Menschen selbst statt. Ganzheitliche Gesundheit kommt aus dem Menschen und kann nicht in den Menschen hineingetan werden.
Mit Hilfsmitteln und Anwendungen können wir den ganzen Menschen bei seiner Heilanstrengung unterstützen. Der eigentliche Heilprozess findet jedoch immer im Menschen selbst statt.

4. **Persönliche Gesundheit und gesellschaftliche Gesundheit – wie funktionieren sie wirklich, wie verstehen wir sie aktuell und was haben sie gemeinsam?**

Krankheit verstehen wir als einen Einbruch in unseren Tagesablauf. Wir sind oft böse, werden sauer, wenn wir nicht mehr so leistungsfähig sind, wie wir es gewöhnt sind. Schnell greifen wir zu Hilfsmitteln, die unsere Leistungsfähigkeit bitte schnellstmöglich wieder herstellen, denn wir müssen und wollen arbeiten, Geld verdienen, unsere Kinder fragen nach uns und benötigen unsere Aufmerksamkeit, wir wollen abends zum Sport – immerhin zahlen wir ja auch dafür.
Außerdem bekomme ich auf der Arbeit erheblichen Druck, wenn ich länger als einen Tag ausfalle. Meine Kollegen müssen meine Arbeit mitmachen und es gibt

---

[7] Quelle 4 | S. 19

nicht viele Teams, die das locker sehen und einem auf die Schulter klopfen und sagen: „Gönn dir 'ne Auszeit, werd' erst mal wieder fit, wir packen das schon!"
Vielleicht sagen sie es einen oder zwei Tage, höchstens eine Woche, aber wenn dann noch eine Kollegin oder ein Kollege ausfällt, wird die Lage schon schwieriger.
Als ich mal nach drei Wochen Krankenschein wieder auf der Arbeit erschien, sah die Situation für mich gar nicht rosig aus. Meine Kollegen waren zwar freundlich, aber ich konnte deutlich spüren, dass vorher der Chef mit ihnen gesprochen hat. Sie wurden aufgefordert, nach meiner Ausfallzeit freundlich zu mir zu sein.
Das sagte er immer, wenn jemand länger ausgefallen war und wer ist schon freiwillig leistungsunfähig? Ich finde diese Haltung des Chefs großartig, denn er hat ein Verständnis dafür, seine Angestellten nicht zu unterdrücken oder „kaputt" zu machen. Seine Einstellung hat sicher nicht nur damit zu tun, dass ich chronisch krank bin, damals psychisch krank war und schwerbehindert bin.
Ich bin meinem Chef noch heute dafür dankbar ☺ !

Krankheit und der Zweck von Krankheiten

Mit dem Begriff „Krankheit" assoziieren wir Unwohlsein. Krankheit ist somit zunächst nur ein Wort. Wir fühlen uns unwohl, leiden unter Schmerzen, Schwindel oder Übelkeit. Wir fühlen uns matt, schlapp, müde, energielos.
Wir leiden darunter, für unsere Arbeit, Hobbies und das tägliche Leben nicht genügend Energie zu haben. Wir befinden uns nicht im „Normalzustand", das heißt, dass der Körper von seinen regulären, normalen Funktionen abgewichen ist.
Der Körper besitzt weniger Potential für seine normalen täglichen Aufgaben im Krankheitszustand, weil er seine Energien um- oder abgeleitet hat[8].
Im Krankheitsverlauf unterscheiden wir zwischen einer akuten Phase, in der ein konstruktiver Heilprozess statt findet und einer chronischen Phase.
Die akute Phase des Heilprozesses heißt so, weil sie heftig, dringend, aktuell, jetzt und hier im Körper statt findet. Hier sind Symptome vorübergehend, dienen einem Heilprozess, sind daher Teil natürlicher Körperfunktionen. Wir würden umgangssprachlich sagen, sie sind heilbar und umkehrbar. In Wirklichkeit sind akute Symptome aber der Heilprozess selbst beziehungsweise die Folgen und Begleiterscheinungen dieses Heilprozesses. Wir können ihn beobachten und den Körper in dieser Zeit unterstützen, indem wir ihm Ruhe geben, Raum und Zeit für den Heilprozess.
Seit Millionen von Jahren funktionieren so die Heilkräfte der Natur. Wenn wir uns „gesund" verhalten, was eine Verhaltensweise bedeutet, die einfach den Körper

---

[8] Quelle 3 | S. 10

in seiner natürlichen Funktionsweise nicht stört, funktionieren sie logischerweise auch bei uns. Weder unsere Vorfahren, die Australopitecinen in Afrika, unsere nahen Verwandten, noch die Schimpansen, auch nicht die Dinosaurier sind früher zum Arzt gegangen. Sie haben dennoch überlebt, ohne gleiche jede Wunde zu desinfizieren oder Mittelchen gegen jedes Zipperlein zu nehmen.

Sie lebten auch nicht in einem Wirtschaftssystem, das auf Kapitalismus ausgelegt ist, wie wir es heute tun. Würden wir lernen, achtsam und liebevoll zu wirtschaften, brauchte niemand andere Menschen zum Kauf von Waren anzuregen, die auf die Dauer uns und unsere Natur, die Gesellschaft und unser Ökosystem krank machen und vergiften.

Chronische Krankheit – individuell und auf sozialer Ebene

Nicht alle Chefs auf der Erde handeln derart nachhaltig im Sinne der Gesundheit ihrer Angestellten, wie ich es im obigen eigenen Beispiel aufgezeigt habe.

Andere Prinzipien als die gesundheitlichen Biomechanismen unseres Körpers, andere Leistungsgrundlagen als die natürlichen Körperzyklen, die in Kapitel 4 des vorliegenden Werkes dargestellt werden, bestimmen unseren gesellschaftlichen Alltag.

Überall auf der Welt frühstücken die Menschen vor 11 Uhr beziehungsweise 12 Uhr mittags. Überall auf der Welt ist es !in!, die Nacht zum Tage zu machen, Museumsnacht oder Filmnacht mag zwar ein effektiver Wirtschaftsfaktor und ein spannender Event sein, unserem Biorhythmus gefällt nächtliche Arbeit nicht.

Viele von uns behaupten, dass es ihnen nichts aus macht, wenn sie ihre gesundheitlichen Grundfunktionen missachten. Das mag vom individuellen Empfinden ja bei vielen Menschen auch der Fall sein.

Warum aber legt unsere Gesellschaft keinen Wert auf unsere natürlichen Körperzyklen?

Durch unsere Arbeit finanzieren wir unseren Staat durch Einkommenssteuer. Durch den Erwerb von Frühstück, Lebensmitteln, Nahrung allgemein, von sogenannten „Genussmitteln", wie Tabakwaren oder Alkohol, die übrigens heftig versteuert werden, erwirtschaften wir bei jedem Bonbon und jeder Packung Chips, die wir kaufen Umsatzsteuer. Würde ganz Deutschland auf einmal auf ein „Continental Breakfast" mit Brötchen, Marmelade, Wurst, Margarine und Kaffee verzichten, und beispielsweise wie ich ab heute nur noch einen „Bio – Apfel" essen, würden ganze Wirtschaftszweige wegfallen, wir bräuchten deutlich mehr ökologischen Landbau, der Bedarf und somit auch der Absatzmarkt bei Pestiziden, Düngemitteln und Chemikalien würde zusammenbrechen und jede Menge Bürger stünden auf der Straße.

Das wäre ja nicht das erste mal. Massenkündigungen hat es schon oft gegeben, aber wofür? Damit ein Roboter meinen Arbeitsplatz einnimmt und den meiner zwanzig Kollegen oder weil viele Leute meinen, dass Stein- und Braunkohle öko-logisch, klimatechnisch und somit ethisch nicht mehr tragbar sind.

Letzteres, die Fragwürdigkeit des Brennstoffverbrauchs kann ich nachvollziehen, da es nachhaltig ist im Sinne der Ressourcenschonung.

Wenn ich aber meine Angestellten kündige, weil ein Roboter, weil automatisierte, technisierte oder digitalisierte Arbeitsabläufe „ökonomischer" sind, das heißt zu gut Deutsch einfach „billiger", ist das nicht nachhaltig und somit fragwürdig.

Wir leben auf der Erde, um uns zu entwickeln und zu lernen. Kreative, nützliche Arbeit ist ein menschliches Grundbedürfnis[9]. Wenn unsere Arbeitsrhythmen uns jedoch so sehr beeinflussen, dass sie zu Lasten unserer Gesundheit gehen, kann etwas an unserem System nicht stimmen.

Warum rauchen wir? Warum trinken wir so viel Kaffe? Warum nehmen wir so viele Dinge zu uns, die uns „munter machen", aufputschen? Warum greifen wir zu Alkohol? Wann und wie oft?

Ist es möglich, dass unsere hochleistungsorientierte Lebensweise uns mehr Ne-gativstress beschert, als wir auf Dauer vertragen können und uns unser hyperschnelles Leben krank macht? Wenn wir jetzt, während der Coronapande-mie immer noch nicht begriffen haben, dass nicht nur wir selbst, ein paar Leute, sondern unsere gesamte Zivilisation krank ist, dann sollten wir erkennen, dass COVID-19 uns gerade einen Spiegel vorhält!

---

[9] Quelle 5 | S. 35

Zeit und Raum für unsere Kinder

Unser Leben ist schneller geworden. Es fühlt sich an, als würden wir heute in einem Überschalljet sitzen, wo wir vor zwanzig Jahren noch im Inter Regio Express fuhren und in meiner Jugend, vor dreißig Jahren, mit dem D – Zug.
Warum ist das so?
Es liegt an unserer Marktwirtschaft. Vor der Öffnung der Grenze haben wir unseren wirtschaftlichen Horizont hauptsächlich auf innerpolitische Bedürfnisse ausgerichtet.
Damit sage ich nicht, dass die Mauer wieder her soll, im Gegenteil. Seit dem Fall der Mauer jedoch ist Deutschland in das Spiel der Großmächte gerückt und das nicht als Spielball zwischen den Fronten, sondern als Mitspieler auf dem großen Rasen, auf dem sich Nationalmannschaften tummeln, mit denen unser kleines Land nun wirtschaftlich mithalten muss, weil es sich in Konkurrenz zu ihnen befindet.
Ich mag den Slogan „America first", wenn ihn ein Amerikaner spricht.
Würde jede Nation sich auf sich selbst, auf die eigene Bevölkerung und die eigenen Bedürfnisse konzentrieren, dann würden wir wirtschaftliches Handeln daran ausrichten, ob es unserem Volk, ob es der Bevölkerung gut geht. Statt dessen meinen wirtschaftliche und politische Größen in Deutschland jedoch, wir müssten mitspielen können auf dem globalen Rasen, müssten ein „Global Player" sein und als Nation in den ökonomischen Rankings ganz oben stehen.
Wessen Geltungsdrang ist dies geschuldet?
Der DHL – Fahrer oder Kötter – Arbeiter, der so lange in seiner Karre sitzt und sich und seine Fracht zwischen Autoschlangen durch Deutschland schiebt, damit jeder sein Päckchen vor die Tür geliefert bekommt, was anschließend doch wieder umgetauscht wird, der will, chronisch übermüdet und kaum zu Hause, als Kettenraucher und Hauptkunde der Fastfoodindustrie nur eben vorm Fernseher mit den Kids abhängen, bevor er sich wieder für eine Hand voll Stunden ins Bett haut, damit er vor Sonnenaufgang wieder raus kann.
Dem ist egal, auf welchen Rankings Deutschland steht. Es – oder sie - hat kaum Kapazität, um sich um irgend etwas anderes, als die nächste Autofahrt zu kümmern, denn er oder sie ist nicht die einzige übermüdete Person im Straßenverkehr.
Autos, die selber fahren, sind dabei keine Lösung.
Statt uns immer mehr zu automatisieren, sollten wir uns selbst entschleunigen!
Zeit gewinnen zum Leben, indem wir unser System ändern in Richtung Leben, nicht in Richtung Automatisierung.
Wissen wir denn heute noch, wie Leben geht?

Sex, Geborgenheit, Gemütlichkeit – Was ist das?

Urlaub – Alexa, sag mir, was ist Urlaub?

Leben wir noch oder lassen wir uns so kurz halten, dass es gerade noch zum Überleben reicht?

Wir sind viel zu ausgelutscht, als zu erkennen, dass wir selbst, unsere Eltern und Großeltern und sogar auch unsere Kinder, auch wenn sie noch ganz klein sind, alle von einem Wirtschaftssystem ausgesaugt werden, dass sich ansonsten durch Tabaksteuer, Autohandel und die besten Plätze im Waffenexport finanziert. Ich finde das zum Kotzen und mir reicht es. So verkorkst habe ich mir die Zukunft Deutschlands, als ich selbst ein Kind war, nicht vorgestellt.

Mir geht die Entwicklung zu schnell und ich wünsche mir, dass wir die Notbremse ziehen! Lieber jetzt, als morgen!

Wir werden alle süchtig gemacht, wir werden auf Abhängigkeit durch Konsumgüter gepolt, wie Melissa, die Frau von Clifford DeVoe aus der Serie „Flash", die durch ein „Glückselixier" an ihren Gatten und Chef gebunden war. Das Glückselixier war ihre Motivation, weiter für ihn zu arbeiten, aber sie war sich dessen nicht bewusst, weil er ihr es heimlich gab.

Damit will ich behaupten, dass reiner Kapitalismus, der dem „Volk" Glück verspricht, dadurch dass es diese Praline isst, jenen Pullover trägt, von dieser speziellen Marke die Schuhe kauft oder das und dieses Auto fährt, eine Lüge ist.

Präzise formuliert: Das Glück, welches uns Werbung für den Konsum kapitalistischer Güter suggeriert, ist nur ein Scheinglück. Zufriedenheit für eine kurze Zeit mögen manche Güter, mag manche Materie bieten.

Ein dauerhaftes Glück, eine wahre Zufriedenheit, die uns zufrieden macht und uns zu wirklichem Frieden führt, ist durch den reinen Konsum kapitalistischer Güter (Haus, Boot, Schiff, Handy, Smartphone, I – Pad, Spielkonsole, schicke Kleidung, modischer Style und so weiter) nicht gegeben.

Solange wir nicht lernen, durch eine Erweiterung unseres Bewusstseins hinter die Kulisse des Kapitalismus, hinter die Fassade der Materiellen Welt allgemein zu blicken, können wir kein wahres Glück finden, werden wir immer dem Hamsterrad des „Schaffen Müssens" verhaftet bleiben.

Nach meiner Auffassung sind wir in der Situation, in der wir uns mit unserem Kapitalismus derzeit befinden, in eine Sackgasse geraten.

Hier in Deutschland sind die Menschen so chronisch ausgelaugt und übermüdet, chronisch übersäuert, so ausgehungert nach Ruhe und Regeneration, dass sie keine Kraft mehr haben, zu begreifen, in welcher Abhängigkeit wir stecken.

Alles, was wir tun, fließt in Form von Umsatzsteuer nach oben. Ob wir als Kleinkind in der Kita leben, eine Schule, oder die Ausbildung besuchen, ob wir arbeiten oder als alter Mensch schnell verfallen und im Altenheim landen, jedes mal fließen Gelder in die Systeme der Finanzpolitik, durch Umsatzsteuern, die in jedem Augenblick entstehen, da ein Baby bei der Tagesmutter oder eine Oma, ein Opa in der Altenpflege ist.

Unser Wunsch nach Karriere und Selbstbestätigung sagt uns, dass wir als Eltern beide arbeiten müssen und unser Portemonnaie sagt dies auch.

Anstatt uns an unseren Kindern zu erfreuen in einem Staat, der so organisiert ist, dass die Kindererziehung, die Liebe, die soziale Gesundheit den höchsten Stellenwert hat, geben wir unsere Kinder sobald wir sie haben, schnellstmöglich wieder ab, und zwar nicht an Mama und Papa, die bekommen dafür nämlich kein Geld und werfen keine Umsatzsteuer ab, sondern an die Tagespflege. Das gefällt Vater Staat, denn das wirft ordentlich Umsatzsteuer ab.

Auf die Masse unserer Bevölkerung gerechnet, kommt da schon was zusammen. Wie gesagt, aber sonst haben wir ja noch die Industrie, Autos, Handys oder Waffen zum Beispiel. Dabei empfindet der Arbeiter es nicht als sinnvolle Tätigkeit, Handys zusammen zu bauen und unser Land sieht auch nicht toll aus, wenn da quadratkilometerweise Autos zum Verkauf auf riesigen Parkplätzen stehen.

Früher, als ich noch im Inter City durch Deutschland reiste, konnte ich solche Stellflächen häufig sehen aber die Tendenz der Deutschen Bahn AG geht ja unterirdisch. Menschen, die Reisen, sollen schnell ankommen. Die müssen nichts mehr sehen. Der romantische Blick auf das Land verkommt zum Werbelapsus, wenn der DB – Kunde sich dann in lauter Tunnel wieder findet.

Schnell, schnell heißt die Devise. Doch wo kommen wir da hin?

Wir müssen acht geben, dass unser ultra schneller Zug, in dem wir sitzen, nicht entgleist, denn das geht leider auch in einem Tunnel.

Wir müssen erkennen, wie wir täglich auf der Arbeit „unsere Seele verkaufen" unsere Kinder unter Druck setzen, sie einengen, einpferchen, abspeisen mit Handys und Digitalspielzeug auf dem „Play" – draufsteht, aber „Sucht" drin ist.

Letztens bei einer Zugreise habe ich mich sehr gut mit dem Personal unterhalten. Sie schienen zufrieden mit ihrem Arbeitgeber zu sein. Das freut mich sehr, denn ich hatte befürchtet, dass durch die Umstellung von der Deutschen Bundesbahn zur Deutschen Bahn AG Abstriche im Sozialbereich getätigt worden wären.

Worüber sich das Team jedoch beklagte, waren die Kunden. Zugreisende gehen heute offenbar davon aus, dass DB – Angestellte auch Müllmänner oder –Frauen seien, erklärt eine Dame, die bei der DB arbeitet. Wir helfen unseren Kunden und geben ihnen gern Informationen. Aufräumen dürfen unsere Kunden allerdings schon noch, wir wollen, dass sie sich in den Zügen wohl fühlen, räumen aber keine Abfälle hinterher.

Unsere Gesellschaft ist krank, weil unsere Kinder krank sind. Kinder kennen kaum noch vernünftige Grenzen. Unsere Kinder sind krank, weil wir ihnen den natürlichen Spielraum weg nehmen, weil unsere „Spiele-", „Spielzeug-„ oder besser Suchtindustrie unsere Kinder, unsere Kleinsten schon längst im Griff hat und weil eine ganz andere Pandemie lange schon von uns Besitz ergriffen hat, bevor es die „Schweinegrippe", „SARS" oder Coronaviren taten.

Diese Pandemie ist die digitale Seuche, dass wir meinen, wir müssten alle ständig unser Handy eingeschaltet haben, dass wir Kinder schon an diese Dinge gewöhnen, wenn sie im Alter von zwei Jahren sind. Aber da haben wir ja auch kaum noch Kontakt zu unseren Kindern, denn sie sind ja in der U3 Gruppe in der Kita, weil wir arbeiten müssen, um Autos zu exportieren und andere Dinge zu schaffen, die ja so viel wichtiger sind, als unseren Kindern nahe zu sein.

Was ist wichtiger, als unseren Kindern nahe zu sein und für sie da zu sein?

Das Handy, die Playstation und all dieses Zeug schenken wir, wenn wir ehrlich zu uns selbst sind, unseren Kindern doch nur, weil wir ein schlechtes Gewissen haben. Da können andere Autoren noch so oft versuchen, uns unser schlechtes Gewissen auszureden, digitales Spielzeug ist eine Ersatzdroge für die Liebe und Zuwendung der Eltern, da hält kein Argument gegen.

In der nicht all zu fernen Vergangenheit waren ganze Gesellschaften auf das Militär gepolt, auf die Abwehr einer Bedrohung von außen.

Im Grunde wollen die Menschen friedlich leben, es sind die Mächtigen, Politiker und Großindustrielle, die einer Bevölkerung einreden, ihr Land müsse gegen eine Bedrohung von außen verteidigt werden.

Wenn Menschen klug sind und mit der aktuellen Situation, in der wir uns befinden, bewusst umzugehen vermögen, werden sie feststellen, dass sie mehr Zeit für sich haben könnten, für sich selbst, für ihre Familie, ihre Freunde, als es momentan der Fall ist.

Was ist wesentlich? Geld verdienen, und wenn ich schon ausreichend versorgt bin, noch mehr Geld verdienen?

Durch die Zwangspause, die einigen von uns durch Corona auferlegt wird, bringt uns auch der Schock, der COVID-19 mit seiner Heftigkeit der Bevölkerung verpasst hat, in die Lage, nachzudenken. Unsere Probleme sind selbst gemacht, Corona hält uns quasi einen Spiegel vor. Heute können, heute sollten wir uns fragen, ob wir in unserem Alltag nach der Krise uns mehr schlecht als recht als Menschen weiter in Konkurrenz und prinzipieller Abhängigkeit von Konsumgütern weiter durch unser Leben durchschlagen wollen, oder ein Leben für uns selbst und wirkliches Glück, wirkliche Zufriedenheit mit einem durch Erkenntnis und Ruhe erweiterten Bewusstsein führen wollen.

Wollen wir unsere Lebenszeit weiterhin damit verbringen, Handys zu bauen, den Absatzmarkt zu steigern? Wozu sind wir hier? Um zu Wirtschaften? Das Bruttosozialprodukt steigern? Autos exportieren?

Oder wollen wir in unserem Leben den Kern der Sache treffen: Uns, unsere Familien, unsere Freunde, das Leben.

Wollen wir statt ein Bruttosozialprodukt vielleicht mal den Gedanken an ein Bruttonationalglück denken? Arbeit ist notwendig, aber nicht das Hauptziel im Leben. Vor lauter Arbeiten haben wir verlernt, zu leben.

Spielraum für uns selbst

Homo Ludens ist ein Begriff, der eine Eigenschaft der menschlichen Natur um-
schreiben will: das Spiel. **Homo Ludens** ist lateinisch und bedeutet „Der
spielende Mensch". Dieser Begriff wurde von Johan Huizinga, einem niederländi-
schen Hochschullehrer und Kulturhistoriker als zentraler Aspekt für unsere
kulturelle Entwicklung in seinem gleichnamigen Buch bekannt gemacht als ein
Erklärungsansatz, nach dem der Mensch seine kulturellen Fähigkeiten vorzugs-
weise über das Spiel entwickelt[10].
Dieses Buch wurde in einer Zeit ohne Computer geschrieben, vor dem Jahr
1940. Gemeint ist das natürliche Spiel mit allen Sinnen, Spiel in Bewegung, wobei ich nicht meine, dass Menschen mit seltsamen Brillen ohne Tennisschläger
Tennis spielen. Spielen ohne Computer, ohne Handy, Smartphone und Spielcon-
sole nenne ich natürliches Spiel.
Laut der Natürlichen Gesundheitslehre fördern Erholung und Spiel die Entwicklung des Menschen[11]. Spiel in der Natur und in der frischen Luft ist das, wofür wir
geschaffen sind. Nimmt man Menschen diese natürliche Welt zu spielen fort,
werden sie, je nach individueller Anlage auf kurz oder lang aggressiv und ent-
wicklungsgestört.

Entschleunigung

Schlaf, Ruhe und Entspannung sind essenzielle Grundbedürfnisse von uns, und
so sehr wir auf Teufel komm raus unseren Willen gegen unseren Körper durch-
setzen, weiter arbeiten zu gehen, auch wenn wir noch so müde, krank und
erschöpft sind, scheint uns nicht bewusst zu sein, wie sehr wir Raubbau an unserer Gesundheit betreiben.
Die Tatsache, dass wir nicht widerstandsfähig genug sind, um lebloser Materie
wie Viren zu widerstehen, rührt auch daher, dass wir chronisch „mit dem letzten
Tropfen Sprit im Tank" fahren, bildlich gesprochen, also kaum mehr Energiere-
serven besitzen. Wenn die Tankanzeige im Auto im roten Bereich ist, ist
vergleichsweise in unserem Körper eine Notsituation. Wir sind chronisch erschöpft und anstatt uns zu erholen, malochen, arbeiten, schuften und schaffen
wir weiter, sind längst „Workoholics" und bemerken es nicht, wollen es auch nicht
merken, denn Arbeit ist Leben.
Wir definieren uns über unseren Job und fürchten Entschleunigung.

---

[10] Johan Huizinga, Homo Ludens, Rowohlt, 1960.
[11] Quelle 5 | S. 32.

Die Rückkehr zum menschlichen Maß

Die Rückkehr zum menschlichen Maß ist die Forderung eines US – Buchautors namens E. F. Schumacher, der in den 1970er Jahren unter dem Titel „Small is Beautiful" die Menschen auf Risiken und Grenzen eines hauptsächlich kapitalistisch ausgerichteten Wirtschaftssystems aufmerksam machen wollte.
Heute ist dieser Ansatz wieder aktuell, denn seit COVID-19 wissen wir, dass man mit Geld nicht alles kaufen kann, auch keine Gesundheit.
Vergleichen wir unseren Staatshaushalt mit dem Haushalt eines durchschnittlichen deutschen Bürgers, dann fällt auf, dass ein gesunder Mensch, der in Deutschland lebt, gerne auch andere Dinge tun würde, als nur zu wirtschaften, wenn er es könnte. Wirtschaften bedeutet hier Arbeiten im Sinne von Negativstress. Wer glaubt, er haben auf der Arbeit keinen Stress und raucht dabei ständig, sollte sich fragen, warum er das tut, ob er etwas sucht – als Grund für seine Sucht – was er im Grunde lieber täte, als wirtschaftlichen Umsatz zu produzieren, denn all unsere Tätigkeiten im Berufsleben werfen Umsatzsteuer ab und wenn wir anschließend shoppen gehen oder Essen kaufen, gibt es Mehrwertsteuer. Was bekommen wir dafür zurück?
Ein Mensch macht beim wirtschaften allerdings eine notgedrungene Pause: den Schlaf.
Der kann von unserem kapitalistisch strukturierten System glücklicherweise noch nicht vereinnahmt werden. Und das soll auch so bleiben!
Wenn wir schlafen, produzieren wir keine Steuern. Gut so!
Schlafen müssen wir aber, und zwar ausreichend. Schlaf ist eine der wichtigsten Heilquellen unseres Lebens. Der gesunde Schlaf beginnt einige Stunden vor Mitternacht und folgt einem gewissen Rhythmus, der bei allen Menschen sehr ähnlichen biologischen Grundsätzen folgt. Immerhin haben wir alle die gleiche Anatomie und Physiologie, sonst brauchte es beispielsweise keine Lehrbücher über unseren menschlichen Organismus und den Biorhythmus zu geben.
Mit dem vorliegenden Werk möchte ich eine Alternative vorstellen, die es gibt neben dem Kapitalismus, der, wie ich hier veranschaulicht habe, die Lebensqualität seiner Kinder frisst, der Menschen frisst, weil sie im Altenheim schneller und würdeloser sterben, als die Situation für alte Menschen sein könnte, für unsere Mütter und Väter, die uns liebevoll versorgt haben, als wir klein waren und ihre Umsorgung benötigten.
Auch der Kommunismus ist gescheitert, denn obwohl er gemeinnützige und gesunde Grundzüge aufweist, kann er nur dort gelebt werden, wo nicht ein kapitalistischer Überbau einen Scheinkommunismus fabriziert, der Menschen ausspionieren muss, damit sie ihm nicht auf die Schliche kommen.
Die Alternative für einen Staat, der sich selbst in seiner Mitte auspendelt, der wirtschaftliche Interessen mit dem Allgemeinwohl vereint ist die Nachhaltige Gesellschaft, die auf Achtsamkeit beruht.

Es ist eine Gesellschaft, die auf natürliche, gesunde Lebensweise Rücksicht nimmt. Es ist ein System von Menschen, die erkannt haben, was wesentlich im Leben ist: Gesundheit, innerer Friede und Glück.
Es ist das Wirtschaften nach ökologischen Prinzipien auf der Basis der Natürlichen Gesundheitslehre.

Natürliche Gesundheit

Natürliche Gesundheit basiert zunächst einmal auf einem gesunden Schlafrhythmus, denn im Schlaf heilen wir.
Der Schlafzustand beinhaltet die Arbeit unserer Selbstheilungskräfte. Hormone und andere Botenstoffe sorgen dafür, dass im Körper „aufgeräumt" wird. So lange der Organismus sich in Ruhe befindet und keine Nahrung aufnimmt oder verwertet, können Schlacken, ausgediente Zellen, Abfallstoffe im Körper ausgespült, ausgeschieden und verletzte Zellen, verletzte Körperregionen repariert, geheilt und erschlaffte, verbrauchte Ressourcen aufgefrischt und erneuert werden.
Zum Thema Entschlackung siehe: Quelle 5 der vorliegenden Schrift: S. 24, 25:
- Verschlackung des Körpers
- Gesunde Lebensweise führt zu innerer Reinheit
- Fasten als außergewöhnliche Hausreinigungsmaßnahme

Obwohl er mittlerweile gut erforscht ist und Wissenschaft erklären kann, wie die Heilkraft unseres Körpers funktioniert, dürfen wir diese Selbstheilungskräfte, die aufgrund des Schlafes, die während des Schlafes in unserem Körper ablaufen, durchaus als ein „kleines Wunder" betrachtet werden, denn wir bekommen es von der Natur geschenkt. Unsere Selbstheilungskräfte sind eine Gabe der Natur.
Wir müssen ihr nur die Gelegenheit geben, ihre Wirk- und Heilkraft zu entfalten.
Es ist einfach, gesund und glücklich zu sein, es ist leichter, als wir denken.
Wir müssen nur unsere Stressfaktoren weglassen, müssen nur Dinge tun, die uns gut tun, müssen unseren Heilkräften die Gelegenheit geben, selbstständig zu wirken, dann sind wir eher erfrischt, schneller gesund, dauerhafter glücklich, als wir angenommen hätten!
Wir müssen es nur zulassen und uns auf die Heilkraft der Natur einlassen. Wenn unser Denken zur Ruhe kommt und das Herz zufrieden ist, wenn wir sorglos sein können, können wir auch gesund sein.
Eine natürliche Gesundheit ist enorm widerstandsfähig und stärkt auch bei Corona!

Salutogenese und Pathogenese

Die beiden Begriffe Salutogenese und Pathogenese sind komplementär zuein-ander stehende Begriffe, Begriffe also, die einander widersprechen.
Auf Salutogenese als Konzept werde ich im Verlauf des vorliegenden Textes noch genauer eingehen.
Pathogenese ist nach meinem Kenntnisstand das Prinzip, nach dem unsere heu-tige Allgemeinmedizin gedacht, gelehrt und ausgebildet sowie praktiziert wird ebenso wie die Funktionsweise der Spezialgebiete der Medizin in Deutschland und Europa.

Pathogenese

Pathogenese ist laut Pschyrembel, dem bekannten medizinischen Wörterbuch, die Lehre von der Entstehung und Entwicklung von Krankheiten.
Nach meinem Verständnis ist das Prinzip der Pathogenese jenes Prinzip, nach-dem unser aktuelles „Gesundheitssystem" in Deutschland, Europa und dem „Westen" funktioniert.

Salutogenese

Laut Pschyrembel ist Salutogenese: „Salutogenese, die: englisch: salutogenesis. Entstehung und Bewahrung der Gesundheit. Das von Aaron Antonovsky 1979 geprägte Gesundheitskonzept ist dem Konzept zur Pathogenese komplementär. Es beschreibt vielfältige Ressourcen zur Erhaltung der Gesundheit. Zentrale sa-lutogenetische Faktoren sind das Kohärenzgefühl und generalisierte Widerstandsressourcen.[12]"

Kohärenz bedeutet „zusammenhängend", ich bin zusammenhängend, ungeteilt, bin ein Ganzes, ich bin als Mensch und als Organismus eine Ganzheit und be-trachte mich selbst, den Menschen und seine organischen Wirkmechanismen als zusammenhängend, als eine Einheit, als Ganzheit.
Wenn ich mich selbst heilen will, wäre demzufolge der Ansatz, mit dem ich das Ziel der Heilung verfolge auch ein ganzheitlicher Ansatz.
Wenn ich den Menschen als „ein Ganzes" verstehe, bedarf es einer „ganzheitli-chen Medizin".
Mit generalisierten Widerstandsressourcen sind Abwehrkräfte und Heilmecha-nismen, natürliche Reparationsmechanismen unseres Körpers, unseres

---

[12] Quelle 1

Organismus gemeint. Ganzheitliche Sicht auf den Menschen bedeutet, seine geistigen und psychischen Anteile mit dem Körper als eine Einheit aufzufassen, wobei man einzelne Aspekte durchaus in ihrer alleinigen Wirkweise betrachten kann.

Einzelaspekte werden allerdings immer auf dem Hintergrund ihres Gesamtzusammenhanges gesehen, gewertet und so erkannt, dass im Menschen, der als Gesamtkonzept von Körper, Geist und Seele mit seinen sozialen und materiellen Umwelteinflüssen gesehen wird, erst einen Sinn ergeben.

Beispielsweise werden Burnoutsymptome nicht nur auf rein organischer Ebene betrachtet.

Einem Bauarbeiter oder LKW – Fahrer, der seit 15 Jahren starke Rückenschmerzen hat nur Spritzen gegen Schmerzen zu geben, heißt, ihn nicht als ganzen Menschen in seinem biosozialen, seelisch – geistigen Gefüge zu betrachten.

Eine solche Behandlungsmethode zielt allein auf die Funktionserhaltung des Menschen in seinem Berufsfeld ab und ist möglichst „billig" und leistungsorientiert.

Dass da ein Mensch ist, der wahrscheinlich einen Bandscheibenvorfall hat und eventuell das Berufsfeld wechseln sollte, bedeutet, den Horizont der Betrachtungsweise zu erweitern. Hier stehen nicht nur finanzwirtschaftliche Aspekte bei der Betrachtung einer Funktionseinschränkung im Vordergrund, sondern der ganze Mensch in seinem Lebensumfeld wird wahrgenommen und respektiert.

Ein solcher Blickwinkel bedeutet, den wesentlichen Gesichtspunkt in der Gesundheit des Menschen zu sehen.

Heutzutage funktioniert unser „Gesundheitssystem" allerdings allein mit dem Fokus auf die Funktionseinschränkung eines Arbeiters.

Auch Manager, Politiker, Lehrer werden als Wirtschaftsfaktor betrachtet, der, wenn er krank wird und ausfällt, kaum oder keine Leistung mehr bringt und in den man nicht investieren möchte, wenn er wirtschaftlich nicht mehr von Nutzen ist.

Wenn wir aber Menschen nur aus der Perspektive ihrer Funktionalität betrachten, wird, um bei dem Beispiel des LKW – Fahrers zu bleiben, der Schmerz im Rücken zu einem Spiegel seiner Situation.

Der Schmerz ist ein Symbol seiner Lebenslage.

Er kann einen Weg zu einem Problem aufzeigen.

So können wir Krankheit als Symbol und Krankheit als Weg betrachten und unsere Krankheiten und Krisen, wie auch das aktuelle Coronavirus und die Coronakrise, in der wir uns befinden, als einen Spiegel betrachten, der uns unsere Einstellung vor Augen führt und uns zeigt, dass wir, wenn wir Krankheiten, wenn wir Ereignisse, die wie Sand im Getriebe funktionieren und uns ab und zu zum Stolpern, zum Innehalten, zum genauen Hinschauen bringen, immer aus der Sicht der Funktionalität der Menschen und aus der Perspektive der Pathologie, der Entstehung der Krankheiten betrachten, wir auch nur im Gedankenhorizont von Krankheit denken.

Es ist wie eine Endlosschleife, wie ein Hamsterrad, aus dem wir nicht heraus kommen.

Unser Denken in Kategorien von Krankheit erhält Krankheit aufrecht.

Wir sollten jetzt den Absprung wagen in einen Perspektivenwechsel, sollten den Vorzeichenwechsel wagen in dem Blickwinkel, aus dem wir eine Situation, ein Ereignis wie unsere Coronakrise betrachten.

COVID-19 als reines Phänomen unter Berücksichtigung aller Einzelschicksale und unserer gesamtgesellschaftlichen Situation kann uns als Spiegel dienen.

Wir haben uns selbst eine zu große Zeitspanne lang ausschließlich als Rädchen im System definiert, die gut funktionieren müssen.

Dementsprechend haben wir nur Symptome betrachtet, die Sand ins Getriebe unseres funktionierenden Alltags streuen. Wenn wir ausgefallen sind, haben wir uns auf die Symptome unseres Körpers, den Schmerz, die Funktionsunfähigkeit konzentriert, ohne zu hinterfragen, welche Bedeutung hinter meinem „System-ausfall" steht.

Wir sind nicht nur Rädchen im Getriebe, die funktionieren müssen.

Wir haben das Recht gesund und glücklich zu sein und uns als körperlich – geis-tig – seelische Einheiten zu betrachten.

Wenn ich einen Nachbarn frage, wie es ihm geht, und der antwortet: „Ja, muss, ne?", ist das Zufall. Wenn mir aber zehn Leute so antworten oder zwanzig, be-deutet das für mich, dass wir alle unter einem Druck stehen. Wir folgen einem Zwang. Wir tun Dinge, die wir nicht wollen.

Corona kann als ein Spiegel angesehen werden.

Wir müssen gar nichts, nur sterben müssen wir irgendwann.

Wir haben **jetzt** die Chance, unseren Perspektivenwechsel zu vollziehen!

Wir können ein bedingungsloses Grundeinkommen einführen. Dafür kann es Module geben, die angepasst sind an die Menschen, die diese finanziellen Leis-tungen beziehen wollen.

Dass ein bedingungsloses Grundeinkommen im Prinzip in unserer Gesellschaft möglich ist, haben uns Wissenschaftler wie Richard David Precht aufgezeigt.

Die Frage ist, ob wir es wollen, ob wir ein individuell gestaltbares System von Leistungen organisieren wollen, liegt bei uns Bürgern.

In einer Demokratie sind wir das Volk und wir sollten entscheiden.

COVID-19 zeigt vielen Menschen in Deutschland und Europa momentan, wie es ist, ohne Arbeit zu leben mit einer gewissen Grundsicherung.

Viele Menschen haben damit Schwierigkeiten, nicht arbeiten zu gehen. Wir defi-nieren uns über unsere Arbeit. Wir sind wer, wenn wir Arbeit haben. Wir sind, was wir arbeiten.

Wenn uns jemand fragt, wer wir sind, antworten wir mit unserem Namen und unserem Beruf, vielleicht noch mit dem Alter.

Ich bin Baldur Airinger, Buchautor und bin 46 Jahre alt.

Unsere Arbeit ist uns sehr viel wert, ist unser Aushängeschild. Fast ist sie unsere Identität, unsere Seele.

Corona ist ein Spiegel. Es zeigt uns auf, was mit uns geschieht, wenn diese Arbeit weg fällt.

COVID-19 bringt uns in die Situation, Dinge zu hinterfragen.

Dinge, die zuvor, vor Corona, belanglos waren, über die wir kaum nachgedacht haben, bekommen plötzlich Bedeutung.

Reinigungstücher. Einmalhandschuhe. Toilettenpapier.

Hamsterkäufe.

Mr. Monk, der Detektiv aus den USA, der von Tony Shalhoub, dem Sohn Omar Sharifs gespielt wird, hätte seine Freude daran, wie wir plötzlich alle unsere Finger waschen, wie wir mit Reinigungstüchern umgehen und mehr oder weniger diszipliniert an der Warteschlange unseren Einkaufswagen vor uns her schieben, auch wenn wir nur wenige Teile kaufen.

Übrigens gibt es auf Youtube jetzt ein Video, welches meines Erachtens am 11. Mai hochgeladen wurde, in dem Tony Shalhoub alias Mr. Monk erklärt, wie er sich während der Coronapandemie in Quarantäne fühlt. Ich habe mich so gefreut, „Mr. Monk" wieder zu sehen. Das Video heißt

Monk in Quarantine (w/ Tony Shalhoub) | Peacock Presents A-…

Unser Leben wird umgekrempelt, Alltägliches hinterfragt. Aus Krisen lernen wir. Wäre das nicht so, würden wir immer noch als stark behaarte Wesen gebeugt gehen und mit Keulen hinter Tieren her laufen.

Als ich 2014 in Sachsen – Anhalt ein Gesundheitsseminar besuchte, welches in einer gut erhaltenen Burganlage stattfand, ging ich in den Zeiten zwischen den Seminaren in der Umgebung um das Schloss spazieren.

Die Parkanlage wurde gepflegt und wirkte einerseits natürlich, wegen des üppigen Baumbestandes, andererseits ordentlich, weil die Wege sauber waren und sicher, von Wurzeln und herumliegenden Ästen befreit, der Rasen wurde regelmäßig gemäht, doch einige Areale waren dem natürlichen Wachstum überlassen, zumindest für eine gewisse Zeit.

Der Schlossgarten, der sich direkt am Haupthaus befand, musste regelmäßig mit einem erheblichen Einsatz an Schädlingsbekämpfungsmitteln behandelt werden, da die Buchsbaum – Pflanzen ansonsten von „Schädlingen" zerfressen worden wären. Wahrscheinlich kommt Buchsbaum in so häufigem Bestand, ähnlich einer

Monokultur nicht natürlich vor und ist möglicherweise in unseren Breiten auch nicht heimisch.

Etwas hinter der Parkanlage gelegen fand ich nach einigen Tagen des Wanderns einen großen Platz, dessen Boden mit Rollsplit ausgestreut war. Er hatte die Maße einer mittelgroßen Tennisanlage und war ringsum umzäunt. Zwei staubige Autos standen in der Nähe außerhalb der Umzäunung. Weder Bodenmarkierungen, die auf eine sportliche Nutzung hin deuteten, noch irgendwelche andere Merkmale konnten mich auf seinen Zweck hinweisen.

Sogleich bemerkte ich, dass ich froh sein konnte über alles, wie ich es hier vorfand. Das Schloss samt Schlossgarten und Parkanlage sowie auch dieser sonderbare Platz waren mir tausendmal lieber als ein Industriegelände, Hochhäuser mit Bürogebäuden, eine boomende Stadt oder ein riesiges Kaufhaus mit einer Tiefgarage.

Wir Menschen können aus einer leeren Fläche viel machen, es kommt darauf an, welche Absichten uns motivieren.

Bei einem weiteren Spaziergang zwischen den Seminarzeiten streifte ich ein letztes Mal durch den Park, um „Lebewohl" zu sagen und kam auch an dieser ungenutzten Fläche vorbei.

Da begegnete mir ein älterer Herr. Wir begrüßten uns freundlich. Ich erkundigte mich, ob er mir sagen könne, was es mit diesem Platz auf sich hat.

„Zu Zeiten der DDR war das eine Obstwiese. Die Bäume wurden ab und zu zurück geschnitten aber nicht gespritzt. Alles ökologisch!", erklärte der Mann und lachte.

„Die Leute konnten hier hin kommen und sich ihr Obst pflücken," fügte er hinzu.

„Hat das die Leute etwas gekostet?"

„Nein. Solche freien Obstplantagen und Gärten gab es überall. Das gehörte zum System damals."

Ich bedankte mich für das Gespräch, wir verabschiedeten uns.

Dieses Ereignis ist mir mindestens so tief im Gedächtnis geblieben wie manche der Seminarinhalte.

Als ich zurück in NRW bewusst durch meine Wohnumgebung spazierte, erinnerte ich mich daran, wie damals Bodenproben in den privaten Gärten, in Kleingartenanlagen und in öffentlichen Anlagen genommen wurden.

Durch die Schwerindustrie waren die Böden verseucht mit Schwermetallen.

Die Firmen hatten sich hier in der Gegend angesiedelt, Menschen sind hier zur Arbeit gegangen, haben Geld verdient. Gesund war diese Arbeit nicht, erzählen die Anwohner, die sich an die Industrieanlagen noch erinnern.

Dann habe die Firma geschlossen, die Arbeiter entlassen.

Die Verantwortlichen sind nach Übersee gereist, den alten Bauschutt, die Schlacken und den auf Jahrzehnte verseuchten Boden haben sie da gelassen.

Wenn ich jetzt meine Erdbeeren, Radieschen und mein Mangold anpflanzen will, muss ich Hochbeete aufstellen.

Wenn ich mich hier darüber beschwere, winken die Leute ab.

„Das ist von den Industriellen eine Schweinerei," sagen die einen.

„Stell dich nicht so an, dann machst du eben Hochbeete," sagen die anderen.

Das Glas ist halb voll oder halb leer.

Mir aber geht es um das Prinzip.

Wir werden hier in NRW dazu gezwungen, unser Obst im Geschäft zu kaufen.

Vor dreißig Jahren hatten *meine* Eltern einen Kleingarten, einen Gemüsegarten.

Heute müssen in Familien beide Eltern arbeiten gehen, weil es den Menschen wichtig ist, modernes Spielzeug und Geräte zu haben und weil das wohl so teuer ist, müssen beide arbeiten gehen und es hat überhaupt kaum einer noch die Zeit, die Kraft oder einen Sinn für einen Obst- oder Gemüsegarten.

Unser System unterdrückt unsere natürliche Lebensgrundlage. Heute. Nicht nur in NRW, sondern auch in Sachsen – Anhalt.

Warum ich das erzähle?

Weil es ein Prinzip veranschaulicht.

Weil es unser Denken verdeutlicht.

Wir machen uns selbst krank.

Was ist Salutogenese? Die Lehre von der Gesundheit.

Was ist Pathogenese? Die Lehre von der Krankheit.

Beides sind Prinzipien.

Salutogenese denkt im Rahmen von Gesundheit. Wer Gesundheit denkt, ist gesund beziehungsweise ist auf einem Weg, dessen Prinzip die Gesundheit ist. Er macht sich selbst gesund und seine Umgebung, denn wir sind für andere ein Spiegel.

Wer Krankheit denkt, macht sich selbst und seine Umgebung krank, denn er befindet sich geistig im Rahmen von Krankheit, denkt in Schubladen von Krankheit.

Das Denken steuert unser Handeln und unseren Körper. Wer in Kategorien von Krankheit denkt, macht sich krank.

Wer in Kategorien von Gesundheit denkt, macht sich gesund.

Nach welchem Prinzip funktioniert die Ausbildung der Ärzte in Deutschland und meines Wissens im gesamten Westen, also in Europa und Amerika?

Die Ausbildung der Mediziner in Deutschland und im gesamten Westen funktioniert nach dem System der Pathogenese.

Junge Menschen schauen sich viele tote Körper an.

Wie viel kann man über das Leben lernen, wenn man den Tod studiert?

Junge Ärzte studieren ein großes Quantum an Pathologie, also der Lehre von den Krankheiten.

Wie viel Verständnis kann man vom Wesen der Gesundheit erlangen, wenn man das Wesen der Krankheit studiert?

Wenn wir alle Selbstheilungskräfte haben, was ja definitiv der Fall ist, wenn wir mit etwas Achtsamkeit im Alltag und Respekt vor der Natur und dem Leben im Grunde gesund leben könnten, können wir uns fragen: Wie viel kann ein Arzt, wie viel kann ein Staat an einem gesunden Menschen verdienen?

Wie viel kann ein Staat an einem System verdienen, das weder künstliche Heilmittel noch viele technische Geräte noch eine hoch entwickelte Chemoindustrie oder irgend eine andere Industrie benötigt, um uns Menschen unsere Gesundheit zu erhalten?

Mit ein wenig mehr Disziplin im Umgang mit unserer Nahrung, mit etwas Aufklärung über die natürlichen Ressourcen, die Selbstheilungskräfte unseres Körpers können wir wirklich ganzheitlich gesund und selbstbestimmt leben.

Selbstheilungskräfte

Wer von uns will freiwillig krank sein? Niemand. Krankheit ist wie ein Fluch, will heißen, wir mögen sie nicht. Krankheit hindert uns am Glücklichsein, beeinträchtigt unsere Leistungsfähigkeit und Funktionstüchtigkeit.
Krankheiten sind wie Sand im Getriebe. Unser Alltag gerät ins Wanken, bricht aus den Fugen und manchmal kommen wir in eine Situation, in der wir unsere Gewohnheiten hinterfragen müssen, wenn Schmerz zu heftig oder ein krankhafter Zustand zu einer Belastung geworden ist.

Wagen wir doch mal einen Blick über den Tellerrand.
Wir sind doch nicht blöd, wissen wir wenigstens seit der Werbung von Mediamarkt. Wenn wir nicht blöd sind, kann unser Körper auch nicht blöd sein. Wenn ich aber zu lange vor dem Bildschirm sitze, krieg' ich Kopfschmerzen. Oder Rückenschmerzen. Ich werde krank. Warum macht mein Körper das? Er ist doch nicht blöd!

Es gibt einen gesundheitspraktischen Ansatz, Krankheiten auf eine revolutionär neue Art zu betrachten, dann sind sie plötzlich kein reines Ärgernis mehr, sondern werden zu unserem Freund, zu unserem Helferlein.
Wie soll das gehen?
Aus den USA stammt die Bewegung für „Natürliche Gesundheit", die erklärt, dass Krankheiten Ausscheidungsprozesse sind und Schmerzen Signale. Hier wird Krankheit nicht verdammt, hier werden keine Symptome abgetötet.

Symptome gehören zu unserem natürlichen Bioorganismus und da ja bekanntlich unser Körper „nicht blöd" ist, sollten wir auf Symptome nicht nur mit „Symptomkillern" reagieren.

Der Begriff Selbstheilungskräfte weist uns darauf hin, dass unser Körper über eigene Heil- und Reparaturmechanismen aus der Natur verfügt.

Laut Pschyrembel bedeutet Selbstheilung die „Aktivierung von Kräften in der Person selbst.

Selbstheilungskräfte werden nach Veränderungstheorien verschiedener Therapierichtungen durch eine Behandlung angeregt. Sie stehen im Gegensatz zu rein durch äußere therapeutische Maßnahmen verursachten Behandlungseffekten.

Der Ansatz der Bewegung für Natürliche Gesundheit aus den USA erkennt Krankheit als Selbstheilungskraft und weist hin auf sieben Stadien der Krankheit.

Das erste Stadium ist Entkräftung, eine Art nervöse Erschöpfung.

Das zweite Stadium ist Toxämie oder Toxikose und bedeutet einen Zustand des menschlichen Organismus, in dem giftige Substanzen, unabhängig welchen Ursprungs das Lymphsystem und die Zwischenzellflüssigkeit im Körper durchdringen.

Das dritte Stadium ist die Irritation von Körperregionen in Form eines Juckreizes, eines Kitzelns in der Nase oder eines leichten Schmerzes, dem weder die meisten Menschen noch die meisten Ärzte große Bedeutung beimessen.

Wir selbst und unser Alltag sind zu grob gestrickt, als dass uns so kleine lästige Dinge aus der Bahn werfen würden.

Das vierte Stadium, das der Entzündung, geht meist mit Schmerzen einher, deshalb wird uns nun auch ein Problem bewusst. Bei uns muss man eben mehrmals anklopfen, oft laut und heftig, bevor wir die Tür unseres Bewusstseins öffnen. Eine Entzündung ist normalerweise das Stadium, in dem wir Menschen und auch die Ärzte eine Krankheit feststellen.

Eine Vereiterung oder Geschwürbildung ist das nächste Stadium von Krankheit im Allgemeinen. Das heißt nicht, dass ein zu hoher Blutdruck keine Krankheit ist, weil es weder Eiter noch Geschwür gibt. Der zu hohe Blutdruck macht sich bei vielen Menschen durch innere Unruhe bemerkbar und fällt daher eher in das dritte Krankheitsstadium, der Irritation.

Laut der Lehre von der Natürlichen Gesundheit aus den USA benutzt der Körper ein „Geschwür als Auslass für eine außergewöhnliche toxische Ansammlung, um sich zu erleichtern."[13] Eiter wird benötigt, um Giftstoffe im Körper zu verflüssigen, anzulösen und zu transportieren, am Besten nach draußen, mit Hilfe eines Geschwürs oder einzudämmen, einzuschließen mit Hilfe von Verkapselungen.

---

[13] Quelle 3 | S. 21

All dies sind Heilprozesse des Körpers, die mit dem Flicken von Löchern in einer Hose verglichen werden können, diesen Flickprozess nennt man auch Verhärtung[14].

Verhärtung stellt das nächste, sechste Stadium von Krankheiten dar. Dies bedeutet jetzt nicht, dass häufiges nächtliches Wasserlassen keine Krankheit ist, die sogenannte Nykturie, die vermehrte nächtliche Miktion, oder die Enuresis, das unwillkürliche Einnässen, weil es nichts mit einer Verhärtung zu tun hat.

Unwillkürliches oder willkürliches häufiges nächtliches Wasserlassen stellen eine Irritation dar, eine „Abweichung" von der Norm, da der gesunde Mensch, sofern er nachts nicht regelmäßig gehäuft Flüssigkeit zu sich nimmt, normalerweise nicht über Tagen oder Wochen nachts mehrmals zur Toilette muss. Ein solches Symptom entspricht der Krankheitsstufe Drei in diesem System und sollte wahrgenommen und auf seine Ursachen hin untersucht werden.

Eine Verhärtung, das sechste Stadium von Krankheiten nach dem System der Natürlichen Gesundheitslehre bedeutet, dass sich Gewebe verhärten oder Hohlräume mit hartem Gewebe gefüllt werden. Auch Narben sind eine Art Verhärtung. Wir kennen Narben als Heilprozess.

Laut der Natürlichen Gesundheitslehre liegt in diesem Krankheitsstadium die „Richtung und der Zweck der Verhärtung" darin, „den Hohlraum auszufüllen und die toxischen Stoffe, die den Körper bedrohen," und vergiften würden, wenn sie im Körper frei beweglich wären, „in einem Sack von verhärtetem Gewebe einzukapseln. Das Geschwür und die toxischen Materialien sind durch das verhärtete Gewebe, das sie umschließt, versiegelt. Dies ist ein Weg, toxische Stoffe zu isolieren und wird auch als Tumorbildung bezeichnet."

Tumor bedeutet Schwellung oder Geschwür, laut Pschyrembel „Örtlich umschriebene Zunahme des Gewebevolumens, im engeren Sinn gewebliche Neubildung, im weiteren Sinn jede lokalisierte Raumforderung"[15].

Verhärtung ist das letzte Stadium, wo der Körper kontrollierend eingreifen kann.[16] Krebs, Tumore sind der letzte Versuch des menschlichen, natürlichen Körpers, auf der Grundlage seiner natürlichen Wirkweise, Giftstoffe einzukapseln, Gifte sozusagen in Säckchen zu verpacken, damit sie nicht in den Körper, in die Lymphe, in die Interstitiellflüssigkeit, die Zwischenzellflüssigkeit oder ins Blut geschwemmt werden können und den Körper vergiften können.

Oft gerät der Zustand eines krebskranken Menschen erst wirklich außer Kontrolle, wenn der Körper bei diesem allerletzten Kraftakt der Selbstheilung gestört wird, weil durch Chemotherapie oder radioaktive Bestrahlung in das verzweifelte Heilgeschehen eingegriffen wird.

---

[14] Ebd. [➜ Ebd. / ebd. bedeutet: siehe gleiche Quellenangabe wie vorher.]
[15] Ouelle 1| S. 1846.
[16] Quelle 3 | S.21.

Dies geschieht, weil Wissenschaftler sich weigern, **Krankheit als Heilprozess** anzuerkennen und zwar auch den Schmerz, auch die Entzündung und sogar den Krebs.

Immer geht es dem Körper bei der Krankheit um Ordnung und Sauberkeit in den Organen und Körperflüssigkeiten, um Reinigung, Entgiftung, Entschlackung, um Heilung und Genesung.

Dazu braucht der Körper viel Energie und Kraft. Chemische, radioaktive, körperfremde Substanzen schwächen den Körper, wie auch die Einnahme von Kontrastmitteln, denn solche Maßnahmen bürden dem menschlichen Organismus zu der Krankheit noch zusätzliche Reinigungs-, Ordnungs- und Aufräumaufgaben, zusätzliche Heilanstrengung auf.

Den Begriff Krankheit sollten wir komplett aus unserem Vokabular streichen und statt dessen das Wort Heilprozess benutzen.

Heilprozess als Begriff lässt uns Menschen positive, kräftigende, gesundende Assoziationen in unserem Geist erzeugen. Der Begriff Heilprozess bedeutet für uns eine wohltuende, stärkende, erfrischende, heilende Konnotation.

Die Vorstellung von Glück und Heilung schwingt bei dem Wort Heilprozess mit.

Der Ausdruck Krankheit hingegen lässt uns an unfreundliche Dinge denken, die sich nicht gut anfühlen, die wir nicht haben und uns nicht vorstellen wollen.

Wir könnten diese Begriffe bei vielen Menschen auspendeln, mit der Kinesiologie austesten.

Wir könnten Wasser in einem Glas in einem ansonsten stillen und neutralen Raum mit dem Wort „Heilprozess" mit monotoner, unbetonter Sprache besprechen. Dann könnten wir ein Glas Wasser in einem ansonsten stillen und neutralen Raum mit dem *gleichen, **nicht** dem selben* Wasser mit monotoner, unbetonter Sprache mit dem Wort „Krankheit" besprechen.

Von beiden Gläsern das Wasser einfrieren und unter dem Mikroskop die Eiskristalle betrachten.

Ich behaupte, die Eiskristalle des Wassers, welches mit dem Wort „Krankheit" besprochen wurde, weisen eine zerstückelte, disharmonische, zerrissene Struktur auf.

Ich behaupte weiterhin, Eiskristalle des Wassers, welches mit dem Wort „Heilprozess" besprochen wurde, weisen ganze, harmonische, Strukturen auf.

Worte haben Macht. Mit dem Mittel der Sprache gestalten wir unser Leben.

Wir sollten auf unsere Worte achten, denn sie sind wie Werkzeuge.

Kranke Worte machen uns krank, heile, gesunde Worte machen uns gesund.

Der Begriff „Krankheit" löst bei uns Menschen im Unbewussten Gefühle der Angst und Hilflosigkeit aus.

Der Begriff „Heilprozess" löst bei uns Menschen im Unbewussten Assoziationen von Freude und Glück und Gefühle der Hoffnung aus.

Wir heilen uns somit schon durch das Denken an und das Aussprechen des Wortes „Heilprozess" selbst.

Während wir jedoch den Begriff „Krankheit" denken und aussprechen machen wir uns selbst krank.

Krank machen heißt hier sauer machen.

Gesund machen heißt an dieser Stelle basisch machen in einem ausgewogenen Verhältnis,[17] nämlich mit Ausnahme der Magensäure und anderen Körperflüssigkeiten oder Organen, die eine andere Qualität von Natur aus aufweisen, in etwa ein Verhältnis von zwei Teilen Säure zu acht Teilen Base.

Den Test mit dem Wasser können wir auch mit anderen Dingen und Phänomenen durchführen:

Wasser, welches Handy – Strahlung, W – Lan, ausgesetzt wurde, Wasser, welches atomarer Strahlung ausgesetzt wurde, Wasser, welches Chemikalien ausgesetzt wurde. Wasser, welches meditativen Gesängen oder Liedern über Freude und Glück ausgesetzt wurde.

Um bei dem Thema der Worte „Krankheit" und „Heilprozess" zu bleiben:

Ich möchte der sogenannten Schulmedizin, der damit verknüpften Wissenschaft und der Pharmalobby keine bösen Absichten unterstellen, aber das Wort „Krankheit" löst bereits Angst bei uns Menschen aus. Schulmedizin beherrscht uns nach meiner Auffassung durch Angststimulation und klärt uns nicht auf über das wahre, heilsame. heilungsorientierte Wesen von „Krankheiten" oder besser formuliert: von Heilprozessen.

Säure – Basen – Gleichgewicht

Viele von uns haben wahrscheinlich schon mal gerufen: „Mann, ich bin total sauer!" und meinen damit, dass uns etwas nicht passt und wir uns darüber ärgern. Gut festgestellt. Ärger macht sauer.

Was ist das eigentlich, sauer sein?

Auf organischer Basis bedeutet Sauersein einen Zustand in einem nicht mehr basischen Bereich.

Eine Base ist keine Tante, sondern entspricht chemisch einer Lauge.

Die Säure – Basen – Verhältnisse in unserem Körper nennen wir **pH – Wert**.

Ein gesundes Verhältnis von Säure zu Base in unserem Körper hängt von der Körperregion ab. Die Verdauungssäfte unseres Magens besitzen natürlicherwei-

---

[17] Quelle | Oetinger – Papendorf | Lehrbuch | Durch Entsäuerung zu seelischer und körperlicher Gesundheit | 1985 | S.11 || Ausgabe 2014 bezüglich Verschlackung ähnliches Verhältnis: Gesund = Verschlackung (sauer) so GERING wie möglich halten.

se ein eher saures Milieu. Unsere Hautoberfläche weist ebenso einen eher im sauren Bereich liegenden pH – Wert auf.

Laut der Natürlichen Gesundheitslehre können wir mit unserem Ernährungsverhalten ebenso wie durch die gezielte Steuerung unserer Geisteskraft, unseres „inneren Monologes" beziehungsweise „inneren Dialoges", wenn er in der Du – Form geschieht, selbst entscheiden, ob wir unseren Organismus übersäuern oder im gesunden, überwiegend basischen Milieu halten.

Was die Ernährung angeht, gibt es Nahrungsmittel, die in unserem Körper sauer verstoffwechselt werden sowie Nahrungsmittel, die von unserem Organismus basisch verstoffwechselt werden[18].

Was den Dialog angeht, wobei das Wort Dialog aus dem Altgriechischen stammt und „Fließen von Worten" bedeutet[19], dürfen wir heute davon ausgehen, dass sich da ganze Grüppchen in einem tummeln, was das innere Selbstgespräch angeht.

Der Autor Richard David Precht hat uns dies mit seinem genialen Werk „Wer bin ich und wenn ja, wie viele?" auf anschauliche Weise verdeutlicht.

Wenn die vielen Persönlichkeiten in uns sich jetzt andauernd bis überwiegend heftig streiten, wenn in unserem Inneren so richtig die Post abgeht und es ständig kracht, dass unser Essgeschirr auf dem Tisch und in den Schränken wackelt, wenn es in unserem Herzen, unserem Geist und unserer Seele, also denk- und gefühlsmäßig immer bis meistens heftig stürmt und donnert, blitzt und sogar auch mal Orkane toben in unserem Inneren, dann können wir davon ausgehen, dass wir nicht immer sehr zufrieden mit uns selbst und der Welt sind und dann sind wir wahrscheinlich ständig sauer.

Wir können diesen inneren Dialog von den Vielen, die da in uns drin reden und oft auch mal herum wüten, ruhig mit der Skala für Windstärken vergleichen.

Ab Windstärke 9, also alles ab Sturm, hier eben Seelen – Sturm, aufwärts über schweren und orkanartigen Sturm bis zum Orkan in unserer Seele, in unserem Herzen, wenn wir so was mehr oft als selten empfinden, können wir davon ausgehen, dass der innere Stress, in dem Fall Negativstress, der durch diese Gemütszustände erzeugt wird, uns im wahren Wortsinn auf die Nerven oder auch an die Nerven geht.

Diese heftigen Gemütszustände belasten unseren Körper, unseren Organismus, wenn sie Dauerzustände sind.

Es ist, als wenn wir ständig zu viel Strom im Haus anhaben, wenn's zu heftig wird, fliegt die Sicherung raus.

---

[18] Quelle 6 | S. 217f.
[19] Wikipedia: Dialog

Diese Sicherung ist in unserem Falle die Krankheit.

Der Körper ruft um Hilfe, sagt: „Halt, Stopp!", wir müssen erst mal wieder runter kommen und die ganzen Schlacken aufräumen, die durch die heftigen, krassen Vorgänge in unserem Körper entstanden sind durch zu wenig Zeit, Nahrung ordentlich aufzuspalten. Durch zu wenig Ruhe- und Erholungsphasen.

Durch zu viele Stresshormone, die die Produktion von Körpersäften immer auf Hochtouren halten, so, als ob ich auf dem Drehzahlmesser immer im roten Bereich fahre, das macht mein Auto auch nicht lange mit.

Haben wir eher eine leichte Brise, alles von Windstärke 0 bis 8, sind wir entweder oft antriebslos, wenn's mal nicht höher als Windstärke 4 geht, mäßiger Wind.

Alles zwischen 4 und 8 ist auf Dauer förderlich und gesund, da darf auch mal ein Sturm (Windstärke 9) auftreten.

Auch Windstärke 2 und 3, leichte Brise im Geist oder schwacher Wind in der Seele, können als Ruhephasen mal ganz nützlich sein.

Optimal ist, was unseren Körper insgesamt im Mittelwert, aber auch die seelischen und geistigen Prozesse angeht, ein grundsätzlich herrschendes Verhältnis von 20 – 40 % Säure zu 80 – 60 % Base[20].

Natürliche Körperzyklen

Laut der mittlerweile einigermaßen bekannten Lektüre von Harvey und Marilyn Diamond, „Fit fürs Leben" oder „Fit for Life", besitzt unser Körper drei recht augenfällige Körperfunktionen, die die Grundlage für unser Wohlbefinden und unsere Gesundheit bilden, bei deren dauerhafter Missachtung wir hier im Folgenden von chronischer Verschlechterung des Gesundheitszustandes sprechen.

Diese Zyklen sollen im vorliegenden Werk als die Grundlage für das Verständnis von Krankheit und Gesundheit zugrunde gelegt werden.

Die Zyklen kann man ziemlich treffend an der Tageszeit fest machen.

Wir nehmen täglich Nahrung zu uns (Aufnahme).

Einen Teil der Nahrung absorbieren und verwerten wir (Ausnutzung oder Assimilation). Was wir nicht brauchen, scheiden wir aus (Ausscheidung).

Jede einzelne dieser Funktionen hat während bestimmter Stunden des Tages ihre Hauptwirkzeit, obwohl jede dieser drei Aufgaben unseres Körpers in einem bestimmten Umfang immer abläuft[21].

Die drei natürlichen Körperzyklen gelten für jeden menschlichen Organismus und haben daher weltweit Gültigkeit:

---

[20] Lehrbuch | Durch Entsäuerung zu seelischer und körperlicher Gesundheit | Beck, Oetinger – Papendorf.
[21] Quelle 2, S. 44.

Die natürlichen Körperzyklen des menschlichen Organismus[22]		
Von mittags 12.00 bis abends 20.00 Uhr	**Nahrungsaufnahme**	Essen und Aufschließen (der Nährstoffe in der Nahrung)
Von 20.00 Uhr bis morgens 04.00 Uhr	**Ausnutzung**	Absorption in die inneren Organe und Verwertung
Von 04.00 Uhr bis mittags 12.00 Uhr	**Ausscheidung**	Von Schlacken und Nahrungsresten

Jeder Organismus reagiert ein wenig individuell, wir können aber sagen, dass ein Mensch, der sich an diese Zeiten mit seiner Lebensführung grundsätzlich hält, eine bessere Voraussetzung für Gesundheit, Leistungsfähigkeit und Wohlbefinden hat, als ein Mensch, der sich über längere Zeit nicht an diese Rhythmen hält. Ich selbst nehme beispielsweise meine erste Mahlzeit um 11 Uhr zu mir und zwar einen Apfel, der aus ökologischem Landbau stammt.

Auf diese Weise fühle ich mich unbeschwert, bin leistungsfähiger, als wenn ich, was seltener vor kommt, ein Brötchen oder ein Müsli vor 11 beziehungsweise 12 Uhr mittags zu mir nehmen würde.

Freilich ist jeder Mensch anders. Unsere natürlichen Körperzyklen, die jeder Mensch besitzt, auch wenn die Phasen sicher nicht bei allen Menschen exakt gleich sind, je nachdem, wie wir zum Beispiel arbeiten, werden aber in der medizinischen Ausbildung und der Fachliteratur nach meiner Meinung zu wenig beachtet, deshalb halte ich es für wichtig und richtig, an dieser Stelle darauf hinzuweisen.

Natürliche Gesundheitslehre©

Die Natürliche Gesundheitslehre© ist das Prinzip, welches ich mit der vorliegenden Schrift als Grundlage einer neuen Gesellschaft für Achtsamkeit und Nachhaltiges Leben© vorschlagen möchte. Sie ergibt sich aufgrund meiner Lebenserfahrung und meines Kenntnis- und Wissensstandes als einzige logische und vernünftige Konsequenz aus den Bildern, die uns die Öffentlichkeit und der geschichtliche Verlauf der menschlichen Gesellschaft bis heute bietet sowie aus unseren jüngsten Erfahrungen der Coronakrise.

Die Natürliche Gesundheitslehre© ist ein einfaches Gesundheitssystem, das den Naturgesetzen folgt.

---

[22] Quelle 2 | S. 44

Sie stellt eine gesunde Philosophie dar, befindet sich mit dem gesunden Menschenverstand in Übereinstimmung und läßt sich einfach und erfolgreich in der Praxis anwenden.

Ihre Prinzipien und Arbeitsweisen widersprechen in keiner Weise der Forderung des buddhistischen Edlen Achtfachen Pfades im Sinne des „liebevollen Handelns" sowie des „liebevollen Lebenserwerbs"[23].

Aus diesem Grunde stellt sie ein Grundprinzip, ein theoretisches Fundament und praktische Handlungsanweisung für die Gesellschaft für Achtsamkeit und Nachhaltiges Leben© dar.

Die Natürliche Gesundheitslehre© wendet nur natürliche Methoden zur Wiedergewinnung und Erhaltung der Gesundheit an und stellt ein Gesundheitsprogramm dar, das ein langes, glückliches und erfülltes Leben, frei von Krankheiten ermöglicht. Sie ist einerseits nicht mit „Heilkünsten" identisch und wirkt andererseits auch nicht künstlich, sie wirkt ohne Heilmittel, die Nebenwirkungen haben.

Das Konzept der Natürlichen Gesundheitslehre© geht davon aus, dass der menschliche Organismus selbsterhaltende Kräfte besitzt, wenn er richtig versorgt wird. Notwendig sind beispielsweise frische Luft, sauberes Wasser, Sonnenschein, Bewegung, vollwertige Ernährung, Ruhepausen, genügend Schlaf, materielle Sicherheit.

Die Natürliche Gesundheitslehre© empfiehlt weder Medikamente, medizinische Anwendungen noch medizinische Behandlungen und vertritt die eigentlich selbstverständliche Meinung, dass der lebendige Organismus in der Lage ist, sich **selbst zu heilen**, wenn er krank ist.

Die Natürliche Gesundheitslehre© sieht ihre Aufgabe darin, den Menschen zu zeigen, richtig zu leben, das heißt in Übereinstimmung mit den Naturgesetzen. Dabei hat sie einfache **Grundsätze**, die leicht zu verstehen sind:

→ Ein guter Gesundheitszustand kann der Normalzustand während des ganzen Lebens eines Menschen sein.

→ Alle körperlichen Beschwerden stellen einen abnormalen Zustand dar.

→ In der Natur können wir bei Krankheit und Leiden Hilfe finden.

→ Wir können die höchste Form der Gesundheit und des Lebensglücks finden, wenn wir in Übereinstimmung mit den Naturgesetzen leben[24].

---

[23] Quelle 7 | S. 97ff.
[24] Quelle 4 | Buchrückentext.

Dabei bin ich, Baldur Airinger, persönlich davon überzeugt, dass sogenannte „Schicksalsschläge" wie Multiple Sklerose, Suizidgefährdung, Querschnittslähmung, ein Leben ohne Extremitäten, Blindheit, Taubheit, chronische Erkrankungen, sogenannte genetische Defekte, chronische Mangelerkrankungen und Ähnliches nicht als „Krankheit" bezeichnet und aufgefasst werden sollten, sondern als Lebensaufgabe, die wir uns selbst durch unser eigenes Wirken und Wahrnehmen, durch eigenes Entscheiden, Handeln, Denken, Fühlen und Tun oder auch Nicht – Tun in unserem, in diesem Leben herbei gerufen haben, um an dieser Aufgabe, querschnittsgelähmt, blind, suizidgefährdet, aidskrank, chronisch mangelversorgt oder depressiv zu sein, etwas für uns selbst zu lernen.

„Krankheiten" bedeuten Lernaufgabe, bedeuten Leben. Diese Möglichkeit der inneren Entwicklung, der inneren Reife nehmen wir uns, wenn wir mit allen uns heute zu Verfügung stehenden Mitteln versuchen, die Krankheit, Missbildung, Missempfindung, Verunstaltung, Erschöpfung, chronische Organdeformation oder Organschädigung „weg zu machen", um auf der materiellen Ebene wieder funktionstüchtig zu werden, anstatt in unser Inneres zu blicken und das Geschehen zunächst einmal anzunehmen und zu hinterfragen.

„Was macht meine „Krankheit" mit mir?

Was will mir der Umstand sagen, dass ich blind bin?

Was bedeutet es für mich, dass ich stottere?

Warum habe ich chronischen Tinnitus?

Ich werde herausgefordert, mich mit mir selbst auseinanderzusetzen.

Im weitesten Sinne kann ich sagen, dass ich durch Karma, das ich mir selbst schaffe, mich selbst dazu herausfordere, mich mit mir selbst auseinanderzusetzen. Krankheiten und Dysfunktionen werden im vorliegenden Konzept zu Lernaufgaben. Sie dienen der persönlichen Entwicklung und sind Werkzeug unserer eigenen inneren Reife.

Dass ich darunter leide, ist klar. Ich will versuchen, den Tinnitus weg zu bekommen, ihn irgendwie abzustellen. Das kann ich auch tun. Dabei kann und sollte ich jedoch die Gelegenheit nutzen und mich fragen: Was will mir dieses ständige, nervige, extrem störende Ohrensausen sagen?

Will es mir als Seelenwesen, das ich bin, etwas vermitteln? Hat es mit dem Thema Hören zu tun? Sollte ich mich mit dem Thema Hören, mit meinen Ohren und deren Funktion für mich selbst beschäftigen?

Wenn ich meine Ohren und mein Gehör fragen könnte, wie sie sich fühlen, dass sie eben meine Ohren sind und nicht die Ohren eines Anderen, wie geht es ihnen dabei? Wir könnten uns vorstellen, dass wir ihnen Namen geben und uns mit ihnen unterhalten. Wenn wir sie fragen würden:

„Warum saust ihr, warum schmerzt ihr oder stört ihr mich so? Ich hab keine ruhige Minute mehr, was soll das? Warum macht ihr das?"

Was würden meine Ohren dann antworten, wenn sie es könnten?

Diese Art der Kommunikation, der Interaktion, Wahrnehmung und des Dialoges mit meinem Körper nennen Buddhisten, Achtsamkeitstrainer und hinduistische Schulen „Die Achtsamkeit auf den Körper". Diese Achtsamkeit auf den Körper stellt eine der Vier Grundlagen der Achtsamkeit dar. Ich schreibe hier Vier groß, weil ich es als einen feststehenden Begriff verstehe, der aus dem buddhistischen Kontext stammt. Dabei betrachte ich die Lehre des Buddha nicht als Religion, sondern als die Lehre über das Wirken und Funktionieren des menschlichen Geistes, die ein Mensch in diese Welt gebracht hat, der vollkommen erwacht war, was immer dies zunächst bedeuten mag.

Dieser Gautama, der Erwachte, was die Bedeutung des Namenszusatzes „Buddha" meint, hat uns eine Lehre übermittelt, die uns helfen kann, glücklich zu werden und zwar nicht nur im Moment, im Augenblick und abhängig von Dingen oder Ereignissen, sondern bedingungslos. Durch uns selbst. Immer.

Nicht umsonst erkannte Albert Einstein, dass wir Menschen heutzutage mit der Keule in der einen und der modernsten Technologie in der anderen Hand immer noch die Gleichen geblieben sind, die wir in der Steinzeit waren. Immer noch besitzen wir unsere tierischen Urtriebe, die uns steuern und formen, weil wir diese Triebe und die Tatsache, dass wir geformt werden, nicht erkennen.

Die Natürliche Gesundheitslehre© ist ein eigenständiges Konzept, welches eine eigene Schule und Geschichte hat. Ich, Baldur Airinger, betrachte es als meine Aufgabe, es ist mein Wunsch, die Natürliche Gesundheitslehre© und ihre Prinzipien mit der Lehre von der Achtsamkeit nach Gautama Buddha zu einem größeren Ganzen zu verknüpfen.

Natürlich steht es jedem Menschen offen, sich nach der Art und Weise seiner Vorlieben zu ernähren. Die vorliegende Schrift stellt in diesem Sinne nur einen Anreiz dar. Ich freue mich zwar über die Aufmerksamkeit und Zustimmung einer breiten Öffentlichkeit, erhebe aber keinen Anspruch auf Allgemeingültigkeit.

Die Natürliche Gesundheitslehre folgt dem Grundsatz, dass es 19 Lebensbedürfnisse für optimale Gesundheit gibt. Dieser Ansatz ist ein **salutogenetischer** Ansatz, denn er orientiert sich nicht an der Lehre von der Entstehung von Krankheiten, obwohl er dazu nicht im Widerspruch steht, sondern ist ausgerichtet auf die Förderung, Unterstützung und den Erhalt der Gesundheit.

Diese 19 Lebensbedürfnisse für eine optimale Gesundheit nach der Natürlichen Gesundheitslehre© stellen in meinem Konzept, das ich meinen Lesern hiermit vorstelle, die Grundlage dar für meine Idee der Neuausrichtung unserer Gesellschaft nach eben diesen Prinzipien.

Dieses Konzept möchte ich im Folgenden kurz erläutern. Ich bezeichne es als **„Gesellschaft für Achtsamkeit und Nachhaltiges Leben©".**

Wie gut werden wir mit der Herausforderung COVID-19 fertig?

Corona stellt uns auf die Probe: Wie gut ist unser derzeitiges Gesundheitssystem wirklich?

Corona hält uns einen Spiegel vor: Wie sehr sind wir wirklich auf unsere eigene Gesundheit gepolt, so dass wir jetzt, im Falle der aktuellen Coronakrise mühelos die Anforderungen dieser Prüfung bestehen?

Wie wäre es mit einem neuen Gesundheitssystem – mit einem salutogenetischen Ansatz – als Grundlage einer neuen Gesellschaft?

Ein Gesundheitssystem kennen wir: Krankenschein, Krankenkassen, Krankenkassenkarte, Abrechnung.

Wir geben immer mehr Geld für Gesundheit aus, werden aber nicht gesünder. Dies stellt auch Herr Fisseler in seinem Werk über die Selbstheilung von Arthrose fest[25]. Gesundheit kann man eben nicht kaufen. Wir können aber lernen, das Wirken von Gesundheit, das Funktionieren unseres Organismus, unseres Körpers als ganzheitlichem System zu verstehen und ihn endlich als Grundlage unseres Lebens und Lernens zu begreifen und zu behandeln anstatt wie bisher einfach nur als Mittel zum Zweck.

Für letzteres ist er viel zu wertvoll und viel zu wundervoll. Unser Körper, unser Organismus ist ein Wunder. Das sage ich auf dem Hintergrund unseres technischen und medizinischen Fortschritts – was immer das auch heißt – im Jahr 2020. Wir wissen und kennen immer noch nicht alles über unseren Körper, unsere Gesundheit, unser Leben. Statt nur über unseren Körper zu denken sollten wir endlich beginnen, unseren Körper zu fühlen, ihn zu erfahren und jeden Tag, in jedem Augenblick neu wahrzunehmen und zu erleben.

Das kleine Büchlein von Patrizia Collard, „Das kleine Buch vom achtsamen Leben" hat mir sehr dabei geholfen, mich selbst bewusster wahrnehmen zu lernen, mich zu empfinden und die Signale und Sprache meines Körpers, die sich eben auch mal in Zipperlein, Schmerzen, chronischen Krankheiten oder Depressionen zeigt als wertvollen Teil meiner Selbst zu erkennen und anzunehmen!

Wir könnten mal endlich damit beginnen, unseren Körper zu lieben, wertzuschätzen und wirklich zu pflegen, anstatt ihn nur als das Teil zu sehen, was im Auto oder vor dem Rechner sitzt, was uns Geld einbringt, was funktionieren muss.

Eine Gesellschaft, die auf gesundheitsorientierten Prinzipien fußt, kennen wir so etwas auch?

Durch meine chronischen Krankheiten und einige Unfälle in meinem Leben war ich öfter in Kur, zu einer Kuranwendung, Heilanwendung in einer Heilanstalt, zur

---

[25] Quelle 6 | S. 12 ff.

Therapie und dergleichen. Unsere Gesellschaft ist offenbar derzeit so ausgelegt, dass wir auf Hochtouren fahren, solange, bis der Motor verreckt, dann muss er in die Werkstatt, zum TÜV oder wird ausgetauscht.

Statt dessen könnten wir auch von vornherein angemessener, bemessener fahren, etwas entspannter, bewusster, verantwortungsbewusster.

Wir leben nicht nur auf unserem Planeten, als hätten wir einen zweiten im Kofferraum, wir gehen auch mit uns selbst, unserem Körper, unserer Gesundheit um, als hätten wir einen zweiten Körper im Kofferraum.

Nichts anderes versucht die Transplantatindustrie und Medizin, die von Yuval Noah Harari in seinem Werk „Eine kurze Geschichte der Menschheit" angesprochen wird (Quelle 8 des vorliegenden Buches, S. 488).

Wir verfahren mit unserem Körper, als hätten wir einen zweiten im Kofferraum.

Achtsamkeit

Die Natürliche Gesundheitslehre als Grundlage für eine Gesellschaft für Achtsamkeit und Nachhaltiges Leben© wird also verbunden mit einem System, das aus der buddhistischen Tradition stammt, wobei ein Begriff von zentraler Bedeutung ist, der diesem System entlehnt ist, das Wort „Achtsamkeit".

Diesen Begriff findet man im Duden, Band 1 – Die deutsche Rechtschreibung[26]!

Aber im Duden, Band 10 – Das Bedeutungswörterbuch[27], finde ich zwischen den Begriffen „achtlos" und „Achtung" *noch* – nicht den Terminus „Achtsamkeit".

Schaut man sich die Literaturfülle zum Thema Meditation, Achtsamkeit, Buddhismus an, darf man von der Annahme ausgehen, dass viele Menschen in Deutschland und Europa einen Begriff, eine zumindest vage oder persönliche Vorstellung haben von diesem Wort, welches sicher erst mit der buddhistischen Lehre in unsere Breiten Einzug gefunden hat.

Hier ist vor allem dem Molekularbiologen und Meditationsmeister Jon Kabat – Zinn zu danken, sowie vielen anderen Autoren und Meditationsmeisterinnen und –Meistern, die unsere westliche Welt, unser westliches Denken, Verstehen und Begreifen mit ihrem Lebenswerk um so vieles reicher machten, indem sie uralte östliche Weisheit für uns zur Verfügung stellten, literarische Pforten des Denkens aufschlossen und in etlichen Seminaren und Kursen östliche Traditionen der Selbsterkenntnis und Kontemplation, des Fühlens und Selbst – Erlebens sowie der Auffassung von Persönlichkeit, Reife als Innerer Reife und Persönlichkeits-

---

[26] Quelle: Duden | Die deutsche Rechtschreibung. Band 1, 23. Auflage, Dudenverlag, Mannheim 2004.

[27] Quelle: Duden | Das Bedeutungswörterbuch. Band 10, 3. Auflage, Dudenverlag, Mannheim 2002.

entwicklung als einer inneren, charakterlichen Entwicklung für uns begreifbar und erlebbar, nachvollziehbar und integrierbar machten.

In ihrem kleinen und sehr wertvollen Büchlein „Das kleine Buch vom achtsamen Leben" definiert die Autorin den Terminus „Achtsamkeit" als die Fähigkeit, jeden Moment bewusst wahrzunehmen, ohne ihn zu bewerten[28]."

Ich möchte hiermit noch etwas weiter gehen und Achtsamkeit benennen als Handlungen, Gedanken, Worte und Werke, welche aus einem Gefühl der behutsamen, freundschaftlichen, zugeneigten, liebevollen Verbundenheit zu mir selbst und meinem Gegenüber heraus geschehen. Mit dem Adjektiv liebevoll ist keine sexuelle Handlung gemeint. Liebevoll ist eine Haltung zu mir selbst und zum Leben allgemein, wie Jesus es, meiner Auffassung nach im „platonischen" Sinne formulierte: Liebe deinen Nächsten wie dich selbst.

Achtsamkeit heißt, mich selbst lieben, nicht bewerten, mich annehmen, wie ich bin. Ayya Khema, eine großartige buddhistische Nonne, von der viele wunderbare Videos im Youtube – Kanal zu finden sind, sagt, wir sollten am besten zu uns selbst sein, wie unsere eigene, verständige, liebevolle Mutter.[29]

Wir müssen nicht immer funktionieren. Wir dürfen auch leben!

Natürliches Spiel – Natürlicher Spielraum

Zu Beginn dieses Werkes wies ich darauf hin, dass unsere Kinder absolut eingebunden sind in eine Welt von Konsum und Kapital, digitalen Medien und einer Kultur, in der das Erleben der freien Natur als Handlungs- und Spielraum immer mehr an Bedeutung verliert.

Nicht allein unsere Kinder, auch wir Erwachsenen unterziehen uns Torturen von Alltagsszenarien, in denen wir täglich leben – ich nenne es jetzt mal so.

Ist uns bewusst, wie unnatürlich wir leben?

Was bedeutet es für Angestellte großer Medienkonzerne, täglich acht Stunden, die meiste Zeit ihres Tages, sonnenreichste Zeit ihres Lebens in einem Kasten ohne Fenster bei extrem vielen Sinneseindrücken, Bildern, Geräuschen, verschiedenen Filmen, die gleichzeitig laufen, keinem Sonnenlicht, natürlichem Licht zu verbringen? Können wir erkennen, wie sehr wir uns von unserer natürlichen Daseinsform, einem Leben und Wandern in der Natur als Jäger, Sammler, Nomaden oder Ackerbauern und Viehzüchtern entfernt haben?

Ist unser heutiges Dasein wirklich eine Weiterentwicklung, oder nur eine Sackgasse? Welche Folgen hat solch ein Tagesablauf für unsere Gesundheit?

Können wir bei den Bedingungen, unter denen wir heute existieren, wirklich von einem Fortschritt sprechen? Wie natürlich leben wir? Wie zufrieden sind wir?

---

[28] Quelle 17 | S. 6.
[29] Ayya Khema. Der Pfad zum Herzen. Jhana Verlag, Uttenbühl, 3. Auflage 2002, S. 21ff.

Wie gesund sind wir?

Wie zuversichtlich sind wir?

Geht es uns gut?

Ich bin der Überzeugung, etwas mehr Achtsamkeit in unserem Alltag würde uns gut tun.

Ich will mit dem vorliegenden Buch nicht sofort unser gesamtes System umkrempeln, mir geht es darum, unsere Wahrnehmung für den Moment zu schärfen, in dem wir leben und die Vorzeichen umzukehren.

Die eingangs gestellte Frage aufgreifen – wofür arbeite ich – lebe ich, um zu arbeiten, oder arbeite ich, um zu leben?

Darum geht es in diesem Buch und bei dem Vorschlag einer neuen Gesellschaftsform, die eben nicht auf Steigerung der Produktion, sondern auf das Leben ausgerichtet ist.

19 Prinzipien für optimale Gesundheit

Wenn ich die Natürliche Gesundheitslehre© als Prinzip zur Grundlage einer neuen Gesellschaft vorschlage, meine ich damit spezielle Kriterien, die dieser Neuausrichtung gesellschaftlichen Lebens zugrunde gelegt werden sollten.

Diese Kriterien, nach denen das Leben im öffentlichen Raum gestaltet werden könnte, sind die 19 Prinzipien für eine optimale Gesundheit nach der Natürlichen Gesundheitslehre©, welche da sind: Saubere Luft, sauberes Wasser, Nahrung für unsere Gesundheit, Reinheit des Körpers innen und außen, angemessene Umgebungstemperatur, genügend Schlaf zur angemessenen Zeit, Bewegung in der frischen Luft, Ruhe und Entspannung, Spiel und Erholung, genügend Sonnenschein, Seele und Geist gleichsam beleben, Lebenssicherheit, angenehme Umgebung, kreative, nützliche Arbeit, Selbstbeherrschung, Gruppenzugehörigkeit, Motivation, natürliche Instinkte, ästhetisches Wohlbefinden[30].

Möglichkeiten praktischer Umsetzung

An unserem natürlichen Leben orientierte Gesundheitprinzipien mit Handlungsmaximen wie Achtsamkeit und Nachhaltigkeit zu kombinieren, um auf individueller, sozusagen mikropolitischer bis über Kommunen und Länder, sozusagen mesopolitischer Ebene zu der Veränderung einer Staatsauffassung zu gelangen, die eine „Rückkehr zum menschlichen Maß" garantieren und ein Recht auf Glück für den Einzelnen postulieren kann, müsste ein Staatskonzept neu geschrieben werden. Ein politisches beziehungsweise sozialökonomisches,

---

[30] Quelle 5 | S. 3 und S. 15ff.

gesundheits- und bildungspolitisches Fundament müsste neu gelegt werden, um die in der vorliegenden Schrift genannten Prinzipien und Vorschläge auf längere Sicht umsetzen zu können.

Dies will das vorliegende Manuskript nicht leisten.

Es soll jedoch ein Einblick gewährt werden in einige Punkte der Kombination eines Prinzips der Natürlichen Gesundheitslehre© mit gesellschaftlichen Anforderungen, bei denen uns COVID-19 die Grenzen unseres bisherigen, auf Leistungssteigerung, Mehrproduktion und Kapitalismus, ich möchte so weit gehen und sagen, auf Ausbeute ausgerichteten Gesellschaftssystems vor Augen geführt hat.

Was augenblicklich in unserem System der Privatisierung einst staatlicher Organe geschieht ist teils subtiler, anderenorts harte, deutliche Ausbeute.

Brot und Spiele eines einst römischen kapitalistischen Ausbeutesystems mit Sklaven auf der einen und einem überreichen und mächtigen Senat auf der anderen Seite sind heute Smartphones, Flachbildschirme und IPod.

Unsere heutigen Sklaven sind die unterbezahlten Arbeiter, die mir den Stinkefinger zeigen würden, wenn ich ihnen von genug Schlaf sprechen würde.

Wann hat ein Zulieferer das letzte mal ruhig, entspannt und ausreichend geschlafen?

Um unseren Staat für alle etwa 80 Millionen Menschen, die hier leben, lebenswert zu machen, müssen wir Gewohnheiten, die sich in den letzten 35 Jahren, seit dem ersten „Gameboy", dem ersten Handy eingeschlichen haben, hinterfragen und kritisch betrachten.

Ich habe eine Freundin, deren Schlafrhythmus derart gestört ist, dass sie mehr Nächte in einem Schlaflabor verbringt, als in ihrem eigenen Bett. Sie behauptet, dass es gut gewesen sei, dass sie schon als kleines Kind immer am Gameboy, am Computer und später an der Spielkonsole gehangen habe. Wahrscheinlich ist sie spielsüchtig und sie wird nicht die Einzige sein.

Unserer Wirtschaft ist so etwas nicht nur egal, sie hält auch noch geifernd, gierig die Hände auf, nicht ohne dabei noch einen Werbeslogan abzulassen.

Handyfreier Unterricht in Österreich und Wlan für alle öffentlichen Räume?

In einem unserer Nachbarstaaten, in Österreich, fordern Lehrer Handyfreie Zonen, weil es im Unterricht ständig piept und vibriert und die Kinder ständig auf ihr Handy schauen. Schon in der Grundschule, die in Österreich Volksschule heißt, besitzt fast jedes Kind ein Smartphone. Die Handys sind „Konzentrationskiller" und deren Gebrauch stört extrem den Unterricht, melden Lehrer aus Österreich.

Kennen wir in Deutschland solche Szenarien nicht auch? Wie stehen in unserem Land Lehrer und Erzieher zu Handys in Kindergarten, Kita und Unterricht?

Und – ganz abgesehen von der gestörten Kommunikation innerhalb des Klassenverbandes im Unterricht – wie steht es mit dem Thema „Strahlung", digitalen Impulsen, digital gepulsten Signalen, die nicht nur *meinen* Kopf erwärmen und *meine* Konzentration erheblich stören, wenn Handys, Tablets oder WLAN wenige Minuten in meiner Umgebung direkt oder geballt auftreten.

In der Straßenbahn sitze ich täglich drei Stunden auf dem Arbeitsweg, arbeite in einer Schulküche am Ende der Stadt und mindestens fünf Menschen neben mir in der Bahn hören so laut Musik, dass ich sie alle gut wahrnehmen kann. Fünf Sounds durcheinander, das ist kein super Soundmix, das ist unerträglich.

Dazu kommt die „Handystrahlung", mein Kopf wird warm und dröhnt, nicht nur im Hochsommer, wenn die Sonne auf die Bahn knallt oder im Highspeed durch den Tunnel rauscht und dann der schockartig kalte Wind kommt, der ohrenbetäubende Lärm der Fahrt durch die offenen Fenster dröhnt, sondern auch im Winter, wenn alle husten und niesen, dann natürlich ohne Maske, wo Viren und Bakterien Party feiern, Ansteckungsrisiko 100%. Auch noch freies WLAN?

Aber wie geht es uns? „Ja, muss, ne?". Krankenschein? Auf gar keinen Fall, die killen mich auf der Arbeit. Also alles weiter voll Husten und Niesen, ich bin mir selbst der Nächste. Was stellst du dich so an, nur die Harten komm' in' Garten.

Muss das so weiter gehen? Das Niesen und Husten ohne Maske? Der Handy – Terror jedes Mal in der Bahn, im Buswartehäuschen, im Unterricht?

Ich bin begeistert, dass wir jetzt mal alle Masken tragen müssen, wie die achtsamen Japaner dies freiwillig tun, wenn sie eine ansteckende Krankheit haben. Schnupfen oder Grippe nennt man ja in Deutschland keine Krankheit mehr, „dat is Alltach, Junge!". Super. Ich wünsche mir sehr, dass wir Deutschen etwas weniger dickfellig wären und aus dieser Coronakrise lernen könnten: Achtsamkeit und Rücksicht. Rücksicht auf chronisch kranke Menschen wie mich.

Respekt vor den Grenzen Anderer. Ich will nicht von Anderen zugestrahlt werden, nur weil die Langeweile haben und ihr Konsumverhalten nicht kontrollieren können und will auch nicht ständig in der Öffentlichkeit angehustet oder angeniest werden, wenn die nächste Grippewelle kommt. Wollen Sie es?

Entschleunigung und Verlust der Nacht

Wie bereits angedeutet, gelten nach der Natürlichen Gesundheitslehre 19 Prinzipien für optimale Gesundheit. Genügend Schlaf in der seit Millionen von Jahren durch unseren Körper dafür angepassten Zeit ist hier ein zentraler Punkt.

Wir Menschen waren in unserer Geschichte über eine sehr lange Zeitspanne immer erst Jäger und Sammler, dann auch Ackerbauern und Viehzüchter.

Wären wir in der stillen Nacht am besten noch mit Fackeln und Feuer zur Jagd gegangen, hätte unsere Beute uns bereits auf Kilometer bemerkt und wir wären vor 1,7 Millionen Jahren, nämlich zu Beginn der Nutzung des Feuers durch Homo Erectus, ausgestorben.

Jagen, Sammeln von Beeren, Früchten, Wurzeln, Samen und Nüssen, auch Ackerbau und Viehzucht sind allesamt tageslicht- und damit sonnenabhängig. Diese essenziellen Fertigkeiten des Menschen, von denen Menschenforscher sagen, dass sie uns erst zu dem gemacht haben, was wir heute sind und uns als Gruppe der Menschen vor anderen Lebewesen nach Forschermeinung auszeichnen, sind alle Tagwerk. Der Tag ist also zum Wachsein da.

Was macht der gesunde Mensch in der Nacht? Er erholt sich und schläft.

Schlaf dient der Regeneration und Reparation des Menschen im ganzheitlichen Sinn. Auf körperlicher Ebene heilen wir, fühlen uns am Morgen ausgeruht und erfrischt. Auf seelisch – geistiger Ebene heilen wir auch: wir integrieren im Traum am Tag Erlebtes in unser Bewusstes und Unbewusstes. Ohne Schlaf, auch, wenn er nur kurz ist, würden wir uns sehr matt und schlapp fühlen und wären bald zu den einfachsten Handlungen nicht in der Lage, sind unkonzentriert und träge, schreckhaft und unausgeglichen.

Menschen, die nachts arbeiten gibt es nur in Ausbeutergesellschaften, in den beginnenden Industrien des Kupfer- oder Bronzezeitalters, oder beim Abbau von Salzen in unterirdischen Stollen, wo es eben immer stockdunkel ist und Tageszeit keine Rolle spielt.

Fabrikarbeit und Nachtschicht, wie wir sie heute kennen, kommt erst im Industriezeitalter im 18. und 19. Jahrhundert auf, mit der Nutzung von Dampf und Feuer für die moderne Industrie der immer mehr werdenden Fabriken.

Die armen Weber, die bis in die Nacht schuften und doch nichts zum Leben haben, weben nachts ebenso wie die Stahlarbeiter die Nächte durchschwitzen und schuften, um den Reichtum der Fabrikbesitzer zu steigern und – als abgemagerte Hungerhaken, die sie sind, kaum Essen für die Familie zu haben. Da arbeiten die Kinder und Frauen gleich mit, egal, ob die Frau schwanger ist, oder nicht, es wird geschuftet, und zwar rund um die Uhr.

Ich habe den Eindruck, dieser Rhythmus steckt uns aus dieser Zeit noch so sehr in den Knochen und das Ausgebeutetwerden ist uns derart zur Gewohnheit geworden, dass wir gar nicht bemerken, wie sehr wir uns selbst am Limit fahren und uns nur noch mit Aufputschmitteln am Laufen halten.

Wir sind Kaffee und Zigaretten zum Frühstück und unsere Hingabe an den Job so sehr gewöhnt, dass wir kaum merken, wie sehr wir Raubbau an unserer Gesundheit betreiben. Wie soll unser Körper im chronisch unterversorgten Zustand Widerstandskraft gegen Krankheiten haben?

Über die Jahrhunderte sind wir von reichen Machthabern ausgebeutet worden und weil wir jetzt Handys, Smartphones und hier und da freies WLAN haben, glauben wir, es geht uns besser.

Auch wenn wir sagen: „Ja, muss, ne?", behaupten wir doch, dass es uns gut geht, damit wir uns einreden können, dass wir unser Leben unter Kontrolle haben.

Wie sehr, wie subtil und hintergründig wir wieder nur von großen Firmen kontrolliert werden, die das „Knackgeräusch unserer Chips und unseres Schokoladeneises testen, die Daten über unsere Hobbies und unser Kaufverhalten speichern und verwerten und wir gern glauben, die „Kundenkarte" sei eine Erfindung zu unserem Vorteil, ist uns kaum bewusst.

Nein, frei sind wir im Kaufverhalten nicht, es ist genau umgekehrt.

Wir werden ausspioniert und man hat uns bei unserer Sparsamkeit am Schopf gepackt, Prozente bekommen zu wollen, „mehr zu haben", wenn ich „drei zum Preis von einem" kaufe und im Ausverkauf Rabatte ersteigere, die doch zu Haus nur rumliegen und meinen Lebensraum verstopfen.

Solange wir einkaufen können und freies WLAN haben, wähnen wir uns zufrieden und bemerken nicht, dass wir die modernen Finanzsklaven einer geschickten Neuauflage der antiken römischen Kultur sind, in der man das „gemeine Volk" mit Brot und Spielen von der Realpolitik der Herrschenden abgelenkt hat.

Aber wir leben ja in einer Demokratie, und auch, wenn wir längst nur noch zwischen Pest und Cholera wählen können, glauben wir ans System und nehmen hin, dass wir das ganze Jahr über nur noch auf dem Zahnfleisch gehen. Richtig erholt und gesund, wann haben wir uns so zum letzten Mal gefühlt?

Wissen wir überhaupt noch, wie es sich anfühlt, gesund zu sein?

Wie müde sind wir?

Ehrlich?

Können wir vor uns selbst zugeben, dass wir erschöpft sind?

Viele von uns haben die Arbeitseinstellung der Eltern mit der Muttermilch aufgesogen und das Leistungsverhalten der vorherigen Generationen ist uns so antrainiert, es liegt uns so sehr im Blut, dass wir sofort ein schlechtes Gewissen bekommen, wenn wir mal eine Pause machen, ohne dabei nicht wenigstens eine zu rauchen.

Entschleunigung wäre ein neues Konzept. Es würde bedeuten, weniger zu arbeiten und mehr Zeit für uns zu haben. Viele Menschen bekommen Angst, wenn sie mal nichts zu tun haben. Sehr viele Menschen müssen sich ständig mit etwas von sich selbst ablenken, sei es mit Musik, Handy oder eben mit Arbeit.

Wie die aussieht und ob sie sinnvoll ist, spielt keine Rolle, hauptsache Arbeit, hauptsache Ablenkung.

Gäbe es sofort für alle ein bedingungsloses Grundeinkommen, würde, ganz abgesehen davon, dass Deutschlands Binnenstruktur zusammenbräche, sicher jeder Zweite Panik bekommen, weil er sich schnell etwas suchen müsste, womit er oder sie sich selbst von sich selbst ablenken kann.

Klingt komisch, is' aber so.

Ich möchte hiermit ein sanftes Gesellschaftssystem vorstellen, in dem gearbeitet wird, das Wesentliche geleistet wird, in dem der Mensch Freiheit für sich selbst und seine Gesundheit hat, in dem der Mensch zählt und nicht von Maschinen ersetzt wird. Ein System, welches lieber für alle erträglich ist, als jährlich den Ertrag zu steigern und in dem die Gesundheit des Einzelnen, die Gesundheit der Gesamtbevölkerung vor dem Bruttosozialprodukt und der wirtschaftlichen Verwertbarkeit des Menschen steht.

Gerade die Coronakrise zeigt uns die Grenzen unseres heutigen, auf Leistungsmaximierung und Produktivität ausgerichteten Systems auf.

Ich möchte hiermit die Menschen, die diese vorliegende Schrift lesen, darum bitten, aus der Erfahrung mit COVID-19 zu lernen, sich selbst im Spannungsfeld unseres marktwirtschaftlich organisierten Tagesablaufs und der gesellschaftlichen Routine zu betrachten und zu erkennen, dass wir auch anders leben könnten, besser, gesünder, freier, unabhängiger, selbstbewusster.

Vielleicht wäre das Leben dann weniger oberflächlich und eventgesteuert. Wenn wir auf unserem Planeten jedoch friedlich auf Dauer leben wollen, müssen wir lieber heute als morgen in einigen Punkten konsequent umdenken.

Nachtschichten und besonders sogenannte „Konti" – Schichten mögen arbeitstechnisch und wirtschaftlich einen produktiven und für den Arbeitgeber deutlich lukrativeren Faktor darstellen, als für den Arbeitnehmer. Gesundheitsschädigend, die Lebensqualität mindernd sind sie allemal.

„Museumsnacht", Gastronomiebesuche in der Nacht und andere Events können mal sehr abwechslungsreich sein, wenn man sie in Ausnahmefällen besucht aber für die Betriebe, die solche Veranstaltungen regelmäßig anbieten, für die Museumspädagogen und Arbeiter in Gastronomiebetrieben beispielsweise, die ständig Nachtschicht haben, macht sich der Nachtzuschlag auf dem Lohnstreifen negativ für den Organismus durch chronische Übermüdung, chronische Kopfschmerzen und möglichem anderen Unwohlsein bemerkbar, weil der Biorhythmus des Körpers durcheinander gerät. Wir beachten nicht unsere natürlichen Körperzyklen.

Daher sollten wir mit Arbeit, die regelmäßig nachts stattfindet, aus gesundheitlichen Gründen vorsichtig sein, denn sie schwächt unseren Organismus und macht uns anfälliger für Krankheiten, Grippewellen und eben auch eine Coronapandemie.

Bedingungsloses Grundeinkommen

Es gibt Dinge in einem Staat, die müssen einfach getan werden. Wasser- und Stromversorgung müssen geregelt und Anlagen gepflegt und bedient, öffentliche Verkehrsmittel müssen betätigt und gewartet, Gleisanlagen gesäubert und erneuert, Strom-, Kanal- oder Telefonnetz gewartet und instand gehalten werden.

Straßen müssen – besonders im Ruhrgebiet – regelmäßig geflickt und neu ge-pflastert werden. Bei uns gibt es regelmäßig „Schlaglochfeste", Menschen treffen sich an den maroden Asphaltwegen und essen und trinken gemeinsam und hö-ren dabei Musik.

Schlaglochfest halt. Eine Form kreativen Protests, die Stadt und Kommunalpolitik durch die Blume zum Handeln auffordern will, sie möge sich doch bitte um die defekten Wege kümmern.

Würde sich gar niemand um die Reparatur der Straßen bemühen, hätten wir eine Feier nach der anderen, wir bräuchten gar nicht mehr aufhören, zu feiern.

Ob der Arbeiter, Monteur oder Ingenieur dafür entlohnt wird, dass er die Asphalt-bahn repariert, oder nicht, unser Staat, unsere Infrastruktur, unser gesamtes gesellschaftliches System, so wie wir es heute kennen, würde nach wenigen Wo-chen oder sogar Tagen zusammenbrechen, wenn wir uns nicht darum kümmern würden.

Kinder sollten in Kindergärten, Kitas und Schulen einen regelmäßigen Tagesab-lauf und professionalisierte Bildung und Erziehung erhalten.

Arbeit muss also getan werden, sein es an Wegen, Fahrbahnen, im öffentlichen Straßenverkehrs- oder Stromnetz, bei der Schifffahrt, im Flugverkehr, in der Not-fallversorgung wie Feuerwehr oder Krankendienstleistung, Rettungswagen und Löschfahrzeug fahren sich zum Glück noch nicht selber!

Will man aktuell bedingungsloses Grundeinkommen als Option in den Raum stel-len, müssen diese Grundlagen in der Diskussion zuoberst berücksichtigt werden: Für einige Menschen wird Arbeit Realität bleiben, ob entlohnt oder nicht.

Zuvor also einige Bedingungen

Zu den soeben aufgeführten Komponenten muss die Tatsache hinzugerechnet werden, die viele Menschen aufgrund von COVID-19 nun am eigenen Leibe er-fahren können: Nicht jeder vermag mit einem üppigen Potential an freier Zeit sinnvoll umzugehen.

Nicht jeder ist in der Lage, den Zugewinn an Spielraum auch als Zugewinn zu betrachten. Manche Leute mögen denken, sie könnten endlich Dinge tun, die sie lange aufgeschoben haben, merken aber bald, dass sie mit so viel Freizeit über-fordert sind und werden innerlich nervös.

Ich selbst habe nach der Feststellung meiner Schwerbehinderung und Ausschei-dung aus dem Vorbereitungsdienst zum Lehramt zunächst ein Ego – Problem durchlebt, weil ich davon ausgegangen war, als Student Karriere zu machen. Das Arbeitsamt, später gar das Sozialamt sowie Arbeitslosigkeit stand nicht auf mei-nem Lebensplan.

Nachdem ein Freund mich darauf hinwies, dass ich doch jetzt Freizeit hätte, die ich für mich selbst sinnvoll nutzen könnte, zur Persönlichkeitsentwicklung zum

Beispiel, dauerte es einige Zeit, bis ich meinen Stolz überwand und mich in die Rolle des Sozialhilfeempfängers ohne Widerstand fügte.

Nach einiger Zeit besuchte ich eine Therapie.

Ich schrieb ein Buch, in dem ich erklärte, dass alles, was wir erleben im Grunde wertneutral ist und dazu dienen kann, Menschen, die in eine ähnliche Lage kommen, besser zu verstehen.

Damit hatte ich mich selbst, mein Selbstwertgefühl und die Akzeptanz meiner eigenen Lebenslage ein großes Stück weiter gebracht.

Wenn wir alle in der Lage sind, mit unserer eigenen Lebenszeit, wenn sie denn Freizeit ist, so förderlich umzugehen, ist das schön.

Ich kenne aber viele Leute, die mir mitgeteilt haben, dass sie „verrückt werden", wenn der regelmäßige Arbeitsrhythmus wegfällt, zum Beispiel im Krankheitsfall.

Unsere Arbeit gibt uns einen festen Rhythmus, den wir für unsere psychische, soziale und körperliche Gesundheit brauchen.

Einige Paare sagen, dass sie „sich nur noch in die Wolle geraten", wenn einer von ihnen mal längere Zeit zu Hause ist.

Wenn es also ein bedingungsloses Grundeinkommen geben soll, so hat uns COVID-19 hiermit anschaulich gezeigt, dass es da schon einige Bedingungen geben sollte, die man bei der Planung bedenken muss, wenn man eine solche neuartige Gesellschaftsstruktur real ins Auge fasst.

Stufenplan

Daher schlage ich vor, dass es eine Ausschreibung gibt.

Menschen dürfen sich bei einer zuständigen Stelle auf ein bedingungsloses Grundeinkommen bewerben. Sie müssen in eigenen Worten formulieren, weswegen sie an dieser Art des Einkommens interessiert sind, und da darf eben nicht nur stehen, auch nicht in umschriebener Form, dass eine Person keine Lust hat, zu arbeiten.

Menschen müssen eine abgeschlossene Berufsausbildung vorweisen, müssen das 25. Lebensjahr überschritten haben, müssen ein tadelloses polizeiliches Führungszeugnis vorlegen und müssen beim Amtsarzt vorstellig geworden sein, der ihnen bescheinigt, dass sie psychisch gesund sind.

Aufgrund der Tatsache, dass der Mensch all diese Bedingungen erfüllt hat, darf er dann zwischen folgenden Modulen wählen:

Modul 1:
Monatliche Zahlung eines Grundeinkommens gebunden an eine Einstellung in ein Arbeitsverhältnis in 25 – Stunden – Woche plus zusätzlich pro Tag insgesamt eine Stunde Pause entsprechend der gelernten Tätigkeit.

Modul 2:
Monatliche Zahlung eines Grundeinkommens gebunden an eine Einstellung in ein Arbeitsverhältnis in 25 – Stunden – Woche plus zusätzlich pro Tag insgesamt eine Stunde Pause entsprechend einer nicht gelernten Tätigkeit, welche einem Hilfsarbeiterposten gleich kommt.

Modul 3:
Monatliche Zahlung eines Grundeinkommens gebunden an keine Tätigkeit, dafür regelmäßiger Besuch einer sozialpsychologischen Gruppe, die durch einen Sozialpsychologen geleitet wird, um sicher zu stellen, dass die betreffende Person keinen psychosozialen Nachteil aus ihrer Situation erhält.

Allgemeines:

Probe-, Dauer- und Verlängerungszeiten:
Die Module gelten erst für drei Monate zur Probe, bei erfolgreichem Verlauf für ein halbes Jahr und können dann, nach einer Überprüfung jeweils um ein halbes Jahr verlängert werden.

Begleiterscheinungen:
Es muss garantiert sein, dass die Person, die das Modul 3 in Anspruch nimmt, weder soziale Negativerfahrungen wie zum Beispiel Vereinsamung erleidet.

Dauer:
Die Module werden in der 25 – Stunden – Woche umgesetzt.
Schichten können ab 09:00 Uhr Dienstbeginn beginnen und enden um spätestens 19:00 Uhr Dienstschluss.
Der Arbeitsweg soll bei der Belastung der Person durch die Arbeit beziehungsweise therapeutisch begleitende Gruppe mit in Betracht gezogen und berücksichtigt werden, Wohnort und Zielort sollten gewisse Distanzen nicht überschreiten und für den Probanden (die Person) innerhalb einer Zeitstunde erreichbar sein.

Erhalt bestehender Leistungsstrukturen:
Die Tätigkeitsfelder und Leistungen der derzeit existierenden Sozial- und Arbeitsämter sowie Rentenleistungen und Rentenversicherungen bleiben bestehen.

Mensch vor Maschine

Ganzheitliches Handeln bedeutet, unseren gesamten Organismus, unseren Geist, unsere Seele, den Menschen als solchen in seinem sozialen Gefüge wahrzunehmen, zu begreifen und anzusprechen.

Wer wagt es, mir abzusprechen, dass wir Menschen aus Körper, Seele und Geist bestehen, in ein soziales Gefüge eingebunden sind und nach ethischen Grundsätzen handeln, die oft ungeschrieben „in der Luft liegen" und höheren Werten ähneln, wie unsere Vorfahren sie auf uns gebracht haben und wie wir sie aus unserer Kultur und Geschichte aber auch von anderen Kulturen kennen?

Nicht allein unsere juristischen Gesetze, die wir ja faktisch auf Papier festgeschrieben haben, prägen unser Handeln.

Unser Geist, unser Herz, unsere Seele gibt Impulse, die uns denken, handeln und fühlen, die uns wahrnehmen und bewerten lassen.

Die Wirkung eines Werkes von Claude Monet auf einen Menschen kann man nicht allein mit reiner Logik fassen. Kunst lässt sich nicht berechnen. Warum haben Monets „Seerosen", ein Ölgemälde aus dem Jahr 1915, eine andere Wirkung auf meine Oma, als auf meine Tochter?

Wir Menschen sind Gemeinschaftswesen, wie wir auch individuelle Wesen sind.

Verkopfte Staatsführung bedeutet verkopfte Bildung bedeutet verkopfte Realität für Groß und klein und da wir Menschen kreative Wesen sind, was nicht allein Joseph Beuys erkannt hat, als er den Slogan

„MENSCH = KUNST = KREATIVITÄT = FREIHEIT"

in die Welt brachte[31], sollten wir Menschen uns selbst in jedem Augenblick als ganzheitliche, kreative Wesen mit Kopf, Herz und Hand begreifen, wahrnehmen und als solche uns selbst in die Welt stellen.

Jeder Mensch, der sich selbst nur mit dem Kopf betrachtet, jede Schule, die verkopften Lehrplänen folgt, jedes Staatswesen, welches verkopften Bildungsidealen folgt, schneidet sich selbst mindestens zwei Drittel seiner eigenen Lebensrealität ab und beraubt sich selbst somit einer reichen, heute fast vergessenen, beinahe unvorstellbaren Lebensqualität.

Rein geschichtlich haben uns Deutsche die Preußen geprägt.

Seit Napoleon in Deutschland einfiel und man sich zu dem Hambacher Fest traf, wo Menschen in deutschen Landen ein erstes Nationalgefühl entwickelten, prägte preußische Logik, Ordnung und Disziplin die Staatsführung und den Alltag der Menschen. Diesen Abschnitt der Geschichte haben wir vielleicht gebraucht, um heute zu erkennen, dass wir jederzeit vor der Wahl stehen: Logik oder Herz, Kopf

---

[31] Carl-Peter Buschkühle | Wärmezeit | Zur Kunst als Kunstpädagogik bei Joseph Beuys | Peter Lang Verlag | Frankfurt am Main 1997.

oder Körper, Mensch oder Maschine. Gewiss ist eine Kombination beider Extreme die beste Lösung.

Mir wird stets gesagt, Zeit ließe sich nicht zurück drehen. Das will ich auch nicht bezwecken, denn jede Zeit und ihre je spezifische Qualität bedeutet einen wichtigen, wertvollen Lernabschnitt unserer menschlichen, unserer gesellschaftlichen Geschichte, aus dem wir erkennen, an dem wir reifen können.

Ich behaupte, aus Napoleons Angriffen gegen deutsche Kleinstaaten hat Deutschland sein Nationalgefühl entwickelt. Danke, Napoleon.

Ich behaupte, dass man sogar aus den Erfahrungen des Zweiten Weltkrieges lernen kann, nämlich, dass wir uns ab jetzt für den Frieden entscheiden, für eine Politik mit Herz und von Herzen und erkennen lernen, dass wir in einem Boot fahren, in dem wir alle sitzen, wir alle Nationen und Völker, das ist unser Planet Erde. Wir sollten nicht, wie es einige US – Amerikanische Wissenschaftler und Politiker so gern tun, nach „neuen Erden" suchen, wir sollten uns endlich unserer größten Aufgabe zuwenden, nämlich innerlich und gemeinsam zu reifen. Technik, Computertechnologie ist reine Logik, ist Verstand und Kopf.

Politik, Wirtschaft und Forschung mit Körper, Herz und Hand und Kopf bedeutet, uns ganzheitlich zu begreifen und einzubringen.

Ganzheitliche Wirtschaft, ganzheitliche Politik zerstört keine Wälder, sie erhält und schützt Ökosysteme und erkennt, dass ein Waldspaziergang eine heilsame Wirkung auf uns als ganzheitlichen Menschen hat und wir lieber mehr spazieren gehen, als arbeiten gehen sollten. Derzeitige Politik ist von der Wirtschaft unterwandert in einer Art, die Deutschland und seiner Bevölkerung nicht gut tut.

Menschen, die gesund sind, zerstören keine Wälder.

Gesellschaften, die gesund und überlebensfähig sind, sägen nicht am Ast ihrer eigenen Lebensgrundlage.

Durch unseren unnatürlichen Lebensstil, Workoholics, also arbeitssüchtig zu sein, lieber zu rauchen, als zu essen, uns lieber mit Fastfood zu füttern, als gesund und in Ruhe uns von gesunder Nahrung zu ernähren, täglich vor Bildschirmen zu sitzen, statt uns im Freien zu bewegen, betreiben wir ständig Raubbau an unserem Körper, unserem Geist und unserer Seele. Durch unsere Chats in Chatforen anstatt zusammen zu sitzen und gemütlich Zeit gemeinsam im Freien zu verbringen, in der freien Natur wie beispielsweise die Pfadfinder oder die Jugend- und Wanderbewegung um 1900, betreiben wir auch Raubbau an unserer sozialen Seeleneinheit, unserem Gemeinschaftssinn. Wenn wir heute auch glauben, mehr zu kommunizieren denn je, mag das auf quantitativer Ebene der Fall sein. Die Qualität unseres Beisammenseins jedoch hat mit dem Aufkommen der Handys und Smartphones rapide abgenommen.

Dazu verstrahlen wir unsere Umwelt mit intensiven gepulsten Signalen zur Betreibung von Handys, mit WLAN – Netzen, von denen die Feinfühligeren unter uns, wie ich, Kopfschmerzen und Konzentrationsstörungen bekommen.

Wir nennen es Fortschritt. Doch davon geht es uns auch nicht besser.

In seinem Werk „Die Krisen der Demokratie" aus dem Jahre 2002[32] beschreibt der Autor Ralf Dahrendorf anschaulich die Mechanismen, mit denen Konzerne, wirtschaftliche Organisationen und Systeme Realpolitik machen und oft im Hintergrund die Fäden in der Hand halten an denen Politiker wie Marionetten festgebunden sind.

Mittlerweile sollten wir Yvonne Hofstetter ernst nehmen, die uns in klaren Bildern vor Augen führt, wie allgegenwärtig künstliche Intelligenz unser Leben bestimmt. Die Politik, so die Autorin, folgt lange nicht mehr ganzheitlichen, von Menschen gemachten Maximen[33].

Wenn wir uns von künstlicher Intelligenz und Computerprogrammen, von Software und digitalen Medien, digitalen Steuerchips regieren lassen, wenn Computer unsere Wirtschaft kontrollieren und unser Geld verwalten, den Markt steuern und wenn sogar unsere Sprache klingt, als würden Computer miteinander reden, wenn wir „etwas nicht auf dem Schirm haben", wenn wir „mal abschalten" müssen, wenn wir „einen Systemabsturz nach dem anderen erleben", wenn unsere Lebenszeit, unser Alltag, unsere Gedanken schon so sehr Computerwelten ähneln, brauchen wir uns nicht zu wundern, dass wir von einem Virus nach dem anderen heimgesucht werden.

Wir könnten schlicht behaupten, dass unser System momentan von COVID-19 beherrscht wird, wie die Hard- oder Software von Computerviren, und dass wir uns selbst dafür angreifbar machen, indem wir selbst nicht wie Menschen leben, sondern wie Maschinen, indem wir lieber auf dem Zahnfleisch und mit 40 Grad Fieber zur Arbeit gehen, als zu Hause zu bleiben, und uns auszuruhen, zu heilen und gesund zu werden.

Wir laufen von uns selbst, von unserer inneren Freiheit davon, denn zu Hause in Ruhe müssten wir uns ja mit uns selbst konfrontieren, und wenn dann das ein oder andere Sofahuhn entdeckt, dass es in Wirklichkeit ein Adler, Geier oder Drache ist, lassen wir eher die Welt untergehen, als dieses, unser inneres Wesen, das „Monster[34] in uns", von dem jetzt hier und da gesungen wird in uns erkennen, es annehmen und in unser Selbstbild integrieren.

Mir ist eine Welt voller menschlicher Monster lieber als eine Welt voller Computer, künstlicher Intelligenz und Maschinen.

Mittlerweile dienen nicht die Computer uns, wir dienen den Computern und ich möchte alle Menschen auffordern, sich zu fragen, ob sie diesen Zustand beibehalten wollen oder lieber die Notbremse ziehen und sich daran erinnern, dass wir alle „vom selben Stern[35]" sind, dass wir alle „Krieger des Lichts" sind, wie die

---

[32] Ralf Dahrendorf, Die Krisen der Demokratie, 2002.

[33] Yvonne Hofstetter, Das Ende der Demokratie, C. Bertelsmann 2016.

[34] Vergleiche zum Beispiel das Lied „Monster" der Gruppe Skillet von 2009 und „Monster" von Imagine Dragons von 2013.

[35] „Vom selben Stern", Lied von Ich+Ich, 2007.

Band Silbermond singt. Viele von uns wissen es nur noch nicht, doch jetzt ist die Zeit, dies zu erkennen. Kinder, Jugendliche, Erwachsene, Omis und Opis, alte und junge Menschen, Politiker und Arbeitslose, Wirtschaftsbosse, Obdachlose, Menschen aller Nationen und Länder, alle Politiker, Wissenschaftler und Kulturen, Berufe und Religionen. Wir alle sind Krieger, wir alle sind Kinder des Lichts. Wir sind nicht nur unser Kopf.

Wir sind Lebewesen und sollten leben und arbeiten mit Herz, Seele, Hand und Fuß, sollten das Leben atmen, singen, tanzen und gestalten, als Künstler, Philosophen, Tänzer, Träumer und Poeten und wir sollten achtsam mit unserer menschlichen Natur umgehen, sie bewahren, und uns nicht zu sehr von Computern abhängig machen, damit wir uns nicht letztlich selbst abschaffen!

Erträglichkeit vor Ertrag

Heute ist der achte Mai 2021, es ist angenehm draußen, der Himmel ist grau. Ich mag das Wetter, drinnen ist es warm und gemütlich. Seit mein Ausbildungsplatz geschlossen ist, an dem ich an einer Fortbildung teilnehme, hatte ich mir vorgenommen, meine Erlebnisse, Eindrücke und Ideen nieder zu schreiben. Daraus ist nun dieses Manuskript geworden.

Ich komme mit meiner freien Zeit gut klar, schreibe täglich mehrere Stunden an meinem Text, habe vor zwei Wochen ein Buch zu Ende geschrieben und in den Druck gegeben. Meine Familie, die insgesamt aus drei Personen besteht, hat schnell einen Rhythmus gefunden, mit dem wir drei in der „Corona – Zeit" gut leben können.

Endlich finde ich Zeit und Raum für Dinge, die sonst liegen bleiben und kann Aktivitäten in Angriff nehmen, die ich sonst nur aufgeschoben habe.

Gestern Abend habe ich noch einen kleinen Spaziergang gemacht mit meiner Tochter im Regen, es war bereits dunkel. Auf einmal begegnete uns unsere Nachbarin mit den Kindern. Natürlich hielten wir Abstand. „Wir können dankbar sein, dass wir überhaupt einkaufen dürfen," sagt sie.

Natürlich verfolgt der Staat, die Staatsführung damit, dass Supermärkte und andere Geschäfte geöffnet sind, natürlich auch eigene Interessen: Durch das Einkaufen und den Weg aus der Wohnung mit einem Ziel wird der Situation durch COVID-19 in der Ansteckungsgefahr ein enormer psychischer Druck genommen. Die Situation wird erträglich und es steigert den Ertrag.

Einkaufen wirkt wie ein psychosoziales Ventil, wodurch der enorme Druck, die Last des ständigen Zu Hause – Seins, mit der viele Menschen gar nicht gut klar kommen, etwas gelockert und gemildert wird. „Vater Staat" oder besser „Mutti", müsste sich ansonsten um ganz andere Probleme kümmern, wie das Heranschaffen von genügend Masken, Sicherungspersonal oder Ausnahmeregelungen in den Schulen.

Dennoch gebe ich meiner Nachbarin Recht. Wir können dankbar sein, dass wir einkaufen dürfen. Unsere Situation könnte auch viel schlimmer aussehen, wie wir von den Medien wissen, da sieht es in anderen Ländern nämlich nicht gut aus.
Wir haben es also doch allgemein gesehen ganz erträglich.
Dass wir aber überhaupt einer Grippe, einem Virus, dessen Natur von der Wissenschaft noch nicht ganz erforscht ist, wie Eingangs erklärt, so wenig Widerstand als Menschen entgegen zu setzen haben, dass es ein Virus schafft, sich in kurzer Zeit zu einer Pandemie auszuweiten, liegt nach meinem Erachten daran, dass uns in den letzten circa 150 Jahren, seit dem Aufkommen der Industrialisierung und den Industrienationen weltweit mehr am Ertrag gelegen hat, als an der Erträglichkeit, mehr am Erfolg, materieller Sicherheit, an Ausbeute, Kapital, als am Leben, an Gesundheit, Güterverteilung für Alle und sozialer Gerechtigkeit.
In Bezug auf Corona können wir feststellen: Viren sind keine Lebewesen und daher helfen hier Antibiotika nicht. Wir müssen genauer hinschauen, um uns gegen die Pandemie stark zu machen.

Vom Wesen der Krankheit und unseren Lebensgewohnheiten

Der Natürlichen Gesundheitslehre zufolge ist Krankheit eine Heilanstrengung des Körpers. Sie ist ein Kampf seiner vitalen Kräfte um sich zu reinigen und zum Normalzustand, dem entschlackten, reinen und gesunden Körper, zurück zu kehren. Diese Anstrengung sollte nicht unterdrückt, sondern unterstützt werden.
Toxämie (Vergiftung, Verunreinigung des Blutes) ist der Beginn aller Krankheit sowie die Toxikose (Vergiftung, Verunreinigung der Interstitiellflüssigkeit beziehungsweise Zwischenzellflüssigkeit), denn jetzt werden die Selbstheilungs- und Selbstreinigungskräfte des Körpers in Gang gebracht, die den Organismus entschlacken und die Transportwege reinigen und frei machen[36].
Schauen wir in unserem westlichen, an Arbeit und Kapital orientiertem Lebensstil nur nach außen auf die Welt um uns herum, und nicht auf uns selbst, können wir auch kein Verständnis für unsere Körperfunktionen entwickeln, wie sie in Wahrheit sind. Wir sollten endlich beginnen, unseren eigenen Körper zu fühlen, in ihn hinein zu horchen und auf ihn und seine Signale zu hören, anstatt ihn zu studieren mit unserem Intellekt, unserem reinen Verstand.
Ich könnte es schon fast amüsant finden, wie emsig Menschen, angehende Ärzte, sich rein verstandesgemäß in das Thema Pathologie, also die Lehre von den Krankheiten ihres und unseres menschlichen Körpers wahrlich hinein knien im Studium, und dabei keinen blassen Schimmer von ihrem eigenen Körper zu ha-

---

[36] Quelle 3 | S. 28f.

ben scheinen und vom Wesen des Lebens und der, ihrer eigenen Gesundheit, wenns nicht so traurig wäre.

Welcher Arzt, welcher Medizinstudent hat während des Studiums keinen Raubbau am eigenen Körper betrieben, hat auf Schlaf verzichtet und sich von Fastfood ernährt?

Ein System, das zulässt, dass Menschen die eigene Gesundheit so sehr vernachlässigen, ein System, das den Menschen derart in Beschlag nimmt, dass er kaum Zeit hat, um auf die eigenen Körpersignale zu hören, kann weder gesund noch richtig sein.

Autoindustrie und Co

In den Medien hört und liest man immer wieder, dass aufgrund der Corona – Situation aktuell Spielplätze gesperrt werden[37] und dass die Bürger darüber aufgebracht sind.

Laut Amtsgericht Berlin – Charlottenburg zum Beispiel werden „auf Grund der Coronapandemie aktuell die Spielplätze in einigen Bundesländern gesperrt"[38], lautet eine Beschwerde in den Medien. Ich hingegen sehe das ganz locker.

Eine Pandemie muss man aus der Sicht einer verantwortungsvollen Staatsführung eben in den Griff kriegen.

Und da in den Läden, in denen ich kürzlich einkaufen war, viele Leute nicht einmal in der Lage sind, ihre Maske, die ja als Nasen- und Mundschutz dienen soll, auch wirklich über Mund **und** Nase zu ziehen, kann ich verstehen, wenn Ämter sich gezwungen sehen, derzeit Maßnahmen zu ergreifen, die über das Vertrauen auf den gesunden Menschenverstand hinaus gehen.

Dass die Maske über Nase und Mund auch dem Eigenschutz dient, ist offenbar bei einigen Leuten noch nicht angekommen.

Viel mehr wundere ich mich, was den Ärger über die Schließung der Spielplätze angeht, überhaupt, dass Menschen plötzlich Bedarf am Aufenthalt an solchen öffentlichen Plätzen anmelden. Als ich mit meiner zweieinhalbjährigen Tochter im Mai 2008 beinahe jeden Tag auf einem anderen Spielplatz war, hatten wir diesen Freiraum meist für uns alleine. Wo waren die anderen Kinder?

Ist doch klar, entweder in der Kita oder zu Hause vor dem Fernseher oder am Handy. Diese Entwicklung wird vom Staat natürlich gefördert. Der Kitaplatz für ein Kind wirft Umsatz- und Gewerbesteuer ab, sowie der Medienkonsum unserem Staat ebenfalls Einkünfte bringt. Kinderspielplätze dagegen kosten den Staat

---

[37] Quelle | Beispiel Berlin: www.tagesspiegel.de
Quelle | Öffentliche Spielplätze: Vorschriften – Bußgeldkatalog 2020: bussgeldkatalog.org.
[38] Quelle | ebd.

an Müllentsorgung, Instandhaltung und Grünpflege und von Gesellschaftsspielen und Spazierengehen wurden früher die Kassen auch nicht voller. Das wenigstens ist ja heute anders, denn die Mütter rauchen (Umsatzsteuer hoch!) und telefonieren (dicke Steuereinkünfte!) ja im Grunde nur noch, während sie geistesabwesend heutzutage ihr Kind im Kinderwagen durch die Straßen schieben, wenn sie sich mal damit beschäftigen.

Also finde ich es schön, dass Menschen überhaupt noch wissen, dass es öffentliche Spielplätze gibt geschweige denn, wie man damit umgeht.

Oft bemerken wir eben erst, dass etwas existiert, wenn es uns genommen wird.

Wir leben in Deutschland aktuell auf einer Gesamtfläche von mehr als 350.000 Quadratkilometern (km²). Das sind umgerechnet mehr als 35 Millionen Hektar (ha). Ein Hektar entspricht einer Fläche von 0,01 Quadratkilometer. Klar soweit?

Laut VCD bei Twitter[39] gibt es in Berlin 10 – mal so viel Raum für Parkzonen wie für Spielplätze. Unser Gesetz schützt die Autos vor den Kindern[40].

Radkolumne.de schreibt:

„Spielplatz oder Parkplatz?

Autos sind wichtiger als Max, Parkplätze sind wichtiger als Spielplätze.

Max lebt im Köln am Oberländer Wall. Dort geht es eng zu. Platz zum Spielen ist knapp. Platz zum Parken ist knapp.

Nun fragt sich Max, was wichtiger ist, Spielplatz oder Parkplatz?

Die Erwachsenen sagen: Parkplätze sind wichtiger. Dafür haben sie sogar ein Gesetz erlassen, die Stellplatz – Nachweis – Pflicht. Wenn eine Kita gebaut oder vergrößert wird, dann muss da auch genug Platz sein – für die Autos von den Erwachsenen. Das Bauaufsichtsamt überwacht alles genau.

STELLPLATZ STATT SPIELPLATZ.

Max darf jetzt nicht mehr so oft draußen spielen. Dafür haben die Autos jetzt ganz viel Platz, auch die ganz großen, die SUVs und die Pickups. Die Motorhauben dieser Autos sind höher als Max. Die Fahrerinnen und Fahrer können Max und die anderen Kinder kaum sehen. Max muss aufpassen. Er hat gelernt:

Die Autos sind wichtiger als ich. Ich muss auf die Autos Rücksicht nehmen. Ich darf nicht draußen spielen. Meine Eltern wollen nicht, dass ich zur Kita laufe oder mit dem Rad fahre. Das ist zu gefährlich.

Morgen hat Max einen Termin wegen seiner Zappelei. Eine Ärztin verschreibt ihm dann Ritalin. Das ist am besten für Max. Max muss lernen, seinen Bewegungsdrang zu unterdrücken. Je länger er Ritalin bekommt, desto größer werden seine Fortschritte, sagen die Ärztin und der Psychologe.

---

[39] Quelle | VCD auf Twitter: Spielplätze statt Parkplätze! | mobile.twitter.com | Beitrag vom 10.09.2018.

[40] Ebd., wie auch www.hessen-agentur.de | muehlacker-tagblatt.de | radkolumne.de | www.mobilaro.de

Die Ärztin überwacht alles genau. Sie legt die Ritalin – Dosis fest. Sie sagt, Max muss „richtig eingestellt werden“.“

Super. Das hätte ich nicht besser sagen können. Radkolumne.de spricht mir völlig aus dem Herzen!

Meinen Dank an Bernd von der Radkolumne für die Erlaubnis, den Text der Internetseite hier 1 : 1 zitieren zu dürfen.

Ich spreche an dieser Stelle bestimmt nicht nur für Berlin, Köln oder für ganz Deutschland. Diese Aussage wurde zwar über eine deutsche Großstadt sowie über die deutsche Bundeshauptstadt gemacht, trifft aber sicher nicht nur auf Köln oder Berlin und nicht nur auf Deutschland, sondern mindestens auf ganz Europa, wenn nicht auf den gesamten sogenannten „Westen“, also Europa und Nordamerika zu, was die Lage in eng bebauten Gegenden und speziell in Städten und Großstädten, in Megacities anbelangt.

Ich wünsche mir sehr, dass COVID-19 uns Menschen nicht nur in Deutschland, sondern in der ganzen Welt dazu anregt, unsere medien- und konsumorientierte Situation zu überdenken und einen Neustart nach Corona ins Auge zu fassen.

Unsere Situation ist vergleichbar mit einem Fußballspiel.

Nehmen wir einfach mal an, wir treffen eine Entscheidung. Folgende Entscheidung: Die Tatsache, dass sich das Corona – Virus weltweit verbreiten und zu einer Pandemie auswachsen konnte, werten wir so, dass wir sagen: Wir konnten COVID-19 nicht eindämmen.

Zu Deutsch, aus dem Munde eines Fußball liebendem Lands: Wir, die gesamte Menschheit sind jetzt durch Corona eine einzige Mannschaft und unsere Mannschaft, wir Menschen haben das Spiel gegen das Virus verloren.

Was sagt unser Trainer? Kapituliert er, ist unflexibel und behält seine Spielstrategie bei? Vergleichbar wäre diese Reaktion in unserer Situation damit, unser Konsumverhalten in Zukunft auch wieder vor unsere Gesundheit, vor das Leben allgemein zu stellen.

Oder zeigt der Trainer Wagemut, Abenteuerlust, Flexibilität und Kreativität und entwirft eine neue Spielstrategie?

Diesem Denkanstoß soll das vorliegende Buch dienen: Lernen wir, auf unseren Körper zu hören in jeder Hinsicht!

Ich rege meine Mitmenschen hiermit an, sich von Corona nicht nur anregen, sondern sogar inspirieren zu lassen und in Zukunft eine Rückkehr zum menschlichen Maß[41] in Wirtschaft und Politik zu praktizieren, eine Politik der Achtsamkeit, die bei unseren Kindern beginnt, bei der Familie als kleinster politischer Einheit, in der werdende Eltern unterstützt werden, bei ihrem Kind zu Hause zu bleiben und gemeinsam in den ersten drei Jahren mit dem Kind zu wachsen. Alle U – 2 –

---

[41] Siehe Quelle 12.

Systeme in Kitas und Kindergärten sollen zurück gebaut werden. So muss unser Staat auf viele Einkünfte verzichten.

Eine Finanz- und Wirtschaftspolitik, die nicht ehemalige Minister mit Gehältern versorgt, die Arbeiter sich nicht einmal erträumen, Geld, das nach oben fließt in Richtung Europarat, Abluftsteuern für Firmen und Konzerne, die nicht eingezogen werden, ist Finanzbetrug und muss aufhören. So würden sich unsere Staatskassen auf rechtschaffene, natürliche und gerechte Weise füllen.

Wenn wir weiterhin Umweltabgaben, die von Firmen und Konzernen laut Gesetz geleistet werden sollen, nicht einfordern, ist die Umweltsteuer eine Farce.

Anstatt von Wirtschaftskonzernen Ökosteuern konsequent einzuziehen, unterdrückt unser System das öffentliche Leben der „kleinen Leute", schränkt deren öffentlichen Freiraum ein, schafft gesunde und ganzheitliche Möglichkeiten der Freizeitbeschäftigung und Freizeitkultur ab. Statt dessen speisen wir unsere Kinder mit digitalen Medien ab, „parken" sie vor der Glotze oder lassen sie Computerspiele spielen, die unsere Kinder aggressiv, emotional- und verhaltensgestört machen und wundern uns, wenn sie aggressiv oder in sich gekehrt, verschlossen sind. Manche Eltern sind selbst mit unserer modernen, medialen Situation angeblicher „Freiheit" so überfordert, dass sie die Verhaltensänderungen bei ihrem eigenen Kind nicht einmal mehr bemerken. Man kann ja zur Not alles auf die Pubertät schieben. Erst wenn die Schulnoten schlechter werden, merken manche Erziehungsberechtigte auf.

Warum lassen wir Bürger es zu, dass städtische Schwimmbäder und Stadtbüchereien geschlossen werden? Müssen wir so viel arbeiten, dass wir für solche Belange „keinen Kopf mehr haben" und verbringen unsere wenige Freizeit lieber mit der Zigarette in der einen und dem Smartphone in der anderen Hand?

Manche Leute schaffen es auch, das in eine Hand zu packen, denn wir lassen uns ja darauf trainieren, „multitaskingfähig" zu sein, ein modernes „Unwort", das ich für absolut sinnfrei halte und hinter dem nur ein schlauer Trick unseres Wirtschaftssystems steht, die Menschen zu noch mehr Arbeit und Leistungsbereitschaft zu motivieren.

Ich hör' das Geld schon in der Staatskasse klingeln. Ach nein, da klingelt ja auch nicht mehr so viel, irgendwelche „Genies" wollen das Bargeld ja abschaffen.

Wo soll das hin laufen? Wie weit lassen wir uns verwirtschaften?

Wie erträglich ist unser Alltagsleben, wie gut ist es für uns zu ertragen?

Schaffen und leisten wir, bis wir auf dem Zahnfleisch gehen, denn wir sind ja wer, sind ja „taff", hart und nur die Harten komm' in' Garten?

Wofür brauchen wir überhaupt Spielplätze? Sind Autos, ist die Autoindustrie nicht viel wichtiger und der Erhalt von Jobs nicht nötiger?

Kommen wir dank Corona auf die Idee, unseren derzeitigen Kurs, den unsere Gesellschaft eingeschlagen hat, zu hinterfragen?

Was machen wir, wenn die Krise vorbei ist?

Lernen wir aus ihr?

Seien wir der kreative Fußballtrainer, der eine neue Strategie entwirft, damit er das nächste Spiel gewinnt.

Denn wie heißt es doch gleich – nach dem Spiel ist vor dem Spiel!

Unser Spiel heißt: Wie entscheiden wir uns?

Parkplätze oder Spielplätze?

Mensch oder Maschine?

Prinzip der Krankheit oder Prinzip der Gesundheit?

Ertrag oder Ertragbarkeit?

Sozialstaat, Sozialökonomie oder ein Kapitalismus, in dem Arbeitsplätze und ganze Firmen ins Ausland verlegt werden und Eltern mit einem einzigen Einkommen nicht mehr in der Lage sind, die Familie zu ernähren?

Ich schreibe dieses Buch um vorzuschlagen, dass wir in Deutschland einen neuen Kurs einschlagen, nämlich die Gesellschaft für Achtsamkeit und Nachhaltiges Leben©. Für andere Staaten gilt übrigens: Nachahmen erlaubt!

Morgenthauplan und Wirtschaftswunder

Achtung, jetzt kommt ein Zeitsprung!

Heute ist der achte Mai 2021, der Jahrestag der Kapitulation Deutschlands nach dem Zweiten Weltkrieg und das Ende dieses Krieges jährte sich zum 75. Mal!

Unser Friede feiert 75. Geburtstag! Möge er ewig halten!

Wer sich ein Wenig mit Geschichte befasst hat weiß, dass die Bedingungen, denen Deutschland nach dem Zweiten Weltkrieg ausgesetzt war, weit besser waren als die, denen es nach dem Ersten Weltkrieg ausgesetzt war. Nach dem Ersten Weltkrieg gab es den Versailler Vertrag, der Deutschland mehr oder weniger ausgeblutet hätte, aber den USA, dem „Deutschen Wirtschaftswunder" und vor allem Ludwig Erhard zum Dank konnte sich Deutschland nach dem Zweiten Weltkrieg bald wieder von Schrecken und Not, Leid und Elend erholen.

Nach dem Krieg gab's in Deutschland den Marshallplan, doch es gab auch einen Morgenthauplan, auf den komme ich später noch zu sprechen.

Hiermit sage ich DANKE an die USA, Danke für den Marshallplan, das Wirtschaftswunder und auch Ludwig Erhard! Nach dem Zweiten Weltkrieg habt ihr uns großartig unterstützt und aus Schutt und Asche, Tod und Bergen von Trümmern und Leichen geholt.

Ich kann mir die Armut und Not im zerbombten, von Trümmern gezeichneten Deutschland im Jahre 1945 gut vorstellen. Meine Oma, die 1915 geboren ist, hat den Zweiten Weltkrieg mit 1940 geborenem Kind, meiner Mutter, wachen Auges als einfacher Mensch mit fünf Geschwistern erlebt und sich ebenso gefürchtet, für Butter oder Brot mit Essensmarken in der Schlange gestanden wie alle anderen Leute damals auch.

Von meiner Oma Änne weiß ich aus erster Hand vom Zweiten Weltkrieg. Sie hat mir, als ich ein Kind war, immer derart lebhaft davon berichtet, dass ich manchmal das Gefühl hatte, dabei gewesen zu sein. Durch ihre Erzählungen nahm sie mich an die Hand und es war, als ginge ich mit ihr bei einem Fliegeralarm in den Bunker, als erlebte ich die Atmosphäre dort selbst am eigenen Leibe, fühlte den Staub auf meinen Kopf, meine Schultern rieseln, mein Körper zitterte, wenn der Boden bebte, weil mit einem unbeschreiblich schrillen Pfeifen, einem dumpfen, ohrenbetäubenden Lärm oben eine Bombe einschlug.

In ihren Geschichten litt ich auch mit meiner Mutter, die damals ein kleines Mädchen war, wenn sie heimlich an der Butter gelutscht hatte, die im Winter draußen auf der Fensterbank lag. Damals gab es nicht in jedem Haushalt einen Kühlschrank, dafür aber ordentliche, kalte Winter.

Die kleine Packung Butter auf der eiskalten Fensterbank draußen aus Stein sollte das Weihnachtsgeschenk für die Eltern sein. Mehr nicht. Gerade mal ein halbes Pfund Butter.

Da waren die Leute, die Eltern meiner Oma, die damals Anfang zwanzig war, deren Geschwister und Kinder glücklich, dankbar und zufrieden. Dazu gab es etwas Garn, um Strümpfe zu stopfen und was die Menschen in den letzten Wochen so „hamstern" konnten. Hamstern war eine Art Tauschhandel innerhalb der Ortschaft, in der man wohnte.

Da war vielleicht ein Pfund Mehl, ein halbes Pfund Butter, etwas Salz gegen andere, selbst gemachte Dinge eingetauscht worden. Für meine Mutter gab es einmal eine aus Stoffresten selbst gemachte Puppe. Da war echt Weihnachtsstimmung angesagt!

Mich hat es auf doppelte Weise berührt, wenn ich von der „Schlechten Zeit", wie meine Oma zu sagen pflegte, erzählt bekam. Einerseits fühlte und litt ich mit den Leuten, durch die Berichte und Geschichten meiner Oma, meiner Tante und ab und zu auch meiner Mutter in diese Welt geführt, als ich ein Kind war.

Andererseits beeindruckte mich die Tatsache, dass die großen Menschen damals mit einem halben Pfund Butter, einem Röllchen Nähgarn zu Weihnachten, Kinder mit einer handgefertigten, einfachen Puppe glücklich und zufrieden waren. Mein Urgroßvater hat meinem Onkel einmal eine kleine Spielzeuglokomotive selbst gebaut, mein Onkel hat ihn glücklich umarmt und sich gefreut wie ein Schneekönig.

Manchmal war einfach Weihnachtsstimmung dadurch, dass es etwas zu lachen gab. Ich wünsche mir, dass die Menschheit lernt, auch ohne Kriege in die Erfahrung von Genügsamkeit, Selbstzügelung, Zufriedenheit mit Wenigem, in das Erleben von einfachem Glück zu kommen und es wertschätzen zu lernen, mehr, als viele Gegenstände, die nachher sowiso nur herum liegen.

Wir in Deutschland sind nun so weit entwickelt, wir haben doch im Grunde alles, was wir zum Leben brauchen, nicht nur zum Überleben. Zum Leben haben wir weiß Gott genug. Gott weiß, aber wissen wir das auch? Ich möchte, dass wir bald erkennen, dass wir materiell gut versorgt sind.

Ich erinnere mich an einen Witz, den mir meine Oma erzählt hat.

Als ich sieben Jahre alt war, durfte ich den Weihnachtsbaum mit schmücken. Wir hatten dazu lange Fäden aus Metall, vielleicht Weißblech, die waren platt und dünn wie Linguini. Sie lagen in einer Pappschatulle ordentlich zusammengefaltet und wurden jedes Jahr wieder eingesammelt.

„Diese Fäden sind schon dreißig Jahre alt, die hängen wir nächstes Jahr wieder auf, sei vorsichtig damit," ermahnte mich meine Oma.

Während wir gemeinsam den Baum schmückten und ich das Lametta fein säuberlich Faden für Faden an den Zweigen verteilte, sagte meine Oma in unser Schweigen hinein:

> „Der Weihnachtsbaum steht öd und leer.
> Die Kinder schauen blöd umher.
> Da lässt der Vater einen krachen.
> Die Kinder fangen an, zu lachen.
> So kann man auch mit kleinen Sachen
> Beamtenkindern Freude machen."

Dieser Witz hat mich damals total fröhlich gemacht, ich hab' meine Oma umarmt, bin ihr vor Freude um den Hals gefallen. Ich war glücklich.

Was ist es wert, glücklich, zufrieden zu sein? Was ist das überhaupt, Frieden? Wie entsteht er und lässt er sich vermitteln?

Solche und ähnliche Fragen begann ich mir etwa ab der Zeit zu stellen, als ich zwischen acht und zehn Jahre alt war.

Mit Witz und Humor ja. Dann ist es eine Spur von Glück.

Und was ist mit Glück und Freude als Grundeinstellung, als Lebenshaltung?

Als ich selbst mit 18 Jahren eine 2000 D – Mark teure Musikanlage geschenkt bekam, war ich zunächst irritiert und wütend, weil das so viel, so teuer war. Es dauerte lange, biss ich mich an das wertvolle Geschenk gewöhnen konnte und die Musik, die ich damit hören konnte, zu lieben und zu genießen begann.

Ich habe noch ein viel wertvolleres Geschenk bekommen, nämlich ein Paar gesunde Ohren. Dieser Tatsache bin ich mir erst seit kurzer Zeit bewusst.

Ich habe gelernt, dankbar zu sein durch viele Ereignisse in meinem Leben. Diese Dankbarkeit ist eine Einstellung, eine Lebenshaltung geworden. Sie ist unabhängig davon, ob es Dankbarkeit für ein Auto, eine Musikanlage oder ein Stück Schokolade oder mein gesundes Gehör ist. Dankbarkeit ist bedingungslos und von Gegenständen und Situationen unabhängig.

Heutzutage ist der Zweite Weltkrieg Gott sei Dank vorbei. In meiner Chronik lese ich: „Die Kapitulation der deutschen Wehrmacht wird am 7. Mai unterzeichnet. Am folgenden Tag wird der Akt im Quartier der Roten Armee in Berlin wiederholt.

Am Abend des 8. Mai werden alle Kämpfe eingestellt. Der Zweite Weltkrieg ist beendet." [42]

Ich sage heute, er ist Gott sei Dank vorbei, da ich nun einmal Christ bin. Ebenso gut könnte ich beispielsweise sagen: Allah sei Dank oder Jahwe sei Dank. Wir haben als Menschheit alle unter dem Krieg gelitten und können für Frieden dankbar sein. Ich sage auch Dank den Alliierten Mächten, besonders den USA, den deutschen Politikern von damals, ihnen allen sei Dank!

Heute, jetzt, in unserer Corona – Situation im Sommer 2020 rekapituliere ich die Erzählungen aus meiner Kindheit.

Corona – Warnungen erinnern mich an Bomben – Drohungen, auch damals mussten die Menschen in den Häusern bleiben. Heute sind die Regale leer. Auch damals gab es kaum etwas zu kaufen, die gesamte Infrastruktur war zerstört.

Was geschah nach dem Krieg? Was lernen Menschen daraus?

Was wird, was kann, was sollte nach Corona geschehen? Wie und was lernen wir daraus? Wie entscheiden wir uns? Werden wir weiter Kapitalismus pur fahren und ein hauptsächlich pathologisch orientiertes, auf das Thema Krankheit ausgerichtetes medizinisches Versorgungssystem beibehalten, oder werden wir uns nach dem Schock durch COVID-19 endlich fragen, was Gesundheit ist, wie sie funktioniert und lernen, wirklich von der Pieke auf, von Beginn an, gesund zu leben?

Anfangen bei unseren Gedanken, bei unseren Worten, bei unseren Absichten, bei unseren Taten? Achtsamkeit als Prinzip menschlichen Denkens, Fühlens und Handelns ist eine Gesellschaftsstrategie, die neu ist, die modern und aufregend sein kann, die ein gemeinsames Abenteuer werden kann, wenn wir es alle zusammen anpacken und etwas Großartiges daraus machen!

Auf die Art und Weise feien wir uns gegen einen neuen Virensturm!

Unlängst, in unserer Corona – Situation im Mai 2021 begegnete uns der 75. Jahrestag der Unterzeichnung der Kapitulation durch Deutschland, eine Handlung, die den Zweiten Weltkrieg beendet und den Frieden besiegelt hat!

Mit Dankbarkeit im Herzen blicke ich auf die Menschen damals zurück und auf die Zeit des Deutschen Wirtschaftswunders. Menschen konnten endlich wieder leben! Sie hatten zu essen, genug Kleidung und Nahrung, jeden Sonntag gab's bald den „Sonntagsbraten"[43] zu Mittag und es dauerte nicht lange, da waren Familien in der Lage, zu reisen und sich am Leben zu freuen.

Unsere Corona – Situation mag den Einen oder Anderen von uns zurück versetzen in das Elend, die Not, die Zeit der leeren Regale, die Angst und das Verbot, hinaus zu gehen, Furcht vor Bomben- oder Fliegerangriffen, einige Menschen heute kennen das noch sehr gut. Auch die Flüchtlinge, die zu uns gekommen

---

[42] Quelle 16 | S. 289.
[43] Quelle | Planet Wissen | Wirtschaftswunder.

sind, wissen um Entbehrung, Trauer, haben zerstörte Heimat am eigenen Leibe erfahren und den Verlust geliebter Menschen. Wir alle sitzen in einem Boot.

Heute stelle ich klar, dass ich mit Sicherheit davon aus gehe, dass US – Mächte, alliierte Nationen und auch Politiker von deutscher Seite mit den besten Absichten Deutschland nach dem Zweiten Weltkrieg unterstützt haben.

Die Tatsache, dass unsere Nation in den 1960er Jahren erstmalig AKW, also Kernkraftwerke bekam und das Kernkraftwerk Kahl im Februar 1962 als erstes Kernkraftwerk der BRD ans Netz ging[44], diente zwar einerseits den Stromkonzernen.

Wir aber, das Volk, waren versorgt, konnten uns freuen und feiern, haben gut gelebt. Diese Nachkriegszeit ist eine Phase unserer Geschichte, die wir als solche respektieren müssen. Wir können heute viel aus dieser Zeit lernen.

Jeder Krieg ist eine harte, blutige, chaotische, nach der Meinung vieler Forscher und Kritiker unnötige Zeit des Umsturzes, eine Zäsur, ein Einschnitt in unser gemächliches Alltagsleben, der als solcher und derart heftig nicht sein muss.

Wie der Philosoph Seneca im ersten Jahrhundert unserer Zeitrechnung bereits erkannt hat: „Der Willige wird vom Schicksal geführt, der Störrische geschleift.[45]"

Uns Menschen widerstrebt offenbar der Wunsch nach Frieden, nach Zusammenhalt und Versöhnung. Muss es erst immer heftig gewittern, bevor uns die Schuppen, die Splitter, die Balken aus den Augen fallen?

Wann erkennen wir, wann begreifen wir freiwillig, dass wir alle in einem Boot sitzen, in einem „Raumschiff Erde", das uns allen gehört, auf dem jeder lebenswert und willkommen ist und das wir selbst es sind, die sich und ihrem Wohlergehen, ihrem Wohlstand und Frieden Steine in den Weg legen?

Wann beginnen wir endlich, aus den Steinen, die wir uns selbst in den Weg gelegt haben, etwas Gutes zu bauen? Zum Beispiel ein Gesundheitssystem, das auf der Frage basiert, wie Gesundheit entsteht! Zum Beispiel Friedensorganisationen, Friedensunterricht, eine Schule für Achtsamkeit und Herzensbildung in einer Gesellschaft für Achtsamkeit und Nachhaltiges Leben!

Es gibt heute ein Kriegsministerium, pardon, ein Bundesministerium der Verteidigung. Wir benutzen Waffen und Waffensysteme nicht mehr, verkaufen sie aber in andere Länder oder bieten anderen Nationen Stützpunkte für deren Drohnenoperationen. Warum gibt es kein Ministerium für Frieden – für Frieden innerhalb und außerhalb von Deutschland?

Der Abschnitt der Nachkriegszeit in den 40er und 50er Jahren des 20. Jahrhunderts begann mit der „Sozialen Marktwirtschaft". Damals diente dies alles einem guten Zweck, war eine großartige Geburtshilfe für die daniederliegenden europäischen Nationen. Deutschland wurde zu jener Zeit sozusagen neu geboren.

---

[44] Quelle | Wikipedia | Liste der Kernreaktoren in Deutschland.

[45] Quelle | books.google.de | Konrad Klein | Mein Kampf auf dem Meditationskissen | BoD | S. 160. | Siehe auch: sprichworte-der-welt.de | Wolfram Daiber | 2020

Ich selbst als chronisch kranker Mensch mit einer Schwerbehinderung wäre bis heute nicht so prächtig gediehen, wenn es Unterstützungsleistungen wie Wirtschaftswunder und Wirtschaftsaufschwung nicht gegeben hätte.

In diesen Tagen, in denen der 75. Jahrestag des Endes des Zweiten Weltkrieges und unsere Coronakrise mahnend auf ein Datum fallen, möchte ich kurz unseren Status Quo erheben und folgende Fragen stellen:

Wie sieht es in Deutschland heute aus mit „Sozialer Marktwirtschaft"?
Wie steht es um unsere „Demokratie"?
Was bedeutet für uns heute unsere Staatsgrundlage – Industrie?

Um in diese Diskussion einzusteigen möchte ich zuvor einige Begriffe klären. Leider habe ich selbst keine Wirtschaftswissenschaft studiert, also werde ich zunächst viel zitieren vom schlauen „Wikipedia", wo meiner Auffassung nach Daten korrekt mit einem neutralen Standpunkt wiedergegeben werden.

An dieser Stelle herzlichen Dank an Wikipedia!

Auf dieser Grundlage werde ich fortfahren mit meinem Appell an die Menschen, an die Menschheit, durch Corona etwas zu lernen, alte, verhärtete Strukturen von Misstrauen, Krankheitsglaube und dem immer wieder gern genommenen Glauben an einen „Feind" kritisch zu hinterfragen und Augen und Bewusstsein zu öffnen für ein Gesellschaftssystem, ein Konzept, das gern von jeder Kommune, Nation, jedem Staat aufgegriffen werden darf und nach meiner Auffassung das Potential besitzt, den Menschen einen Ausgleich, einen stabilen, dauerhaften, einen ganzheitlichen und nachhaltigen Frieden zu bringen.

Morgenthau – Plan:
„Der Morgenthauplan vom August 1944 war ein vom damaligen US – amerikanischen Finanzminister Henry Morgenthau veranlasster Entwurf zur Umwandlung Deutschlands in einen Agrarstaat nach dem absehbaren Sieg der Alliierten im Zweiten Weltkrieg. Das sollte langfristig verhindern, dass Deutschland je wieder einen Angriffskrieg führen könne.

Das Memorandum wurde im August 1944 erstellt und durch eine Indiskretion am 21. September 1944 in den USA veröffentlicht. US – Präsident Franklin D. Roosevelt verwarf den Entwurf nach einigen Wochen, er gelangte nie in ein konkretes Planungsstadium und war nie zur politischen Realisierung vorgesehen."[46]

Wirtschaftswunder:
„Wirtschaftswunder ist ein Schlagwort zur Beschreibung des unerwartet schnellen und nachhaltigen Wirtschaftswachstums in der Bundesrepublik Deutschland

---

[46] Quelle | Wikipedia | Morgenthau – Plan.

nach dem Zweiten Weltkrieg. Es verlieh den Deutschen nach dem Schrecken des Zweiten Weltkriegs und dem Elend der unmittelbaren Nachkriegszeit ein neues Selbstbewusstsein.

Bei dem starken Wirtschaftswachstum der 1950er und 1960er Jahre handelte es sich um ein gesamteuropäisches Phänomen, den sogenannten Nachkriegsboom, beziehungsweise das Golden Age of Capitalism, wie das Phänomen in der englischsprachigen Literatur bezeichnet wird."[47]

Wirtschaftswachstum:
„Unter Wirtschaftswachstum wird ganz allgemein eine Zunahme der Wirtschaftsleistung (je Land, Region oder global) im Zeitablauf verstanden. Die gängigste Maßeinheit ist die prozentuale Veränderung des Bruttoinlandprodukts (BIP) im Zeitablauf als monatliche, vierteljährliche oder jährliche Wachstumsrate. Wirtschaftswachstum wird oftmals an der zwischenzeitlichen Entwicklung des BIP festgemacht. Das BIP misst den Gesamtwert der Waren und Dienstleistungen, die innerhalb von einem Jahr in einer Volkswirtschaft erbracht werden."[48]

Wirtschaftswachstum als Ziel der Wirtschaftspolitik:
„Wirtschaftswachstum hat sich nach dem Zweiten Weltkrieg als Hauptziel staatlicher Wirtschaftspolitik etabliert. Wachstum sorgt für eine größere Verteilungsmasse, so dass soziale Ziele leichter erreichbar sind, weshalb es von manchen Politikern als Allheilmittel propagiert wurde.

In Deutschland ist ein stetiges und angemessenes Wirtschaftswachstum neben einem außenwirtschaftlichen Gleichgewicht, niedriger Arbeitslosigkeit und Stabilität des Preisniveaus als Eckpunkt des ‚magischen Vierecks' im Stabilitäts- und Wachstumsgesetz von 1967 als Ziel der Wirtschaftspolitik verankert. Auch der Stabilitäts- und Wachstumspakt der Europäischen Union hat das Ziel, Wirtschaftswachstum explizit zu fördern.

Während über viele Jahrzehnte politisch Wirtschaftswachstum vor allem aus einer quantitativen Perspektive betrachtet wurde, wird inzwischen auch innerhalb der OECD ein stärkerer Fokus auf qualitatives Wachstum gesetzt, das eine Wohlstandsmehrung bei verringerter Belastung der Umwelt und geringerem Verbrauch begrenzter Rohstoffe ermöglichen soll.

Für eine Entkopplung von Wirtschaftswachstum und Umweltbelastung gibt es bislang keinen empirischen Beweis. Es ist davon auszugehen, dass ‚grünes', ressourcenschonendes Wirtschaftswachstum eine ‚statistische Erfindung' ist."[49]

---

[47] Quelle | Wikipedia | Wirtschaftswunder; siehe dort auch: Nachkriegsboom.
[48] Quelle | Wikipedia | Wirtschaftswachstum.
[49] Ebd.

Zusammenhang von Wirtschaftswachstum und Beschäftigung (Arbeit):
„Wirtschaftswachstum wird von den meisten Ökonomen als notwendig angesehen, um eine Erhöhung der Arbeitslosenquote zu vermeiden oder diese zu verringern. Einige Autoren bezeichnen diese Abhängigkeit sogar als politischen Wachstumszwang.

Arthur Melvin Okun untersuchte empirisch den Zusammenhang zwischen Wirtschaftswachstum und Arbeitslosigkeit. Wirtschaftliche Erholungsphasen führten zu einem in den 1990er Jahren als ‚beschäftigungsfreies Wachstum' bezeichneten Effekt: Erholung und Wachstum ohne Schaffung neuer Arbeitsplätze. Erklärungsversuche beziehen Faktoren ein wie Automatisierung, Steigerung der Produktivität der Arbeitnehmer aufgrund des Okunschen Gesetzes und Verlängerungen der tatsächlichen Arbeitszeiten."[50]

Letzteres verstehe ich so: Automatisierung bedeutet: Arbeiter entlassen, durch Maschinen ersetzen und sich bei diesem vorab geplanten Vorgehen nicht oder nicht ausreichend um die Belange der Arbeiter kümmern.

Verlängerungen der tatsächlichen Arbeitszeiten bedeutet: Für umgerechnet etwa 800 € / Monat arbeitet beispielsweise ein Paketzusteller oder Sicherheitsdienstleister etwa 10 – 12 Stunden am Tag und erhält letztlich deutlich weniger Lohn, als ein Angestellter der Deutschen Bundespost oder der Wach- und Schließgesellschaft vor der Privatisierung oder Ausgliederung vieler Berufszweige aus dem sogenannten ersten Arbeitsmarkt.

Im Zuge der Privatisierung wurde ein Billiglohnsektor geschaffen, den es vorher nicht gegeben hat. Nach meinem Erachten liegt diese Entwicklung daran, dass wir ja irgendwie den Europarat mitfinanzieren müssen. Was früher an Geld in den Arbeitslohn eines Arbeitsvertrages floss, mit dem man eine Familie ernähren kann und für das Leben abgesichert ist, fließt heute weiter nach oben in Richtung Europarat.

Unsere Politiker sind wahrscheinlich nicht aus reiner Menschenliebe in ihrem Job. Nach meiner Auffassung sollten sie den gleichen Lohn erhalten, den ein normaler Arbeiter am Ende des Monats ausgezahlt bekommt. Unsere Politiker haben sich schon viel zu oft die „Diäten" erhöht, während wir einfachen Leute für unsere Rechte auf die Straße gehen und Lärm machen müssen, damit uns jemand hört. Dabei hat das Wort „Diät" einen sehr sarkastischen Klang.

Wenn unserer Staatsführung das nicht passt, können sie ja ehrenamtlich Dienst tun. Für das Ehrenamt wird doch jetzt allerorts geworben! Ebenso gut könnten sie Grundsicherung als Aufwandsentschädigung erhalten. Ich selbst kann damit bisher ganz gut leben. Ein Politiker, der es mit seinen volksfreundlichen Anliegen ernst meint, sollte die Herausforderung wagen, Farbe bekennen, nicht die politische Farbe, sondern die Aufrichtigkeit des Herzens, ob die Person als Politiker

---

[50] Ebd.

dem Volk wirklich helfen will oder sich nur am Speck bereichern will, den das BIP abwirft.

Das Amt eines Politikers in Deutschland bietet nach meiner Auffassung heutzutage zu viele Möglichkeiten, um unter dem Deckmäntelchen der Tätigkeit zum Wohl der Öffentlichkeit eigene wirtschaftliche Interessen zu verfolgen.

Wir sollten mal nach Japan blicken und uns das Werk des aus Bochum stammenden Abtes Muho Nölke in seinem buddhistischen Kloster anschauen, das er leitet. Er verwaltet, organisiert und bewirtschaftet ein ganzes System, das gut floriert. Es geht ihm augenscheinlich recht gut dabei und er schafft seine ganze Arbeit ohne einen eigenen kapitalorientierten Nutzen daraus zu ziehen.

Das Thema Glück spielt auch hier eine Rolle, jedoch bei ausgependeltem, ausgeglichenem „Wachstum". In jedem Jahr wirtschaftet er offenbar gleich: Zur Reserve und für den Notfall immer etwas mehr als genug haben. Das reicht.

Beschäftigungsschwelle – Niedriglohnsektor:

„Die Beschäftigungsschwelle[51] lag in Deutschland seit 1990 längere Zeit bei etwa 2%. In der Folge sank sie auf 1 % im Jahre 2005. Durch die sogenannten Harz – Reformen wurde von den meisten Ökonomen ein Absinken der Beschäftigungsschwelle erwartet, weil auch unattraktive Stellen im Niedriglohnsektor angenommen würden."[52]

Nach meiner Erfahrung ist dies zu sanft formuliert. Durch Strukturwandel fallen Arbeitsstellen weg, wobei Menschen aus ihren Jobs entlassen werden, die nicht angemessen aufgefangen werden. Auch junge Menschen werden in ihrer Entwicklung nicht ausreichend begleitet und gefördert. Die Schulklassen sind zu groß, Lehrer stehen unter zu hohem Druck, um sich um das Individuum Mensch zu kümmern, welches als Schüler in der Klasse sitzt und es wird in der Schule und von den von Arbeit oder Langeweile überforderten Eltern nur auf die Noten geschaut, die ein Kind mit nach Hause bringt, es wird nicht auf das Kind geschaut, dies wird nur ruhig gestellt mit Handys, digitalen Computerspielen oder Medien.

Unattraktive Stellen im Niedriglohnsektor werden nicht „angenommen". Sie werden vom Staat geschaffen, weil niemand mehr eine Köchin, Reinigungskräfte, einen Hausmeister oder Gärtner fest anstellen will. Menschen, die vom System chancenlos gemacht wurden, werden dann in solche Stellen gezwungen unter Androhung der Kürzung der finanziellen Lebensgrundlage, die vom Staat zu Verfügung gestellt wird. Dies funktioniert nur, weil das gesunde und verbindliche Angestellten – Arbeitgeber – Verhältnis in Deutschland längst nicht mehr existiert.

---

[51] Beschäftigungsschwelle: Zusammenhang zwischen steigendem BIP und steigender Beschäftigung
[52] Ebd.

Eine achtsame Staats- und Menschenführung muss her, in der die Arbeitsleistung und der Mensch als Ganzes respektiert und geschätzt wird und rundum, finanziell, materiell und mit seinen Bedürfnissen als menschliches Wesen auch in Arbeitsbereiche eingebunden, respektiert und belohnt wird.

Auch hier möchte ich wieder den Blick nach Japan wenden. Es gibt Firmen, welche die Angestellten auch bis zum Lebensende versichern, entlohnen, auch in Krankheits- und Urlaubszeiten. Darüber hinaus existiert in manchen Betrieben eine ganzheitliche, grundsätzlich wertschätzende Haltung auf zwischenmenschlicher Ebene.

An dieser Stelle empfehle ich Gewerkschaften, Betrieben und Konzernen das Buch „Erfolgsfaktor Menschlichkeit"[53], eine Anleitung zu wertschätzendem, zwischenmenschlichem Denken, Sprechen und Handeln im Berufsalltag.

Wohlstandsindikator – Hohe Korrelation mit dem „Index der menschlichen Entwicklung":

„Das BIP pro Kopf gilt als Indikator für den Wohlstand und die Lebensqualität der Bevölkerung eines Landes. Die Rangkorrelation zwischen BIP und dem **„Index der menschlichen Entwicklung" (HDI)**, der zusätzlich zum Einkommen Indikatoren der Lebenserwartung und der Bildung erfasst, ist sehr hoch. Zwischen den im HDI festgehaltenen Indikatoren der Lebenserwartung und der Bildung besteht jeweils eine Korrelation um 0,8 mit der realen Kaufkraft je Einwohner"[54]

Vielen Menschen, insbesondere Studenten der Wirtschaftswissenschaften, mag solch eine Ausdrucksweise, mögen solche Berechnungen geläufig sein, ich empfinde sie als herz- und gefühllos und möchte nicht auf solche Art „berechnet" werden. Bedeutet die Rangkorrelation zwischen BIP und HDI etwa, dass man aus Menschen mehr reale Kaufkraft heraus bekommt, dass sie um so mehr Umsatz- und Mehrwertsteuer produzieren, je höher ihre Lebenserwartung und Bildung ist?

Wird von Seiten staatlicher Organisationen deshalb so viel für die Verlängerung des menschlichen Lebens getan, welches, wenn es als Kaufkraft ausgedient hat, in ein lieblos geführtes Altenheim abgeschoben wird, am besten noch mit Robotern als Pflegepersonal, die keine Gehälter und Altersrente kosten?

Hier kann ich nur warnend auf Japan hinweisen, denn dort ist diese Praxis in Altenheimen Realität.

Eins weis ich: So möchte ich nicht enden, ich finde die Absicht, die Praxis, Menschen durch Roboter zu ersetzen menschenunwürdig, wenn die Arbeit, die geleistet wird über die einer Schreib- oder Spülmaschine, Musikanlage, eines Kaffeeautomaten oder einer Waschmaschine hinaus geht.

---

[53] Gabriele Lindemann und Vera Heim | Erfolgsfaktor Menschlichkeit | Junfermann | 2011.
[54] Quelle | Wikipedia | Wirtschaftswachstum.

Auch eine Fahrkarte kaufe ich mir lieber da, wo ich einem natürlichen Menschen begegne, nicht einem Automaten, auch wenn der Automat noch so menschlich aussieht.

Roboter als Pflegepersonal einzusetzen hat im Sinne dessen, dass es einfache Maschinen sind auch Vorteile, wenn sie das Heben oder Tragen schwerer Lasten erleichtern.

Einen ganzen Menschen aber durch einen Roboter zu ersetzen, der dann auch noch wie ein Mensch aussieht, halte ich für krank, denn besonders in der Fürsorge heilt der Mensch am besten durch den Menschen und wir können von alten Menschen viel lernen, was der Computer oder Roboter nicht zu lernen braucht, da er nicht alt wird, oder sich irgendwann mit dem Thema „Sterben" auseinander setzen muss!

Eine Arbeit in der Altenpflege dient daher also beiden: dem Patienten wie dem Pfleger.

Wäre Arbeit konsequent und ausschließlich als 30 – Stunden – Woche mit je einer Stunde Pause pro Tag zu haben, gäbe es keine Arbeitslosen, keine Ungerechtigkeit, keine Burnouts, keinen so hohen Verschleiß in Gelenken, Bandscheibenschäden und dergleichen, der Mensch im Fahrkartenhäuschen würde ebenso lang arbeiten pro Tag, wie der Politiker oder Manager und würde den gleichen Lohn verdienen. Es gäbe nur zwei Schichten: Die Vormittags- und die Nachmittagsschicht.

Nur Krankenhäuser, die in meiner Stadt beinahe alle privatisiert wurden und wie Löwenzahn auf verdorbenem Boden aus der Erde geschossen sind, bekämen Nachtschichten sowie die Polizei. AKW und Kohlekraftwerke nicht, denn die gibt es in einer achtsamen Gesellschaft nicht mehr.

Die Menschen hätten mehr Zeit für Körperpflege, Entspannung, Sport, Ruhe, Regeration und soziales Beisammensein. Viele Leute haben das tatsächlich verlernt. Die können nicht mehr ohne Stress, Job und die tägliche Dosis an Kaffe, Adrenalin durch zum Beispiel schnelles, aggressives Autofahren oder Mobbing am Arbeitsplatz und müssten zu einem gesunden, ganzheitlichen, ausgeglichenen Lebensstil, der nachhaltig, sozial- und umweltverträglich ist, tatsächlich erst wieder hin geführt werden.

Die Mittagsruhe von 13 – 15 Uhr sollte nach meiner Ansicht wieder eingeführt werden.

Bahn- und Zugverkehr sollte einen sofortigen Baustopp für unter Tage erhalten. Die Fahrt darf wieder der Erholung dienen, denn wenn man aus dem Fenster schaut, rast man nicht durch einen unterirdischen Betonschlauch, sondern reist am Fluss, durch grüne Gegenden, Seen, Felder. Stuttgart 21 und dergleichen sollte gestoppt werden sowie alle Projekte, die allein der Rationalisierung dienen, bei denen Kernpunkte wie die der Lebensqualität ausgeblendet werden.

Durch Corona können wir einsehen, dass unser Prinzip „Schnell, schnell" nicht immer das beste ist. Ruhe und Gelassenheit sollten in unseren Alltag Einzug halten, denn der Weg ist das Ziel.

Das Leben um der Hetze und Gewinnmaximierung Willen empfinde ich als sinnlos. Leben, menschliches Handeln an sich, muss und soll wieder einen Sinn erhalten. Handlungen dürfen einer Sinnfrage unterzogen werden, einer ganzheitlichen Sinnfrage nämlich. Menschliches Handeln und menschliche Arbeit nach ihrem ganzheitlichen Sinn auszurichten, ist besser, als Arbeitskräfte zu rationalisieren.

In dem Wort Rationalisieren steckt der Begriff „Ratio", das bedeutet „Vernunft".

Reine Vernunftsentscheidungen geraten oft zu reinen Kopf- oder Logik – Entscheidungen. Wir denken nur und schließen Hand und Herz bei Entscheidungen aus.

Ganzheitliche Medizin, ganzheitliche Staatsführung bedeutet aber Denken, Handeln und Fühlen mit Kopf, Herz und Hand. Liebevolle Rede, liebevolles Handeln, liebevoller Lebenserwerb. Das meint der Buddha, wenn er von „rechter Rede, rechtem Handeln und rechtem Lebenserwerb" spricht in seinem „Edlen Achtfachen Pfad", den er vor etwa 2500 Jahren in unsere Welt gebracht hat.

Gesellschaft für Achtsamkeit und Nachhaltiges Leben© orientiert sich daran.

„Tendenziell sind die Lebensbedingungen in einem Land um so besser, je größer die Wirtschaftskraft eines Landes ist. Bis zu einem Bruttoinlandsprodukt pro Kopf von etwa 20.000 US – Dollar gibt es eine starke Korrelation zwischen der Zufriedenheit der Bevölkerung verschiedener Länder und ihrem durchschnittlichen Einkommen,[55]" heißt es weiter bei Wikipedia zum Thema Wohlstandsindikator, Index der menschlichen Entwicklung und Wirtschaftswachstum.

Ich lese daraus: Je mehr alle verdienen, desto besser ist das Leben.

Gilt das auch für Länder, in denen Straßengangs verlorener Jugendlicher das Alltagsdasein beherrschen, jeder Zweite bewaffnet in der Öffentlichkeit herum läuft und die Menschen vor lauter Existenzangst, mangelnder Grundversorgung und irreführenden Grundwerten wie Konsum – Manie und Freiheitswahn die Orientierung verloren haben?

In dem von mir zitierten Abschnitt taucht außerdem auf einmal das Wort „Zufriedenheit" auf. Was jedoch ist Zufriedenheit genau? Ist hier von einer rein wirtschaftlichen Zufriedenheit die Rede, wie etwa die Zufriedenheit, wann und wo immer so oft und lange „shoppen" zu können, wie man will?

Gesetzt den Fall, man würde das drei Wochen, Monate oder Jahre lang können, würde es nicht doch irgendwann langweilig?

---

[55] Ebd.

Entkopplung von Wachstum und Lebensqualität?:

„Ob Wirtschaftswachstum oberhalb einer Schwelle noch hilfreich ist, um die Lebensqualität zu verbessern, ist umstritten. Bereits in den 1970er Jahren diskutierte Fred Hirsch die sozialen Grenzen des Wachstums, Tibor Scitovsky kritisierte die stagnierende Zufriedenheit bei steigendem Konsum als ‚joyless economy' (freudlose Wirtschaft) und Richard Easterlin veröffentlichte zum Easterlin – Paradox, wonach das Glücksempfinden nicht weiter zunimmt, wenn die grundlegenden menschlichen Bedürfnisse erfüllt sind.

Demnach gäbe es also zumindest in den Industrieländern nur einen geringen Zusammenhang zwischen Wirtschaftswachstum und Glücksempfinden, denn das relative Einkommen (der Vergleich zu Bewohnern desselben Landes) habe den größten Einfluss auf das Glücksempfinden.

Wolfers und Stevenson widersprachen dieser These 2008 in einem Artikel, in dem sie Daten zu Glück und Einkommen zwischen Reich und Arm innerhalb einer Gesellschaft, zwischen armen und reichen Ländern und innerhalb einer gewissen Zeitspanne verglichen und nur geringe Unterschiede feststellten.

In Ländern wie Japan oder den Ländern Europas wuchs die subjektive Zufriedenheit zusammen mit dem durchschnittlichen Pro – Kopf – Einkommen.

Auch war der Zuwachs von Glück größer, wenn das Einkommenswachstum größer war. Hingegen betonten beispielsweise Richard G. Wilkinson und Kate Pickett in ihrer Studie „The spirit level" wieder die zentrale Bedeutung ungleicher Einkommens- und Vermögensverteilung für gesellschaftliche Probleme."[56]

In einem öffentlich zugänglichen Wikipedia – Artikel über das Thema Wirtschaftswachstum kommen an dieser Stelle auf einmal Begriffe wie Leben, Lebensqualität, Freude beziehungsweise „freudlose" Wirtschaft, sowie der Ausdruck „Glück" ins Spiel.

Wir westlichen Menschen nehmen diese Begriffe oft in den Mund, wissen aber im Grunde nicht wirklich, was genau Leben, Lebensqualität, Freude und Glück sind.

Letztlich umschreibt jeder und jede von uns diese Worte auf seine, auf ihre individuelle Art und Weise.

Im Grunde jedoch bedeutet der Begriff Leben im Westen eher organisches Leben: Was lebt, atmet. Muss man künstlich beatmet werden, ist das Leben in Gefahr.

Lebensqualität meint im Westen meist einen gewissen materiellen „Lebensstandard", wir meinen unser Auto, unser Handy, unser Haus und bedenken dabei, wie viel all dies „gekostet" hat.

Freude erleben wir, wenn wir eine Freundin oder einen Freund treffen, wenn etwas in unser Leben kommt, das wir „gut" nennen und wenn wir dessen Eintreffen positiv wahrnehmen können.

---

[56] Ebd.

Glück ist ein Lottogewinn. Glück ist, wenn ich die rote Ampel doch noch sehe und rechtzeitig anhalte. Glück habe ich, wenn ich nicht beim „falsch Parken" ertappt wurde. Glück ist, wenn ich die Straßenbahn noch erwische!

Alle diese Dinge, die wir da aufzählen, spielen sich im dualistischen Spannungsfeld unseres Alltagslebens ab. Auf der einen Seite stehe „Ich", der oder die etwas „erlebt". Ich reagiere also mit Freude, Glück und so weiter auf meine Außenwelt, auf Impulse, Erlebnisse, Erfahrungen, die von außen auf mich zu kommen.

Wenn ich meinen Autoschlüssel verzweifelt suche und nach Stunden doch noch ein mal in meine Handtasche schaue und er dann doch da ist, ganz unten in einer Falte des Innenfutters zwischen einigen Krümeln, einer Stecknadel und einem alten Knopf, dann bin ich super glücklich, weil etwas in meiner Außenwelt passiert ist. Diese Auffassung von Glück ist für uns Menschen im Westen so normal, dass wir sie kaum bis gar nicht hinterfragen.

Es gibt jedoch eine Form von Glück, die unabhängig ist. Eine Empfindung, die ein Zustand ist. Eine Erkenntnis, ein Blick, den ich getan habe in meinen Geist, als er einmal leer war von „Verlangen und Hass, Lässigkeit und Trägheit, Rastlosigkeit, Sorgen und Zweifel[57]". Nichts war da in meinem Geiste außer Freiheit.

Wenn Glück unabhängig wird von äußeren Bedingungen, wenn keine Zigarette, kein Kaffee, kein Plätzchen, kein Gewinn, kein Sieg, keine Errungenschaft, kein Wiederfinden, kein gutes Fußballergebnis, keine bestandene Prüfung, kein Lohnbescheid, kein Bekommen, kein Treffen nötig ist, um Glück, Fröhlichkeit und Freude zu empfinden, dann ist das Glück unabhängig geworden von äußeren Reizen und Ereignissen. Es ist dann unabhängig und frei.

Es hat sozusagen das Erwachsenenalter erreicht.

Wir im Westen sind jedoch in der Regel noch nicht so weit. Was unser Glücksempfinden angeht, stecken wir noch voll in der Pubertät. Wenn etwas „Gutes" passiert, freuen wir uns, wenn etwas „Schlechtes" passiert, sind wir betrübt oder traurig.

Im Grunde könnten wir bei der „freudlosen Wirtschaft" beginnen, unsere materielle Welt auf ihre Bedeutung für uns zu überprüfen. Dies bedeutet, dass wir alles so lassen, wie es ist, das Bier wird weiter in Deutschland nur nach dem Deutschen Reinheitsgebot gebraut, sonst darf es sich nicht Bier nennen, Fußballteams sind international, auch wenn „Borussia" oder „München" drauf steht, ein Auto bleibt ein Auto und ein Handschuh bleibt ein Handschuh, aber wir gehen mit unserem Geist eine Stufe weiter, nämlich in den Zustand der Langeweile, der „freudlosen Wirtschaft" des Kaufens, des „Shoppens" und wenn wir nach Hause kommen und dennoch innere Leere und Langeweile empfinden, dann sind wir ganz nah dran an dem Zustand der inneren Leere, die innere Freiheit ist. Wir sind innerlich leer. Unser Geist ist wie ein leeres Zimmer.

---

[57] Quelle 9 | S. 142

Wir können uns vorstellen, dass wir umgezogen sind, und nun vor der Aufgabe stehen, den leeren Raum unseres Geistes neu einzurichten, nur, dass wir diesmal nicht zwischen verschiedenen Tapetenfarben, Tapetenstrukturen oder Teppicharten wählen. Wir suchen kein Sofa aus vielen verschiedenen anderen Sofas aus und schauen, ob es farblich zur Tapete passt. Diesmal richten wir unseren leeren Raum in unserem Geist, in unserer Vorstellung mit neuen Gefühlen ein. Wir wählen Gefühle aus, die uns am liebsten sind.

Es ist wie beim Umzug und dem Einrichten eines neuen Raumes. Die meisten von uns haben das schon erlebt, in eine neue Wohnung zu kommen und durch die leeren Räume zu gehen, in denen es so seltsam hallt, wenn wir darin sprechen. Jetzt wählen wir für den leeren Raum ein Gefühl aus, mit dem der Raum „tapeziert" wird, mit dem er gefüllt sein soll. Wir haben die Wahl.

Immer, wenn uns langweilig ist oder wir dieses „Nichts", diese Langeweile und innere Leere spüren, brauchen wir uns davor nicht zu fürchten, denn wir haben für einen Augenblick das Arbeiten unseres Geistes bemerkt.

Unser Geist, unser „innerer Redner" hat mal für einen ganz kurzen Moment eine Pause gemacht. Weil wir nicht wissen, was das ist, fürchten wir uns vor diesem Zustand, er ist uns unangenehm und wir wollen ihn so schnell wie möglich wieder los werden. Schnell schalten wir den Fernseher an, schauen uns ein Video oder die Nachricht einer Freundin oder eines Freundes auf unserem Handy an, hören ein Lied, das uns berührt, damit in unserem Inneren bloß wieder etwas passiert, sonst bekommen wir so ein mulmiges Gefühl, bekommen Angst, manchmal glauben wir dann, verrückt zu werden.

Wir haben bemerkt, dass unser „Kopf" mal nicht ständig quatscht und das ist für uns so außergewöhnlich, dass wir nicht erkennen, dass es im Grunde etwas großartiges ist. Es ist der mögliche Beginn innerer Ruhe. Es sind Möglichkeiten.

Möglichkeiten durch Freiheit. Es ist im Grunde schwer, diesen Zustand innerer Leere, den ich gut kenne und als beglückend empfinde, zu beschreiben.

Als ich in der heilpädagogischen Fakultät der Universität zu Köln im Jahr 1995 studierte, hörte ich an einem Nachmittag zwei jüngeren Kommilitoninnen zu, die sich in der Mensa an einem Nachbartisch über ihre eigenen Gedanken unterhielten. Ich kannte die beiden nicht und lauschte ihren Worten. Es ging in ihrem Gespräch darum, dass der Geist der einen jungen Frau bei jedem Stichwort wie zum Beispiel „Strumpf" gleich immer wieder auf viele neue Stichworte käme.

„Mein Geist findet aus einem Wort so viele neue Worte und aus denen wieder viele neue Worte, von ‚Strumpf' komme ich auf ‚Pippi Langstrumpf', ‚Strumpfband', ‚Lederstrumpf', ‚Strumpfhose'".

„Glühstrumpf', warf die andere ein und beide lachten. Sie hatten etwas tolles entdeckt. Sie hatten ihren Geist beim Denken wahrgenommen, das kann nicht jeder. Ich wollte die beiden loben, erklärte ihnen, dass sie da auf eine großartige Entdeckung über den menschlichen Geist gestoßen seien. Sie schauten mich fragend an.

„Mir geht das auch so, oft aber denke ich auch gar nicht!", setzte ich hinzu.
Wir haben die Möglichkeit, mal eine Gedankenpause zu machen, wenn wir das Wirken unseres Geistes erfassen, erkennen können, wollte ich damit sagen.

Das eine Mädchen sah mich von oben bis unten an und sagte nur:
„So siehst du auch aus!", und lachte überheblich. Ich glaube, in dem Moment habe ich das, was ich vermitteln wollte, mit meinen Worten nicht getroffen.

Deshalb, weil es nach meiner Auffassung nicht einfach ist, für nicht alltägliche Phänomene Worte zu finden, die jeder so auffasst, wie ich es gemeint habe, habe ich eben zu einem Zitat gegriffen, als ich die grundlegende Eigenschaft des menschlichen Geistes, nämlich die Freiheit beschrieb.

Die buddhistische Nonne Ayya Khema hat die Gabe, Begriffe, die unserem dualistischen Alltag, in dem es „Ich" und „Du", „Innen", „Außen", „Gestern", „Morgen", „Glück" und „Unglück" gibt, fern liegen, uns so nahe zu bringen, dass wir erkennen können, dass ich erkenne, wo der Freiheitsmoment in Glück, Leben, Lebensqualität und Freude liegt. Wir Menschen sind so erzogen, dass wir Leben, Lebensqualität, Freude und Glück meist rein materialistisch sehen. Selbst auf dem Teebeutel, den ich auf der Arbeit in der Pause von einer jungen Frau geschenkt bekam, steht in schön geschwungenen Buchstaben geschrieben:
„Deine innere Wandlung – willkommener Glücksmoment".

Daran mag nichts falsch sein. Vielleicht schmeckt der Tee oder wärmt mich für einen Moment und ich empfinde ein Gefühl der Freude. Das ist wieder vorbei, wenn ich das Ergebnis einer Klausur erfahre oder von einem nervigen Sitznachbar angesprochen werde.

Das Glück, welches die meisten Menschen von uns empfinden, gleicht einer Perlenkette. Unser Glück gleicht den Perlen, die von Moment zu Moment, von Augenblick zu Augenblick nebeneinander aufgereiht sind. Das unabhängige Glück ist jedoch vergleichbar mit der Perlenschnur, der eigentlichen Kette, die alles verbindet. Die einzelnen Perlen sind die Momente unseres Lebens, die Schnur, die diese alle verbindet ist unsere Seele, ist unser Atem, ist unser Geist, der im Grunde immer in Freiheit ist. Dies habe ich durch meine regelmäßige Meditationspraxis erkannt und erlebt.

Mit Begriffen wie „Glück" und „Freude" kann man werben, sie lassen sich vermarkten und können zu Markennamen werden in einer Gesellschaft, die mehr nach Sinn, Erfüllung, Glück, Frieden und Freude sucht, als nach allem anderen, ohne sich dessen bewusst zu sein.

Da wir jedoch dualistisch denken in Begriffen wie „teuer" und „billig" „schön" und „hässlich", da wir uns subtil steuern lassen von Markt, Mode und Mechanismen der ökonomischen Psychologie, in der Kartoffelchips oder der Schokoüberzug von Speiseeis auf das Geräusch hin getestet werden, welches entsteht, wenn eine Person hinein beißt, um den Sinnesreiz zu stärken und damit den Marktwert des Eises oder der Chips zu erhöhen, da wir uns derart steuern lassen und wohl auch steuern lassen wollen, ist es fraglich, ob wir je dort hin gelangen, in diesen

Raum, in dieses leere Zimmer und es neu einrichten werden, freiwillig, mit den uns eigenen Mitteln von Freiheit, Zufriedenheit, Freude und Glück.

Genau jetzt, in der Zeit, die uns unsere Politiker durch COVID-19 geschenkt haben, ist eine Zäsur, ein Einschnitt, ein Einbruch in das sonst wie selbstverständlich und automatisch dahin fließende Alltagsleben gekommen, in dem wir uns exakt dieser inneren Freiheit, dieser Grundeigenschaft unseres menschlichen Geistes bewusst werden können.

Wenn wir uns ein Bein gebrochen, den Fuß verstaucht oder eine Sehne gerissen haben, bekommen wir eine Art Stützschuh und den Rat vom Arzt, den Fuß, das Bein ab und zu hoch zu legen. Gewöhnlich ärgern wir uns über die auferlegte Ruhepause und wollen bald wieder arbeiten gehen und am gewohnten Alltagsleben teilhaben.

Als ich mir Sehnenrisse zugezogen hatte ging es mir einmal mit siebzehn, ein weiteres mal mit 25 Jahren ebenso. Ich hasste das Herumliegen im Krankenbett. Doch anschließend, nach einem Gespräch mit der Schuldirektorin oder meinem Freund, die mich zu der Ruhe beglückwünschten, sah ich die Pause als Chance, mich selbst, mein bisheriges Leben, Denken und Handeln zu reflektieren, ich sollte mein Schicksal als Chance sehen.

Hier erinnere ich mich an Richard David Precht, der in seinem Vortrag zu den Themen Arbeit, Schule und Gesellschaft im Winter 2017 scherzhaft erklärte, dass ein Philosoph eigentlich ein Wesen ohne Kompetenzen sei, letztlich sei ein Philosoph ein Wesen mit „Inkompetenz – Kompensations – Kompetenz" oder einfach „Inkompetenzkompensationskompetenz".

Ich empfinde das Wesen des Philosophen nicht so, dass der Philosoph keine Kompetenz hat und Richard David Precht sieht das sicher in Wahrheit auch nicht so und ich möchte hiermit deutlich darauf hin weisen, dass dem Philosophen die Fähigkeit zur Reflexion oder Reflektion, zum Nachdenken, Überlegen und Hinterfragen auf besondere Art und Weise gegeben ist.

Wir Deutschen sollen ja im Allgemeinen multitaskingfähig sein, das wird uns ja von Politikern, Wissenschaft und Wirtschaft oft eingeredet, warum sollen wir dann nicht ab und zu auch mal kleine Philosophen sein und uns selbst in dieser Corona – Zeit der „zwangsverordneten Ruhepause" in unserem Denken, Tun und Handeln selbst hinterfragen.

Wenn ich spazieren gehe in den Pausen, während ich dieses Buch schreibe, bemerke ich, dass unser Himmel wieder blau ist, so klar und wolkenlos wie in meiner Kindheit, mal kommt eine Regen- oder Gewitterphase, danach ist es wieder blau. Keine Kondensstreifen am Himmel!

Mein Freund hat vor Corona manche Abendhimmel fotografiert, in denen regelrechte Netze, wie rautenförmige Gitternetze aus Kondensstreifen von Flugzeugen am Himmel eine wahre Wolkendecke bildeten.

Warum haben diese Spuren, die Flugzeuge hinterlassen haben, die schon längst nicht mehr am Himmel zu sehen waren, dort so lange überdauert, dass sie den Abendhimmel mit einem Netz von Wolkenbändern bedecken konnten?

Jetzt ist dieses Phänomen weg. Hat das mit dem Flugverbot zu tun?

Tut es unserer Natur gut, wenn wir weniger mit Flugzeugen reisen?

Besitzt die Zusammensetzung des Kraftstoffs der Flugzeuge wirklich eine wolkenbildende Eigenschaft, die von Menschen gemacht ist und in der Zeit etwa vor dem Jahr 2000 noch nicht aufgetreten ist?

Wer ist dafür verantwortlich?

Nach meiner Auffassung alle die, die es nicht hinterfragen.

Oft bin ich in letzter Zeit auf dem Friedhof unterwegs, weil ich Bäume liebe und der Waldfriedhof den einzigen Ort in meiner näheren Umgebung darstellt, an dem noch viele Bäume sind, gemischt mit Rhododendron- und Azaleenbüschen, es ist einfach ein schöner Platz. Den Duisburger Waldfriedhof kenne ich nun seit mehr als 25 Jahren, aber noch nie habe ich einen Wiedehopf mit Nachwuchs an diesem Ort gesehen!

Am 04. Mai 2020 habe ich gegen 19 Uhr auf dem Waldfriedhof in Duisburg im Ruhrgebiet einen Wiedehopf gesehen bei der Futtersuche auf dem Boden, anschließend mit einem Jungvogel, der ihm nachflog und lebhaft zwitscherte, ich erinnere mich daran, dass am 8. Mai 2020 es laut Radio eine „Stunde des Singvogels" beim NABU gab.

Ein Wiedehopf ist ein Prachtvogel und gehört zu den Rackenvögeln. Er ist orange – braun, Flügel und Schwanz sind auffallend schwarz – weiß quergestreift. Er besitzt einen langen, dünnen, leicht nach unten gebogenen Schnabel sowie einen auffälligen Scheitelschopf aus schwarz, manchmal schwarz – weiß endenden Federn, die er ab und zu aufrichtet und fächerförmig spreizt[58]. Er soll zwar in Deutschland beheimatet sein, außer im Norden, aber ich selbst als Hobbyornithologe, der auf seltene, komische oder auffällige Vögel in seinem Alltag und seiner Umgebung achtet, habe in meinem ganzen Leben noch nie einen Wiedehopf gesehen. Obwohl ich bereits glücklich war bei meinem Spaziergang über den Park, den Friedhof, hat dieses Erlebnis bei mir eingeschlagen wie eine Weihnachtskugel! BAMM!!! Wow, welch ein Erlebnis!!!

Das ist für mich Freude und Glück pur!!!

Der Wiedehopf hat eine besondere Eigenschaft, wenn er sich bedroht fühlt, bespritzt er die, welche ihm oder seinem Nest zu nahe kommen, mit Kot und wird daher auch „Kotvogel" genannt.

Mit diesem Vogel hat es aber noch eine andere Bewandtnis: In seiner mystischen Erzählung „Die Vogelgespräche" oder „Die Konferenz der Vögel", wie das Werk

---

[58] Vergleiche auch: Karel Stastny: Vögel | Handbuch und Führer der Vögel Europas | Bechtermünz – Verlag | Augsburg 1997 | S. 293.

auch heißt, verleiht der persische Dichter und islamische Mystiker Farid – ud – Din – Attar dem Wiedehopf die Rolle des Königs der Vögel in seiner berühmten persischen „Sufi – Erzählung über die Pilgerfahrt nach Innen", wie es auf dem Einband der deutschen Ausgabe beim Ansata – Verlag heißt.[59]

Für mich ist diese Begegnung mit einem Wiedehopf eine Botschaft meines Herzens. Ich verspüre den Wunsch, die Menschen auf diese Innenwelt hinzuweisen, um die es nach meiner persönlichen Auffassung in unserem Leben geht. Es geht für jede Person auf der Erde darum, diese Innenwelt für sich zu entdecken.

Außer die, welche selig sind und „arm im Geiste", wie Jesus sagt, denn sie sind schon dort angekommen.

Es geht im Leben darum, bei dieser ganz eigenen, persönlichen Innenwelt anzukommen, in sich selbst einzuziehen, die „innere Wohnung zu beziehen" mit dem eigenen Bewusstsein, das ist meine Auffassung vom Sinn meines Daseins.

Alles andere ist „Samsara", das Hamsterrad, in dem wir laufen und was durch all unsere Sehnsüchte und Wünsche angetrieben wird. Damit kann Arbeitswut gemeint sein, der Drang, auf Partys zu gehen, Kaufzwang, Sucht, alles, was uns kontrolliert, anstatt dass *wir* es kontrollieren, nutzen, schlicht erleben oder einfach genießen.

Natürlich brauchen wir Arbeit, um eine materielle Lebensgrundlage zu haben, aber leben wir, um zu arbeiten oder arbeiten wir, um zu leben?

COVID-19, unsere Coronakrise kann jetzt und hier eine Chance für uns sein. Die Krise hält uns einen Spiegel vor, der unser eigenes Bild reflektiert.

Wie sind wir „gepolt", wie „ticken" wir? Was kontrolliert uns?

Im Radio höre ich, wie Menschen wegen der Corona – Verordnungen auf die Straße gehen, dagegen demonstrieren. Ich komme zur Ruhe in der Zeit.

Was treibt uns an?

Werbung, der Zwang, immer auf dem neuesten Stand der Technik sein zu wollen? Gier, Hass und Verblendung? Der Wunsch, jemand besonderes zu sein? Ein besonderer Schüler, Lehrer, Manager zu sein? Oder wollen wir ein besonderer Meditierender sein?

Wir wollen alle jemand sein. „Wenn wir wirklich ‚jemand' sein wollen, können wir versuchen, der seltene Mensch zu werden, der Herz und Geist unter Kontrolle hat. So zu sein ist nicht nur sehr selten, sondern hat auch hervorragende Auswirkungen. So eine Person geht nicht in die Falle der Leidenschaften. Auch wenn die Begierden noch nicht entwurzelt sind, so wird solch ein Wesen nicht den Fehler begehen, sie zur Schau zu stellen oder in sie verwickelt zu werden."[60]

So schreibt die buddhistische Nonne Ayya Khema.

---

[59] Siehe: Attar | Vogelgespräche | Ansata | 1993.
[60] Quelle 10 | S. 41f

Wie ist unser Herz beschaffen? Ist es im Moment wütend, ängstlich, orientierungslos oder glücklich?

So, wie wir auf Corona reagieren, werden wir wohl auch tendenziell auf alle Krisen reagieren, die uns begegnen. Wütend, hilflos, ängstlich, gelähmt oder optimistisch, lösungsorientiert, ruhig, zuversichtlich? Wie fühlen wir uns im Augenblick? Erkennen wir uns selbst! Schauen wir in den Spiegel!

Corona gibt augenblicklich vielen von uns die Zeit dazu.

Auch die Wirtschaftswissenschaften thematisieren also Glück und Freude, wobei hier allerdings der sogenannte Wohlstand im Zentrum der Überlegungen steht.

Zu „alternativen Wohlstandsindikatoren" steht bei Wikipedia weiter:

„Daher werden das BIP als alleiniger Wohlstandsindikator und Wachstum als angemessenes politisches Ziel angezweifelt. Es messe weder die Einkommensverteilung in einem Land (wenn wenige Reiche reicher würden und viele Arme arm blieben oder sogar ärmer werden, könne dennoch die Wirtschaft ein Wachstum verzeichnen) noch die Gewichtung des privaten Verbrauchs, die Hausarbeit, ehrenamtliche Tätigkeiten, Zugangsmöglichkeiten und Qualität des Gesundheits- und des Bildungswesens, Kriminalitätsrate, Suchterkrankungen, Umweltbelastungen, deren mögliche Folgekosten und dergleichen.

Aus diesem Grunde wurden eine Vielzahl von alternativen / ergänzenden Wohlstandsindikatoren entwickelt, beispielsweise die W3 – Indikatoren der von 2011 bis 2013 tagenden Enquete – Kommission Wachstum, Wohlstand, Lebensqualität des Deutschen Bundestags.

Die Vereinten Nationen nutzen den Index der menschlichen Entwicklung zur Messung des qualitativen Wachstums. Hierbei wird nicht nur das BIP pro Kopf, sondern auch die Lebenserwartung und die Dauer der Ausbildung betrachtet."[61]

In unserem Alltag leben wir meist unbewusst in einem Spannungsnetz, Spannungsgefüge zwischen Gier und Zufriedenheit. Es gibt ein Lied, das heißt: „Froh zu sein, bedarf es wenig, denn wer froh ist, ist ein König", das ist ein Liedchen über Zufriedenheit. Froh zu sein bedeutet, zufrieden zu sein.

Sind wir zufrieden? Was will unser Staat? Werden wir zur Zufriedenheit erzogen? Gewiss sollen wir uns mit einigen öffentlichen Rahmenbedingungen abfinden, in den Medien jedoch wird Unzufriedenheit suggeriert.

Wir sind erst wer, wenn wir dies oder jenes Auto haben, wir sind nur „in" mit der Kleidung der Marke „XY", ohne Smartphone sind wir schon mal ganz „out" und nur mit einer super stylish coolen Frisur „angesagt" – Medien sagen uns, was wir essen, wie wir uns kleiden, wie wir uns verhalten sollen und wir – lassen uns das gefallen, anstatt mal selbst zu denken[62], oder selbst zu fühlen[63].

---

[61] Quelle | Wikipedia | Wirtschaftswachstum.
[62] Siehe: Harald Welzer | Selbst denken | Fischerverlag | 2013.

Wie sinnvoll ist es, unsere staatliche Ökonomie nur über ihr Wachstum zu definieren? Die Natur macht es uns vor: Als die Dinos Riesenwuchs entwickelten, sind sie aufgrund von Meteoriteneinschlag mit anschließenden Vulkanausbrüchen ausgestorben. Ich behaupte nicht, dass dies zusammenhängt. Aber dennoch frage ich mich: Wollen wir Kartoffeln, die so groß sind, wie ein Brot?

In meinen Bauch passt von Natur aus nicht mehr rein als eine Faust voll Essen pro Mahlzeit, eine meiner eigenen Fäuste wohlgemerkt.

Wirtschaftswachstum macht sich auch daran bemerkbar, dass es so viele übergewichtige Menschen seit einigen Jahrzehnten erst vor allem in den USA, dann auch hier in Deutschland gibt. Welcher Entwicklung haben wir das zu verdanken? Kann man die Zeit zurück drehen? Nein. Aber wir können aus ihr lernen! Wir sollen aus unseren Fehlern lernen, dazu sind sie da. Und dann sollten wir das schlechte Verhalten einfach lassen und den besseren Weg gehen. Der bessere Weg heißt beim Thema Ernährung: Mit der „Mast" aufhören und wieder mit der „Kost", der Ernährung beginnen.

Menschen werden so übergewichtig, weil die Verarbeitungsprozesse im Körper blockiert werden und der sogenannte Stoffwechsel gestört ist. Durch zu viele Auszugsprodukte wie weißen Industriezucker und weißes Mehl mit geringer Typ – Bezeichnung (Typ 450 beispielsweise) ist unser Körper von innen verkleistert[64], wichtige Nährstoffe kommen im Körper nicht mehr da hin wo sie hin sollen. Dadurch verlangt unser Körper immer noch nach „mehr", obwohl er bereits genug hat, nur die Transportwege sind verstopft. Es ist wie auf der Autobahn: Es kann keine Rettungsgasse mehr gebildet werden, weil zu viele Autos unterwegs sind und die Krankenwagen – die Nährstoffe – gelangen nicht mehr zum Unfallort.

Alles hat eben seine harmonische, natürliche Grenze und die haben wir überschritten. Es liegt an der Art, wie wir unsere Wirtschaft, unsere Staatsökonomie definieren, welche Auffassung wir davon haben. Wir tun alles, um uns als „Global Player" auf einem möglichst hohen „Ranking" zu platzieren.

Anstatt alles daran zu setzen, mit anderen Staaten mithalten zu wollen, sollten wir uns lieber auf unsere nationale Gesundheit konzentrieren.

Es ist wie bei Olympia. Nur weil andere Teilnehmer gedopt sind und damit vielleicht durchkommen, muss ich mich nicht auch dopen und vielleicht an einem Zusammenbruch sterben, weil ich übertrainiert bin und mir selbst zu viel Leistung abverlangt habe. Vielleicht ist der Vergleich mit Anderen nichts für mich und ich sollte sehen, dass ich für mich selbst „auf die Reihe" komme ohne ständig in Konkurrenzdenken und Konkurrenzstreben zu verfallen.

Ich selbst besitze beispielsweise kein Smartphone. Wenn es mir einer leiht, nutze ich es kaum. Ich selbst bin mein eigener Kompass.

---

[63] Siehe: Ayya Khema: Unsere Umwelt als Spiegel. Jhana –Verlag, Uttenbühl, 3. A. 1999.
[64] Siehe Quelle 6.

Nach meiner Beobachtung werden Menschen durch das ständige Hängen am Handy nicht schlauer, sondern dümmer. Handys und Smartphones sowie Playstations und andere digitale Medien wurden nach meiner Auffassung auch nicht dazu geschaffen, Menschen schlauer zu machen.

Sie sind allenfalls dazu da, um uns ruhig zu stellen, sie sind das Brot und die Spiele, die im alten Rom der Bevölkerung gegeben wurden, um von den eigenen schrägen Machenschaften der Politiker abzulenken wie ständig wieder neue Kriege zu führen oder Waffen zu verkaufen in Länder, wo damit schlimme Dinge passieren. Auch wir Deutschen sind Meister im Rüstungsexport, sodass der Tod oft ein Meister aus Deutschland ist[65].

Digitale Medien, Handys dienen zunächst der Kapitalsteigerung ihrer Produzenten. Bei aller Informationsfreiheit dienen sie auch der Kontrolle und Steuerung der Bevölkerung. Wenn Du in den Abgrund blickst, blickt der Abgrund auch in Dich. Alles, was Alexa hört, was Siri weiß, weiß sie auch über Dich.

„Ist mir egal, sie kann ruhig über mich alles wissen, ich habe nichts zu verbergen", ist die Antwort der Meisten.

Darum geht es nicht. Es geht um das Prinzip der Kontrolle. Es geht darum, dass uns einsuggeriert wird, wir hätten eine Art Zauberstab in der Hand.

Dieser Zauberstab hat nur eine eigenartige Wirkung: Er verzaubert uns mehr, als dass wir damit wirklich selbst etwas zaubern.

Anstatt zaubern zu wollen, uns alles liefern zu lassen, ohne uns einen Schritt zu bewegen, sollten wir „mal den Kopp aufmachen", wie es im Ruhrgebiet heißt, und wieder Sinn in unser Leben bringen.

Ich bin dafür, mal über unseren Tellerrand nach Bhutan zu blicken, dort wird individuelles Glücksempfinden als Wohlstandsindikator gesehen!

Sicher kennen Sie, kennt Ihr alle die Darstellung unserer menschlichen Entwicklung vom gedrungenen Affen zum aufrecht gehenden Individuum mit Keule in der Hand?

Was wollen wir letztlich in der Hand halten? Eine Keule? Ein Smartphone? Eine Coladose? Eine Zigarette oder eine Kerze oder Wunderkerze als Symbol für unser individuelles Licht, Erleuchtung, Glück, Zufriedenheit?

Wollen wir glücklich sein? Sollen Glück und Zufriedenheit, soll Frieden das Ziel unserer Reise sein?

Ich halte dieses für ein lohnenswertes, sinnvolles Unternehmen!

Dafür gründe ich die Gesellschaft für Achtsamkeit und Nachhaltiges Leben©!

Das ist etwas, was Sinn gibt und Sinn macht! Wachstum ohne Ende ist ungesund und unnatürlich, wir werden eben keine 2,50m groß, welchen Sinn hätte das auch? Dafür könnte man meinen, einige von uns werden der Form unserer Mutter Erde immer ähnlicher. Dabei finde ich total krass, dass die Neigung unserer Erdachse dem gleichen Winkel entspricht wie dem der Lage unseres menschli-

---

[65] Quelle | Informationsschrift Ohne Rüstung leben | Ausgabe 136 | S.6ff.

chen Herzens in unserem Körper! Wir sind für die Erde gemacht, nicht für andere Planeten!

Wir sind hier um innerlich zu reifen, um in unserem Inneren, im Charakter zu wachsen. Nicht in der Außenwelt, der materiellen Welt. Die materielle Welt hat ihre natürlichen, gesunden Grenzen, die sollten wir akzeptieren und respektieren. Die haben wir schon überschritten

Wahre Entwicklung soll im Inneren stattfinden, ohne die materielle Welt zu vernachlässigen. Wenn ich gesund, zufrieden und zuversichtlich bin, sagt der Buddha, hab' ich schon viel erreicht.

Zuversicht bedeutet eine Hoffnung, die nicht nur auf die Zukunft ausgerichtet ist, sondern im Jetzt und Hier statt findet.

Sogar bei Wikipedia finde ich eine „Wachstumskritik", es werden „ökologische Grenzen" aufgezeigt und in meinem zitierten Artikel über das Wirtschaftswachstum heißt es weiterhin:

„Spätestens seit dem Bericht ‚Die Grenzen des Wachstums' an den ‚Club of Rome' wird diskutiert, ob unbegrenztes Wirtschaftswachstum möglich und sinnvoll ist. Es wird die Position vertreten, dass für wirtschaftliches Wachstum allgemein prinzipiell ökologische Grenzen existieren. Die natürlichen Ressourcen (Rohstoffe und Energiequellen) des ‚Raumschiffs Erde' und die Aufnahmefähigkeit der Ökosysteme (‚planetare Grenzen') seien beschränkt und daher sei eine Verringerung des Wachstums bis hin zu einer stationären Wirtschaft oder sogar Schrumpfung nötig. Quantitatives Wachstum sei ohnehin nicht beliebig möglich, aber auch qualitatives Wachstum müsse an ein Ende kommen, weil sich die ökologische Belastung und der Rohstoffverbrauch nicht ausreichend von der wirtschaftlichen Aktivität entkoppeln ließe."[66]

Nach meiner Ansicht gilt das für eine Fun- und Spaßgesellschaft, für auf Kapitalismus- und Mehrverbrauch ausgerichtete Systeme. Wie oft werfen wir Dinge in den Müll, die quasi neu sind? Wie oft kaufen wir etwas, lagern es, nur, um es nach einiger Zeit kopfschüttelnd wieder zu finden und mit den Worten „Warum brauch' ich so'n Schrott – wie konnt' ich so was nur kaufen" wegzuwerfen. Dann landet das mit hoch technischem Aufwand produzierte Produkt vom Markt direkt im Müll, ohne eine sinnvolle Verwendung erfahren zu haben. Es ist etwa so, als ob wir Menschen nur auf die Welt kommen, um uns zu reproduzieren, zu arbeiten, zu konsumieren und dann zu sterben. Nichts hat sich wirklich entwickelt, nichts hat sich bewegt. Leben ohne Sinn. Das „einfach Sein" könnte schon der Sinn des Lebens sein, aber dieses „einfach Sein" wird von uns arbeits- und ablenkungswütigen Tieren kaum bemerkt.

Ein Mann aus Deutschland, Muho Nölke, leitet ein Kloster in Japan, welches sich meines Wissens zum größten Teil selbst versorgt, das Kloster Antai – ji. Wie dort

---

[66] Quelle | Wikipedia | Wirtschaftswachstum.

Rohstoffverbrauch und eventuelle ökologische Belastung mit wirtschaftlicher Aktivität gekoppelt sind wird für mich ein Nahziel, ein weiteres Abenteuer sein, dies heraus zu finden.

Inwiefern belastet ökologische Landwirtschaft Natur, Ressourcen und Rohstoffverbrauch? Auf Dauer sollten wir unsere Landwirtschaft, Forstwirtschaft, die Herstellung von Waren, die von dem kommen, was Tiere produziert haben (zum Beispiel Seifen, Honig, Milch, Käse), ausschließlich nachhaltig, ressourcenschonend produzieren in Verantwortung für Wald, Wild, Tier und Natur, wir sollten stets zum Perspektivenwechsel bereit sein und uns die Fragen stellen:

Wenn ich das Tier wäre, welches mir Milch, Fleisch, Butter, Käse liefert, würde ich gern in dessen Haut stecken, möchte ich selbst so behandelt werden, wie die Kuh im Massenbetrieb oder das Huhn in der Legebatterie?

Möchte ich als Küken geschreddert oder weggeworfen werden, weil ich ein Abfallprodukt der Nahrungsmittelindustrie bin?[67]

Möchte ich gern ein Tier sein, das für menschliche Bedürfnisse gequält wird?

Bei Wikipedia zum Thema Wirtschaftswachstum heißt es weiter:

„Die sozialen Probleme müssten daher anders als mit Wirtschaftswachstum gelöst werden. In einigen insbesondere europäischen Ländern hat sich ausgehend von Frankreich eine wachstumskritische Bewegung als soziale Bewegung etabliert"[68].

Wie funktioniert unsere reale Wirtschaft? Geld regiert die Welt! Den Siegeszug von COVID-19 sehe ich als eine Art Quittung für unser kapitalorientiertes Leben. Weiter lesen wir bei Wikipedia:

„Wachstum als Ziel überwinden:

Die politische Fokussierung auf Wirtschaftswachstum wird von einigen wissenschaftlichen Autoren auch als ‚Fetisch' (Clive Hamilton, 2003), ‚Heiliger Gral' (Jeff Rubin, 2012), ‚Ideologie' (C. S. Maier, 1977) oder Wachstumsmanie (auf Englisch: growthmania) bezeichnet.

Die kritiklos positive Einstellung gegenüber Wachstum und Fortschritt wird unter anderem auf die calvinistische Prädestinationslehre zurück geführt, die den wirtschaftlichen Erfolg als Weg zur göttlichen Liebe erklärt.

In der frühmodernen Wirtschaftstheorie des Merkantilismus erkannte man das Wirtschaftswachstum als Ausdruck für politische Macht: Technik und Gewerbe wurden gefördert und gewannen an sozialer Achtung.

In der anschließenden Epoche der Industrialisierung sei eine moderne Weltanschauung entstanden: unbegrenztes Wirtschaftswachstum als zentrales Ziel aller

---

[67] Quelle 8 | S. 125; S. 419.
[68] Quelle | Wikipedia | Wirtschaftswachstum.

Wirtschaftspolitik. Statt dessen wird eine politische Neuorientierung zu mehr Genügsamkeit gefordert.[69]"

Obwohl wir moderne Technik in höchstem Maße besitzen, auf Mäuserücken Ohren züchten[70] in der Transplantationsmedizin und Genetik glauben, den Stein der Weisen gefunden zu haben, folgen wir immer noch alten Vorgaben von auf alten Weltanschauungen und überkommenen Machtstrukturen fußenden Grundlagen für unsere moderne Wirtschaftspolitik. Hier sehe ich klare Modernisierungs- und Entwicklungschancen für Deutschland, Europa und den gesamten Westen und von westlichen, auf Materialismus und Kapitalismus fußenden Systemen. Sie können ersetzt werden durch nachhaltiges, ganzheitliches Wirtschaften und Verwalten. Modern? Leute, da geht noch was!

Auch Wikipedia benennt die Notwendigkeit zu einer Neuorientierung in Wirtschaft und Industrie:

„Überwindung der Wachstumszwänge moderner Gesellschaften:
Die These des Wachstumszwangs besteht darin, dass moderne Gesellschaften nur mit Wirtschaftswachstum stabilisiert werden könnten. Die Alternative zu Wachstum sei keine stabile, stationäre Wirtschaft, sondern unkontrollierte Schrumpfung oder ein inakzeptabler Anstieg der Arbeitslosigkeit. Daher wird untersucht, wie diese Zwänge überwunden werden können. Die genaue Umsetzung ist innerhalb der wissenschaftlichen Auseinandersetzung der Wachstumskritik und der wachstumskritischen Bewegung umstritten – sie reicht von konservativer Kulturkritik über sozialreformerischen und ökologischen Linksliberalismus, Forderungen nach individueller Genügsamkeit (Suffizienz [➜ Entschleunigung]) und Selbstversorgung bis hin zu scharfer Kapitalismuskritik.[71]"

Genau hier setzt mein Ansatz an. Wir halten uns heute für „modern". Was heute alt genannt wird, galt früher als „modern", was heute als „modern" bezeichnet wird, kann bald alt sein. Ich spreche nicht nur von Technik, sondern von Weltanschauungen und Wertesystemen.

Als meine Mutter einmal im Alter von fünf Jahren zum Augenarzt in den Nachbarort Vennhausen mit meiner Oma durch den Wald gehen musste, begegnete ihnen ein Mann, der sie aufgeregt dazu aufforderte, schnell wieder nach Haus zu gehen, denn die Amerikaner kämen. Er war ganz nervös, verabschiedete sich und ging in die Richtung, aus der meine Mutter und meine Oma gekommen waren, davon.

---

[69] Quelle | Wikipedia | Wirtschaftswachstum.
[70] Quelle 8 | S. 488.
[71] Quelle | Wikipedia | Wirtschaftswachstum.

Meine Oma, dreißig Jahre jung, verwitwet, war jedoch mit dem kleinen Kind schon so weit gegangen, dass sie zwar Angst bekam, aber nicht mehr umkehren wollte. Was würden die Amerikaner machen?

Nach einer Weile mussten die beiden vom Waldweg auf die Straße wechseln.

Es dauerte nicht lange, da hörten sie einen dumpfen Lärm, metallisches Scheppern, Grollen, die Abriebgeräusche von Gummi und Metall auf der Straße. Die Fahrbahn vibrierte seltsam und es lag eine unheimliche Spannung in der Luft.

Bald erblickten meine Oma und meine Mutter den ersten Panzer, auf dem oben drauf ein junger Mann in Uniform saß. Als er die beiden sah, winkte er fröhlich.

Meiner Oma rutschte das Herz in die Hose, sie wollte meiner Mutter etwas sagen, da war der Convoy auch schon bei ihnen. Der junge Soldat oben auf dem Militärfahrzeug sprach meine Mutter in gebrochenem Deutsch an. Er grinste breit und die Maisonne schien ihm ins Gesicht. Er hielt meiner Mutter eine Tafel Schokolade hin. Das Mädchen kannte keine Schokolade, es war ja die ganze Zeit Krieg gewesen, sie war 1940 geboren, mitten im zweiten Weltkrieg.

Meine Oma wollte meine Mutter am Arm zurück ziehen, aber der junge Mann war so freundlich und entspannt, locker, er lachte, sagte etwas auf amerikanisch und sah meine Mutter so fröhlich an, als er ihr die Schokolade hin hielt, dass meine Oma instinktiv erkannte, dass sie sich nicht zu fürchten brauchte und dem Mann dankte.

Im Alter von fünf Jahren konnte meine Mutter vielleicht nicht erfassen, dass sie mit dem dunkelhäutigen jungen Soldaten gerade den Frieden beschlossen hatte, als sie ihm zum Dank ihre kleine Hand reichte. Es war der 8. oder 9. Mai 1945, das Ende des Zweiten Weltkrieges.

Als die etwa einen Kilometer lange Kolonne den Ort Unterbach erreichte, hatten die Menschen alle weiße Bettlaken aus den Fenstern gehängt, weiße Flaggen, zum Zeichen des Friedens, dass sie sich ergaben.

Der Herr, der meiner Oma und meiner Mutter begegnet war, hat in seinem Wohnort von seiner Entdeckung, der amerikanischen Militärkolonne, berichtet und den Ort auf das bevorstehende Ereignis vorbereitet.

Meine Mutter bekam während dessen im Ort Vennhausen eine neue Brille, weil die alten Gläser beim Spielen mal wieder kaputt gegangen waren.

Erneuerung bedeutet Entwicklung.

Wenige Jahre zuvor hatten einige Menschen noch an ein „Tausendjähriges Reich" geglaubt, jetzt konnten die Leute lachen, holten die alten Fahnen runter und riefen fröhlich: „Wieder 1000 Jahre vorbei!"

Wenn wir heute glauben, unser Technik- und Konsumwahn sei eine Einbahnstraße und unumkehrbar, dann ist das nicht korrekt.

In Wahrheit haben wir in jedem Augenblick die Möglichkeit, uns wieder neu gegen oder für eine Sache zu entscheiden. Hiermit möchte ich Ihnen und Euch vorstellen, wofür ich mich jetzt und für die Zukunft entscheiden will.

Zuletzt beim Zitat des Artikels aus Wikipedia über das Wirtschaftswachstum begegneten uns Begriffe wie „Lebensqualität", „Freude" und „Glück".
Ich möchte kurz an dieser Stelle erläutern, wie mein privates Glücksempfinden zustande kommt: Mit bewusstem Atmen und Achtsamkeit.
Seit einiger Zeit meditiere ich regelmäßig, gehe jeden Tag spazieren, habe bis vor einiger Zeit noch zwei- bis dreimal pro Woche Sport getrieben, war oft an der frischen Luft, bin viel zu Fuß gegangen und habe mich von vegetarischer Bio – Kost ernährt.
Seit 2012 kenne ich die Natürliche Gesundheitslehre©, die in Bremen und den USA einen Hauptstandort hat. In den USA ist sie leider eine Randerscheinung aber das Buch „Fit for Life", welches diese Lehre beschreibt und auch als sogenannte „Trennkost" aufgefasst wurde, hängt mit der Natürlichen Gesundheitslehre© zusammen, deren Geschichte, wie bereits erwähnt, bis in die frühen Zwanziger Jahre des 19. Jahrhunderts zurück geht.
Ich habe mein Leben so gut ich konnte nach den 19 Prinzipien für optimale Gesundheit der natürlichen Gesundheitslehre©, kurz NGL© ausgerichtet:

1. **Saubere Luft** tanke ich so gut ich kann auf dem Weg von der und zur Arbeit, sowie beim Spazierengehen.
2. **Sauberes Wasser** nehme ich zu mir, wenn ich mein aufbereitetes Wasser zu Hause trinke oder wenn ich biologisch – dynamisches Obst und Gemüse zu mir nehme, in dem, laut Eckhart K. Fisseler, dem Begründer der Arthrose – Selbsthilfe, das beste und reinste Wasser enthalten ist, das wir zu uns nehmen können.
3. **Nahrung für unsere Gesundheit** nehme ich mit meinem täglichen Apfel nach 11 Uhr als erste Nahrung des Tages und weiterhin mit biologisch – dynamisch gezüchteter vegetarischer Nahrung zu mir.
4. **Reinheit des Körpers innen und außen** bedeutet regelmäßige, sanfte Bewegung, manchmal ruhig dabei ins Schwitzen kommen, mich nicht übertrainieren, möglichst keinen Muskelkater bekommen, tägliche Körperhygiene mit sanften, schonenden Mitteln, am besten aus natürlichen Stoffen, die ich aus Bio- und Naturkostläden, Reformhäusern und mit biologisch – dynamischen Prinzipien wirtschaftenden Geschäften beziehe, bedeutet Nahrung, die meinen Körper bei der Entschlackung unterstützt, Getränke, die natürlich sind, ich bevorzuge Wasser und Tee, vor allem Grünen Tee. Ab und zu ist auch mal ein Kaffee und Cappuccino dabei.

5. **Angemessene Umgebungstemperatur**: ich mag nicht gern frieren und im Durchzug zu sitzen macht mich krank, ich achte darauf, dass die Temperatur meiner Umgebung für mich angenehm ist. Allerdings bin ich als Kind liebend gern in der etwa 8 oder 9°C kalten Nordsee in den Osterferien schwimmen gegangen, bin als Kind gern am FKK – Strand zu Ostern bei jedem Wetter unterwegs gewesen und vermisse diese Zeit, diese Rituale. Ich liebe es, mich nach dem Duschen nach der sanften Kneipp – Methode noch einmal eiskalt abzuduschen und liebe es, wenn es einen richtigen, klirrend kalten Winter gibt mit viel Schnee, draußen in der freien Natur zu sein (Remscheid Schlitten fahren, wenn's nicht in Bayern geht).

6. **Genügend Schlaf zur angemessenen Zeit** geht so: Die besten Stunden sind die Stunden vor Mitternacht, sagt meine Mutter. Stimmt. Hab' ich ausprobiert. Während des Studiums in der vorlesungsfreien Zeit habe ich erkannt, dass ein Schlaf von vier bis 10 Uhr morgens längst nicht so erholsam ist, wie von 10 Uhr Abends bis vier Uhr morgens. Sechs Stunden sind nicht gleich sechs Stunden. Man sollte vor 0:00 Uhr ins Bett kommen und in den Schlaf kommen, damit der Körper optimal seine Reparaturmechanismen in Betrieb nehmen kann, organischer ausgedrückt (wir sind keine Maschinen): seine Heilkräfte wirken lassen kann.

7. **Bewegung in der frischen Luft** erlebe ich beim Sport, Spaziergang, auf dem Fußweg zur und von der Arbeit.

8. **Ruhe und Entspannung** gönne ich mir, so weit es geht an freien Tagen und den Wochenenden. Mein Handy ist grundsätzlich aus, ich nutze es nur im Notfall, telefonieren kann ich von zu Hause aus.

9. **Spiel und Erholung** sollte kein Computerspiel sein, denn dabei kann man sich nicht wirklich erholen. Ein Bekannter von mir legt am Computer regelmäßig nach der Arbeit seine „Passiencen" um „runterzukommen" vom Arbeitsstress, er ist Filialleiter im Großhandel. Viele Menschen spielen in der Straßenbahn auf dem Handy digitale Spiele mit irgendwelchen Figürchen, Jellybohnen, die man verschieben kann.
Es kann sein, dass dies für diese Menschen entspannend ist. Ich glaube, viele Leute nutzen einfach Dinge, die ihnen angeboten werden, ohne sie zu hinterfragen. Der ständige Blick auf den Handybildschirm kann die Augen schädigen und Kopfschmerzen erzeugen.
Entschlackungsprozesse beim Fasten können auch Kopfschmerzen erzeugen. Ich ziehe den Kopfschmerz durch das Fasten vor und bin mit digitalen Medien vorsichtig. Ehrlich gesagt benötige ich sie nicht.
Mein Handy liegt seit Wochen im Schrank, ich nutze mein Festnetztelefon haltet mich für einen Antik – Nerd, denn ich hab' eins mit Wählscheibe!
Ich muss nicht immer erreichbar sein, spiele gern Karten ohne Computer. Bei einer langen Bahnfahrt konzentriere ich mich gern auf die Aussicht und auf meinen Atem. Bewusstes Atmen führt mich in mein Inneres, zu

mir selbst. Ich kann dann ganz bei mir selbst sein. Das tut mir gut.

10. **Genügend Sonnenschein** habe ich automatisch beim Spazierengehen, auf dem Arbeitsfußweg und wenn ich mich im Freien aufhalte auf dem Einkaufsweg oder dem Weg zur Post, denn ich schreibe gern Briefe und halte gar nichts von der Privatisierung von Bundespost und Bundesbahn.

Ich frage mich, was diese Privatisierungen bringen sollten, außer dass sich der Staat und die Privatfirmen bereichern. Wer wirklich alles durch digitalen Verkehr regelt und keine Briefe mehr schreibt, kaum noch einkaufen geht, weil man ja modern ist und sich alles liefern lässt (ohne auf die Bedingungen der Zulieferer zu achten), kommt man wirklich nicht oft vor die Tür.

Ich hingegen achte gezielt auf genügend Sonnenschein in meinem Leben, weil ich die Natürliche Gesundheitslehre© kenne und verinnerlicht habe.

Sonnenschein macht glücklich und nach meiner letzten Therapie habe ich auch wieder Sonnenschein im Herzen. Der ist da ganz besonders wichtig. Vorsicht jedoch mit Sonnenschein im Sommer bei wolkenlosem Himmel in der Mittagszeit. Meine Eltern, die 1938 beziehungsweise 1940 geboren sind, legten sich in den 70er bis 90er Jahren des 20. Jahrhunderts immer in der Mittagszeit in die pralle Sonne. Sie waren zwar mit „Sonnencreme" eingecremt, haben aber dennoch etwa 20 Jahre später Hautkrebs bekommen.

Das beste Sonnenlicht ist nach meiner Erfahrung das, welches durch grüne Blätter auf uns scheint. Ein Sonnenbad im dicht belaubten Wald, wo ab und zu mal ein reiner Sonnenstrahl unseren Körper trifft ist optimal. Dabei sollte man die Sonne auch regelmäßig an Körperstellen lassen, an die sonst in der Regel kein Licht und keine Sonne kommt .

11. **Seelisches und geistiges Wohlbefinden**: In der Bewegung „Natürliche Gesundheitslehre©" und in der Arthrose – Selbsthilfegruppe, gegründet durch Herrn Eckhart K. Fisseler ist seit einiger Zeit klar, dass ein Mensch nur gesund sein kann, wenn nicht allein der Körper in die Gesundheitsbemühungen mit einbezogen wird. Gesundheit des Geistes und der Seele ist die Voraussetzung für optimale körperliche Gesundheit. Nicht erst seit Rüdiger Dahlkes literarischen Werken zum Thema „Krankheit als Symbol[72]", „Krankheit als Sprache der Seele"[73] wissen wir, dass immer, wenn unsere Seele leidet, sie es uns durch ihre Sprache, nämlich körperliche Symptome, übermittelt. Jedes Mal, wenn unser Geist leidet, spüren wir in Gefühlen und körperlichen Symptomen die Auswirkungen. Unser Körper ist die Projektionsfläche unseres Geistes und unserer Seele und somit

---

[72] Siehe: Rüdiger Dahlke: Krankheit als Symbol. C. Bertelsmann – Verlag.
[73] Siehe: Rüdiger Dahlke: Krankheit als Sprache der Seele. Goldmann – Verlag.

kann ein Körper nur dann wirklich von Leid frei sein, wenn es nichts mehr zu projizieren gibt, das heißt, wenn die Seele und der Geist in Einklang, Harmonie und innerem Frieden sind.

12. **Lebenssicherheit** habe ich mir in meinem letzten Leben in die Wiege gelegt. Obwohl ich derzeit Harz IV – Empfänger bin, möchte ich meine Talente nutzen, um bald auch finanziell auf eigenen Füßen zu stehen.
Im Hier und Jetzt bin ich zufrieden. Innere Zufriedenheit im Punkt Lebenssicherheit ist eine wichtige Grundlage für optimale Gesundheit.

13. **Angenehme Umgebung** bedeutet zu wissen, welche Arten von Umgebung für mich angenehm sind. Dafür ist es erforderlich, mich selbst gut zu kennen. Ich mag es, in der Natur zu leben und dennoch Kontakt zum Weltgeschehen zu haben. Der Stadtrand mit Bezug zur Natur ist daher für mich die optimale Wohngegend. Gott sei Dank, Allah sei Dank, Jahwe sei Dank, Brahman sei Dank oder zum Glück lebe ich derzeit in solch einer Gegend.

14. **Kreative, nützliche Arbeit** heißt für mich, besonders meine künstlerischen Talente in meinen Alltag sowie in meine tägliche Arbeit einbinden zu können. Bald möchte ich mit ihnen in der Lage sein, mein finanzielles Auskommen selbstständig erwirtschaften zu können. Meine Gabe, vorurteilsfrei auf Menschen zugehen zu können und mein Gegenüber mit meinem Herzen wahrzunehmen sind dabei hilfreich.

15. **Selbstbeherrschung** ist eine wertvolle Gabe, für deren Erlangung ich nun 45 Jahre gebraucht habe.

16. **Gruppenzugehörigkeit** habe ich beim Sport, auf der Arbeit, in Initiativen und Organisationen, bei meinen lieben Freunden und in der Familie.

17. **Motivation** bekomme ich durch meine Lebensaufgabe. Ich bin beseelt von meinem Wunsch, derjenige zu sein, der das in die Welt bringt, was mir selbst in der Welt fehlt.

18. **Natürliche Instinkte** – Sex, Karriere & Co gewaltfrei ohne Ellenbogen.

19. **Ästhetisches Wohlbefinden**[74] meint, dass ich mich gern mit Dingen und Situationen umgebe, die mir gut tun und die ich schön finde. Umgebungen und Situationen, die sich für mich unangenehm anfühlen, meide ich, so weit wie möglich.

Besonders wertvoll empfinde ich die Gabe der Ruhe und Stille in meiner Umgebung. Hier kann ich konzentriert und wach meine Sinne schärfen und nutzen, konzentriert schreiben und meditieren, kreativ sein und mich ungestört entfalten. Meine ruhige Umgebung ist mir sehr wichtig.

---

[74] Quelle 5 | S. 3 und S. 15ff.

In den letzten Jahren habe ich gelernt, für diese Dinge, diese Gaben dankbar zu sein. Manche Leute werden jetzt sagen:

„Ich kann doch nicht für jeden Pfurz dankbar sein!".

Doch. Ich kann. Was ich kann, können Sie auch. Ruhig mal ausprobieren. Man bricht sich dabei keinen Zacken aus der Krone. Es geht und Dankbarkeit macht übrigens glücklich.

Dankbar bin ich auch für mein starkes Bewusstsein meines eigenen Reichtums in meinem Inneren, meiner eigenen Talente und Fähigkeiten, Kommunikation, Meditation, Achtsamkeit, Kontemplation, Witz und Humor und die Gabe der Fröhlichkeit, des Frohseins, der Dankbarkeit!!

Ich habe Dankbarkeit erkannt als den „Strohhalm", an dem man sich aus der Grube zieht.

Mit Dankbarkeit habe ich letztlich meine mehr als 40 Jahre während Depression, meinen mehr als 40 Jahre währenden Selbsthass geheilt.

Ich bin dankbar für den Staat, in dem ich lebe, so, wie er jetzt ist.

Ich bin unendlich dankbar für 75 Jahre Frieden in Europa.

Dieses Buch soll dazu dienen, einen dauerhaften, stabilen und belastbaren inneren Frieden in Europa zu garantieren, indem ich Menschen aufzeige, dass dort, wo es rumort, dass man dort genau hin schauen muss und die Ungerechtigkeiten heilen muss.

Win – Win – Situationen müssen mancherorts geschaffen werden. Achtsames Vorgehen ist gefragt mit Rücksicht auf die Auswirkungen und Respekt vor der Situation aller Beteiligten. Es ist ein Vorschlag für ein zukünftiges Staatskonzept, das wie gesagt gern von anderen Nationen, von welchen Organisationen auch immer, übernommen werden darf, denn Achtsamkeit und gegenseitiger Respekt, Toleranz hat wohl bisher noch niemandem auf Dauer geschadet.

An dieser Stelle möchte ich auf das Thema „Soziale Marktwirtschaft" zu sprechen kommen, einen historischen Bogen spannen zu einem Konzept für einen gerechten Staat und diesen inhaltlich kurz erläutern.

Zuvor zur INSM, der „Initiative Neue Soziale Marktwirtschaft", von deren Wirken ich mich zuallererst klar distanziere, da deren Aktionen auf Lobbyismus und fehlender Transparenz beruhen[75].

Soziale Marktwirtschaft:
Der Begriff sowie die Praxis einer Sozialen Marktwirtschaft hatte sich aus der Nachkriegszeit entwickelt, wobei der Mann, der das Konzept der Sozialen Marktwirtschaft entworfen hat in dem Versuch, das „Prinzip der Freiheit auf dem Markt

---

[75] Siehe: Wikipedia: Initiative Neue Soziale Marktwirtschaft

mit dem des sozialen Ausgleichs zu verbinden", sozusagen als „dritte Form" neben rein freier Marktwirtschaft und staatlicher Wirtschaftslenkung, die Möglichkeit eines Staatskonzeptes erkannte, welches der Gesellschaft die Grundlage zu einem inneren Frieden geben kann[76].

Kurz gesagt: Schon von ihrem Konzept her zielt Soziale Marktwirtschaft auf einen inneren Frieden innerhalb der Gesellschaft ab, so soll es auch sein und bleiben.

Nur in innerem Frieden können Menschen wirklich leben, nicht nur überleben.

Nur innerer stabiler Friede bietet Sicherheit und Gerechtigkeit für alle Menschen.

Nach meinem Erachten droht dieser innere Friede aus dem Ruder zu laufen, wenn der Staat sich mehr und mehr aus der öffentlichen Verantwortung zieht.

„Ein großes Reich muss man leiten, sachte, wie man kleine Fischlein brät", das wusste schon vor 2500 Jahren der chinesische Philosoph Laotse[77].

Neben der Deutschen Bahn AG, die aus der Deutschen Bundesbahn entstanden ist und der Deutschen Post AG, die aus der Deutschen Bundespost entstanden ist, leben wir nach meiner Auffassung heute in einer Deutschland AG, der Deutschland – Aktiengesellschaft.

Aktiengesellschaft:
Eine Aktiengesellschaft ist laut Wikipedia ein „Wirtschaftsunternehmen mit großem Kapitalbedarf"[78].

Nach meiner Auffassung stellen Unterbringung von Kindern in U – 3 – Gruppen, das Einrichten von Kitas und Tagespflege, das Ausbilden von Tagesmüttern und Tagespflegepersonal einerseits sowie die Werbung für Altenpflege andererseits nach meinem Verständnis raffinierte Strategien einer jüngsten Wirtschaftspolitik dar, die Freiheit und Chancengleichheit auf dem Arbeitsmarkt sowie höhere Investitionen in Bildung und lifelong – learning vordergründig suggeriert aber in Wahrheit die verborgenen Wirtschaftsinteressen von „Politikern" vertuscht, die sich durch verschiedene Ämter durchfressen, bis sie bei einem gut bezahlten Amt im Europarat angelangt sind. So ist soziale Marktwirtschaft in ihren Ursprüngen sicher nicht gedacht gewesen.

Mütter bringen ihre unter Zweijährigen in die Tagespflege oder Kita und schaffen es nicht einmal mehr im Moment der Verabschiedung von ihrem Kind, ihr Handy aus der Hand oder die Zigarette aus dem Mund zu nehmen, Kinder essen Billigfraß in Ganztagsschulen, alles muss schnell gehen, wir müssen wettbewerbsfähig auf dem Weltmarkt bleiben – ist das unser Kurs, unser Trend, ist das der Sinn unseres Daseins und Arbeitens, Deutschland wettbewerbsfähig auf dem Weltmarkt zu halten?

---

[76] Siehe: Wikipedia: Soziale Marktwirtschaft
[77] Quelle | Laotse | Tao te King | Anaconda – Verlag | 2010 | S. 77.
[78] Quelle | Wikipedia | Aktiengesellschaft.

Dafür verzichten junge Eltern auf die Zeit mit ihren kleinen Kindern, verzichten auf das Gefühl, das Kind drei Jahre zu Haus und anfangs im Tragetuch sicher am Leib zu haben, die gegenseitige Liebe und Wärme zu spüren, die allen Glück, Zufriedenheit und dem Kind zusätzlich Sicherheit gibt?

„Die Zeit geht so schnell vorbei", höre ich viele Eltern sagen, wenn ihre Kinder ein bisschen größer geworden sind. Ich habe selbst eine Tochter und ich finde, diese Menschen haben Recht. Doch müssen wir uns damit abfinden, dass wir kaum Zeit für unsere Kinder haben?

Ein Bekannter von uns parkt jeden Morgen um sechs Uhr sein Mofa auf dem Park – and Ride – Parkplatz, um den Zug nach Köln zu erwischen, weil er dort in einem Handy – Konzern, einer Firma für „Kommunikationstechnologie" arbeitet, um 18 Uhr nimmt er den Zug nach Hause und gegen 20 Uhr ist er dann wieder da. Dann sind die Kinder vielleicht bei Freunden oder beim Sport, beim Musikunterricht oder beim „Zocken". Auch seine Frau wird abends Termine haben. Aber im Keller hat er palettenweise Gläser einer bekannten Herstellerfirma stehen für Schokoladen – Brotaufstrich. Da kann er ja dann dran gehen. Er wiegt über 130 Kilogramm und sieht nicht sehr glücklich aus.

Aber „von nix kütt" ja bekanntlich „nix".

Laut Urs und Rita Hochstrasser, zwei Pionieren der Rohkosternährung, ist die gesündeste Art, Kinder aufzuziehen die, dass sie in den ersten Jahren intensiven Hautkontakt zu Mutter – oder Vater – haben, wobei der Hautkontakt zur Mutter durch das lange Stillen gegeben sein sollte.

Wir im Westen stillen unsere Bedürfnisse nach Zufriedenheit und Belohnung durch Nahrung, mittlerweile auch durch digitalen Medienkonsum. Beides ist Konsumverhalten, ob Nahrung, oder Smartphone, Playstation, ob Zucker oder „soziale Medien".

Nach Urs und Rita Hochstrasser weisen Menschen ein intakteres Selbstvertrauen auf, wo Kinder möglichst viel getragen werden – am besten an der nackten Haut und bestmöglich bereits als ganz kleine „Würmchen", als Neugeborene. Das ist bei Naturvölkern der Fall. Dort sind Gesellschaften geprägt von weniger Mangeldenken, als in der heutigen, zivilisierten Welt. Bei diesen Völkern entsteht auf diese Weise eine kompaktere Gesellschaftsstruktur mit geringer Kriminalität und ohne Sexualdelikte[79].

Neugeborene und Kinder bis zum dritten oder vierten Lebensjahr sollten also bei den Eltern sein in nahem, engen Körperkontakt zu Vater und Mutter. Tragetücher, die den intensiven Hautkontakt ermöglichen, gewährleisten Nähe, Wärme und Sicherheit. Mein Langenscheidt – Chinesisch – Lexikon zeigt eine junge

---

[79] Siehe: Urs und Rita Hochstrasser | Rohkost vom Feinsten | Ein Leitfaden mit Wissenswertem | Edition Sonnenklar | Teil 1 | 2. Auflage | ISBN 978 – 3 – 86982 – 010 – 1 | S. 64.

Frau mit einem Bambusgestell auf dem Rücken, in dem sie bei der Feldarbeit ihr Kind auf dem Rücken trägt[80].

Was hält uns davon ab, uns einen Staat vorzustellen, ein Deutschland, in dem wir soziale Marktwirtschaft mit einem Eltern – Modell kombinieren, in dem für die finanzielle Sicherheit, Lebenssicherheit und Existenzgrundlage für junge Familien auf eine Weise gesorgt ist, die diese nahe Form der Beziehung zu den Kindern ermöglicht?

Dies sollte ein Staat sein, der allen Menschen diese sicheren Grundlagen bietet, damit nicht Leute Kinder zeugen, nur um diese finanziellen und staatlichen Zulagen zu erhalten, es müsste auf der ganzen Bandbreite der Bevölkerung diese Sicherheit angeboten werden. Eine Art Grundsicherung für alle auf der Basis der weiter oben formulierten diesbezüglichen Bedingungen.

Statt dessen „tweeten" wir uns durch unseren Alltag, qualmen uns durch bis zum Ende unserer Arbeitszeit und sind dann bald so kaputt, so ausgemergelt, dass nicht viel bleibt von Ruhestand, Rente oder Lebensabend, weil wir, berufsfixiert, wie wir sind, ohne eine Beschäftigung von außen, eine Rahmenbedingung, die unserem Leben durch eine Institution oder Organisation, die nicht wir selbst sind, gegeben wird, drohen „am Rad zu drehen", „auszuticken", „verrückt zu werden". So weit ist es also mit uns gekommen. Wir sind geprägt durch Mangel – Denken. Und das, ohne uns dessen bewusst zu sein.

Wir sind so abhängig von Arbeit, äußerem Rahmen, Lob, Bestätigung, sei es in Form von Zigaretten, Spiel, Computer, Zocken, Videos, Fernsehen, Essen, Alkohol, Zucker, Ablenkung, Shoppen, was auch immer es ist, wie auch immer wir es nennen.

Es ist das Gegenteil von dem, was Urs und Rita Hochstrasser in dem Buch „Auf der Suche nach dem verlorenen Glück" von Jean Liedloff gefunden haben[81]. Unsere Süchte beschreiben unser verlorenes Glück.

Soziale Marktwirtschaft – Kritik:
Ursprünglich war soziale Marktwirtschaft offenbar als Win – Win – Strategie einer Position zwischen Marktwirtschaft und Planwirtschaft gedacht, die allen Bürgern möglichst gerecht werden sollte.

Kritik am Konzept der Sozialen Marktwirtschaft ist der Begriff „Leerformel", gemeint ist Soziale Marktwirtschaft als einen Beutel, in den man jeglichen Inhalt hinein packen kann. Ich selbst komme mir als Küchenhilfe, als Gärtnereigehilfe, Referendar, Putzhilfe zwischen KassiererInnen, DHL – FahrerInnen und Kötter- und anderen SicherheitsdienstleisterInnen vor, als würde ich gemeinsam mit ih-

---

[80] Siehe: Langenscheidt | Chinesisch – Reisewörterbuch.
[81] Siehe: Urs und Rita Hochstrasser | Rohkost vom Feinsten | Ein Leitfaden mit Wissenswertem | Edition Sonnenklar | Teil 1 | 2. Auflage | ISBN 978 – 3 – 86982 – 010 – 1 | S. 64.

nen vermarktet. Heutzutage kann man nach meiner Erfahrung den Begriff „Soziale Marktwirtschaft" durchaus als subtile, größtmögliche Vermarktung sozialen Kapitals, des Menschen und seiner Arbeitskraft, verstehen.

Paketzusteller leben am Existenzminimum, Menschen müssen oft mehr als zwei Jobs gleichzeitig haben. Firmenbesitzer und Politiker werden immer reicher.

Unsere „Soziale Marktwirtschaft" ist nur noch dem Namen nach sozial.

Eine Win – Win – Lösung für alle Positionen ist sie schon lange nicht mehr. Ich, Baldur Airinger, verstehe erstens mich selbst und meine Mitmenschen nicht als „Kapital", welches es auszubeuten gilt.

Wir Menschen sind nicht geboren, um ausgebeutet zu werden. Ich verstehe mich als kreatives Potential und sehe in mir selbst und allen Menschen ein Potential, das jeder Mensch in sich trägt und das dazu beitragen kann, unser Leben lebenswert zu machen. Wer seine Kraft in die Gesellschaft einbringt, sollte dafür auch angemessen belohnt werden und von dem Lohn gut leben können, ohne sich sorgen zu müssen. Grundversorgung sollte gewährleistet sein. Für alle.

Ferner will ich zweitens nicht in einem Land leben, das sich als Wirtschaftsunternehmen versteht und wie eine Aktiengesellschaft wirtschaftet und handelt.

Die Privatisierung von Dienstleistungssektoren wie der Post, Telefonangebot und der deutschen Bahn muss zurück genommen werden. Diese Sektoren sowie zumindest ein stabiler Prozentsatz an Kliniken und medizinischer Dienstleistung gehören in die Hände eines verantwortungsbewussten, verantwortungsvoll handelnden Staates, der achtsam mit seinen Menschen, die in ihm leben, umgeht, der Absichten offen legt.

Ich habe seit dem Beginn meines Studiums im Jahre 1994 bei meinen verschiedenen Nebenjobs, während des Referendariats und in der Zeit von 2006 bis heute, in der ich in verschiedenen Arbeitsbereichen im Niedriglohnsektor gearbeitet habe und dort Einblick in die Arbeitsbedingungen hatte, den Eindruck gewonnen, dass wir einfachen Leute nur benutzt werden, um in der Zeit, in der Menschen darauf warten, dass Staatsführung und Politik gerecht und zur Win – Win – Lösung zwischen Arbeitgeber und Arbeitnehmer wird, geschickt und subtil ausgebeutet zu werden.

Auf der einen Seite gibt es Lohnkürzungen, längere Arbeitszeiten, gestrichene Zuschläge, dafür bessere Handys, bessere Spielzeuge für unsere Kinder, bessere Fernseher, bessere Autos, bessere Apps, bessere Kitas und Ganztagsschulen mit verlängerten Betreuungszeiten, mehr Kinderbetreuung, damit wir noch emsiger, fleißiger, länger arbeiten können, auf der anderen Seite Diäten, Steuervergünstigungen und erschreckend hohe Abfindungen für Top – Manager sowie Zahlungen von üppigen Gehältern nach dem Austritt aus einer politischen Position von monatlich viel mehr Euro, als ein einfacher Arbeiter verdienen würde, jeder Bundestagsabgeordneter erhält 9.542 Euro brutto im Monat, das müssen sie versteuern[82]. Manchmal erscheinen sie nicht an ihrem Arbeitsplatz und erhalten das Gehalt dennoch. Dies ist nicht alles, dazu gibt es noch jede Menge Zuschüsse. Wie passt das zum Alltag der meisten Deutschen?

Wie kann sich solch ein System „sozial" nennen und ist das noch Marktwirtschaft oder ist es eine Form der Planwirtschaft auf einer ganz anderen Ebene, als wir sie im Allgemeinen verstehen?

Wir brauchen einen Staat, in dem Politiker keinen Eigennutz aus ihrem Handeln ziehen. Keinen Eigennutz aus dem eigenen Handeln zu ziehen bedeutet dennoch, höchst verantwortungsvoll und achtsam zu handeln.

Wie konnte nach dem Krieg im zerbombten, zerrütteten Deutschland überhaupt Soziale Marktwirtschaft im wohlgemeinten Sinne entstehen?

Das zu erklären erfordert einen Blick auf den sogenannten Marshall – Plan.

Marschall – Plan:

„Der Marshallplan ist ein Wirtschaftswiederaufbauprogramm der USA nach dem Zweiten Weltkrieg. Der Marshallplan, offiziell European Recovery Program (kurz ERP) genannt, war ein großes Konjunkturprogramm der Vereinigten Staaten von Amerika, das nach dem Zweiten Weltkrieg dem an den Folgen des Krieges leidenden Westeuropa und den USA zugutekam. Es bestand teils aus Krediten, vor allem jedoch aus Rohstoffen, Lebensmitteln und Waren.

Das 12,4 – Milliarden – Dollar – Programm wurde am 3. April 1948 vom Kongress der Vereinigten Staaten verabschiedet und am selben Tag von US – Präsident Harry S. Truman in Kraft gesetzt. Es dauerte vier Jahre, bis zum Juni 1952. Im gesamten Zeitraum (1948 – 1952) leisteten die USA bedürftigen Staaten der Organisation für europäische wirtschaftliche Zusammenarbeit (OECD, Gründungsname OEEC) Hilfen im Wert von insgesamt 13,12 Milliarden Dollar (entspricht heute rund 139 Milliarden Dollar).

Das Programm wurde nach dem US – Außenminister George Marshall benannt (Amtszeit 1947 – 1949), auf dessen Initiative es zurück geht. Es hatte drei Ziele:

- Hilfe für die notleidende und teilweise hungernde Bevölkerung Europas,
- Eindämmung des Einflusses der Sowjetunion und des Kommunismus,
- Verhinderung eines wirtschaftlichen Einbruchs mit Auswirkung auf die Absatzmärkte der USA[83].

Historiker haben die Gründe und Wirtschaftswissenschaftler die Effizienz des Marshallplans hinterfragt, bei Vielen gilt er als erfolgreich.

Als das Programm auslief war die Wirtschaft aller Teilnehmerstaaten, mit Ausnahme von Deutschland, stärker als vor dem Krieg. Während der nächsten zwei Jahrzehnte kam es in ganz Westeuropa zu einem nie da gewesenen Wohlstand, der als ‚Nachkriegsboom' bezeichnet wurde.

---

[82] Siehe: Gehalt von Bundestagsabgeordneten: Das verdienen die Politiker | Focus.de
[83] Quelle | Wikipedia | Marshallplan.

Zum Anschub dieses Aufschwungs trug der Marshallplan in nicht unbedeutendem, aber auch nicht besonders starkem Maße bei. Rein nominell berechnete der Wirtschaftshistoriker Barry Eichengreen eine Steigerung des BIP durch die ERP – Mittel um durchschnittlich 0,5 % pro Jahr in den Jahren von 1948 bis 1951 durch die Hilfsgelder, welche weniger als 3 % des Nationaleinkommens der 16 unterstützten Länder ausmachten.

Der Marshallplan gilt aber auch als der erste Schritt zur europäischen Integration. Die Gründung der OEEC, heute OECD, als gemeinsamer Institution, war eine Voraussetzung dafür, dass Zollbarrieren abgebaut wurden.

Eine beabsichtigte Konsequenz war die systematische Übernahme des amerikanischen Führungsstiles in Unternehmen.

Viele Forscher schreiben das schnelle Wachstum der westeuropäischen Länder nach dem Krieg vor allem dieser Liberalisierungspolitik zu, die dafür sorgte, dass zwischenstaatliche Handelsbeschränkungen reduziert oder abgeschafft wurden[84]."

Die Arbeit der OECD, der Organisation für wirtschaftliche Zusammenarbeit und Entwicklung[85] ist also offenbar ein Kind des Marshallplans und wirkt sich heute auf vielfache Art und Weise auf unser Alltagsleben aus.

Die Tatsache, dass es in Deutschland Grundschulkinder mit Nachhilfebedarf oder Burnoutsymptomen gibt, ist ein junges Phänomen, welches es zu meiner Grundschulzeit von 1980 bis 1984 in seiner heutigen Form noch nicht gegeben hat. Bei allem Wirtschaftsaufschwung sollten wir den Mut haben, das, was uns schadet, freundlich aber bestimmt dankend zurück zu weisen und nicht zu übernehmen.

Nach meiner Auffassung hat sich auf dem Europäischen Markt die Tendenz zu Quantität vor Qualität durchgesetzt. Ein – Euro – Shops sind aus dem Boden geschossen, wo vorher Einzelhandel war, der in Familientradition qualitativ hochwertige handgefertigte Produkte, Exklusivware hergestellt hat.

Es gab Zeiten, in denen ein deutsches Abitur für Qualität stand in der Form des Wissens und der Form der Persönlichkeit des Abiturienten, die ihresgleichen suchen durfte. Schönschreiben, Betragen und Fleiß sind zwar Begriffe, die heute nur noch wenige als Zeugnisqualifikationen kennen aber diese Qualitäten haben weder dem einzelnen Menschen, noch dem Staat, der auf sie Wert legte, geschadet. In Großbritannien soll es Fächer wie Diskussionsfähigkeit, Streitkultur, Konfliktmanagement geben, solche Fächer kann man für Deutschland übernehmen.

Lasst uns auf nationaler Ebene über'n Tellerrand schauen, friedlich nebeneinander existieren, im Dialog bleiben, voneinander lernen und selbstständig sein und bleiben. In einer Familie hat jede Person ihre klare Persönlichkeit, dabei sind alle als Familie ein Ganzes, eine Einheit.

---

[84] Ebd.
[85] Quelle | Wikipedia | OECD.

Qualitätsmanagement:

Qualitätsmanagement nur digital über Zahlen zu erheben ist nicht aussagekräftig. Staatsführung kann nur effektiv über persönliche Information vor Ort geschehen.

So soll es auch mit Europa sein, mit den Nationen der Welt. Jede Nation hat ihre individuelle Qualität, ihre Stärken, ihren Charakter.

Qualität ist in vieler Hinsicht ein wichtiger Schlüsselfaktor.

Deutschland könnte Österreichs Schulpolitik in Sachen Handys im Unterricht übernehmen, ohne gleich Österreich zu übernehmen.

Ich finde das Niederländische Verkehrsstrafregister sehr sympathisch und hätte es gern auch in Deutschland. Dabei bleiben holländische Pommes holländische Pommes, die beste Pizza kommt weiterhin aus Italien, tolle Mode und Croissons aus Paris und wir gehen alle souverän und friedlich, partnerschaftlich miteinander um wie Menschen, die einen reifen Charakter haben und sich verstehen.

Am besten zitiere ich an dieser Stelle wieder Ayya Khema[86].

Sie nennt in ihren Vorträgen, Seminaren und Büchern oft den Begriff Arahat. Ein Arahat ist einfach eine Person, die, bevor es zu einem Streit käme, nicht unbedingt auf ihren Ansichten und Meinungen beharrt beziehungsweise eine eigene Position mit innerer Ruhe, Klarheit und Gelassenheit vertritt.

Das Augenmerk wieder mehr auf die *Qualität* einer Ausbildung zu legen, würde allen Ländern Europas gut tun. Bei aller Dankbarkeit für das Wirtschaftswunder sollten wir mit seinen Folgen auch vorsichtig sein und zumindest nicht die Fehler unseres großen Vorbilds Amerika übernehmen.

Wir sollten unsere eigene Form eines Europa schaffen, in der die Frage nach Qualität vor der nach Quantität steht.

Wir müssen nicht unsere einst hohen Qualitätsstandards an die niedrigeren des übrigen Europa anpassen, wenn dann sollten sich andere Staaten an höheren Qualitätsstandards orientieren, nicht umgekehrt.

Was hat beispielsweise BHT in der Balea© – Vaseline von „DM" zu suchen?

Laut Wikipedia ist BHT – Butylhydroxytoluol[87] eine chemische Verbindung, die industriell in erheblichen Mengen hergestellt und verwendet wird.

Werden mit der Herstellung solcher – meines Erachtens überflüssiger – Stoffe Arbeitsplätze geschaffen und Geld verdient, das BIP gesteigert, dienen solche Produkte allein dem Konsum?

BHT wird in Tierversuchen getestet, Störungen der Blutgerinnung und Lebertumore im Langzeitversuch wurden beobachtet.

Wofür brauchen wir diese Stoffe, die Creme von DM funktionierte besser nur mit Petrolatum, ohne BHT, war kühlend, fester ohne BHT. Hängt der neue Stoff mit der EU zusammen?

---

[86] Vergleiche: Quelle: Youtube: Ayya Khema | Die Läuterung der Emotionen.
[87] Quelle| Wikipedia | Butylhydroxytoluol.

Dürfen wir seit EU – Zeiten nun allerlei Giftstoffe in unsere vorher guten Produkte untermischen? Wer hat einen Nutzen davon?

Ich bin für Einfachheit, Klarheit, Überschaubarkeit von Prozessen. Ich bin gegen die Verunreinigung von natürlichen Substanzen mit giftigen Chemikalien, nur, damit das BIP steigen kann.

Diese Art Hautcreme funktionierte, kühlte besser ohne BHT. Nach meiner Auffassung suchten BHT – Produzenten nur einen Absatzmarkt für ihr Produkt und haben diesen bei DM gefunden.

Auch hier ist Qualität entscheidend.

Wir müssen damit aufhören, unseren Markt für schlechte, schädliche Produkte zu öffnen. Sollen Produzenten von Waffen, Gentechnikprodukten, Glyphosat und so mancher Chemie auch in der Medizin, wenn es darum geht, allein Symptome zu tilgen, doch auf ihren Produkten sitzen bleiben.

Sie könnten ihre Arbeitskraft auch in Produkte stecken, die Win – Win – Lösungen bieten, anstatt in Wahrheit nur dazu zu dienen, irgendwen reicher zu machen, als er oder sie ohnehin schon ist. Wir in Europa – jedenfalls wir in Deutschland haben es nach meiner Auffassung nicht nötig, Absatzmarkt für Giftmüllproduzenten zu sein.

OECD:

Bei aller Hilfe, für die ich dankbar bin, frage ich mich: Was nützt uns das amerikanische Bildungssystem an deutschen Universitäten?

Was nützt uns die Gleichmacherei an deutschen Gymnasien? Ist es nicht wertvoll, dass man sagen kann, gute Bierbrauer findet man in Bayern, gute Pferdezüchter in Westfalen, gute Winzer in den Weinbauregionen und gute Ingenieure in NRW, Politikhochburgen findet man eher in Bonn oder Berlin, seit Beginn der Sesshaftigkeit in unserer Menschheitsgeschichte hat sich unsere Kultur auf Spezialisten und Talentförderung gegründet, warum sollen auf einmal alle alles können und davon nur wenig?

Ist eine Folge von OECD eine amerikanisch wirkende Agrarpolitik von Monokulturen, Massenproduktion und Überdüngung unserer Böden mit Gülle, Glyphosat, Nitrit und Nitrat?

Ist allen Menschen in Deutschland klar, dass der Rückgang der Artenvielfalt in unserer deutschen Pflanzen- und Tierwelt ganz sicher mit der Art und Weise der Bewirtschaftung unser Felder zu tun hat? Vom Bauboom ganz zu schweigen.

Bedeutet OECD ein Abitur nach 12 Jahren Schulbesuch anstatt nach 13 Jahren?

Markt für Jugendliche als Werbestrategie:

Ist allen Menschen in Deutschland klar, dass wir dadurch, dass wir unseren Kindern ein Jahr Abiturvorbereitungszeit stehlen, nichts anderes tun, als sie früher für den Arbeitsmarkt fit zu machen, früher Autoführerschein heißt mehr Autokäufer für den Weltmarkt zu Verfügung stellen. Ist das der einzige Sinn unseres Lebens, für den Arbeits – und Weltmarkt eine Rolle zu spielen?

Leider fahren wir Deutschen voll auf das Modell des Führerscheins mit 17 ab.

Die Begleitperson dabei spielt für die PKW – Industrie keine Rolle.

Überall sind subtile Wirtschaftsmechanismen am Werk, die an unseren Händen und Füßen ziehen, die uns zur Bank gehen und uns ins Portemonnaie greifen lassen und wir bemerken dabei nicht, wie wir fremd gesteuert werden, wie subtil an unseren psychologischen Fäden gezogen wird.

Dabei bleiben wir nur die Marionetten, auch wenn uns eingeredet wird, dass das neue Auto, der neue Pullover, die neuen Schuhe, die wir kaufen, uns selbstbewusst erscheinen lassen oder glücklich machen und uns mächtig wirken lassen.

Wirklich mächtig sind in Wahrheit ganz andere.

Um das zu erkennen, muss man keine Verschwörungstheorien herbei zitieren, es sind Tatsachen, Werbung, politische Beweggründe, die jeder offen sehen kann und erkennen kann, weil sie offen dargelegt sind in unserer konsumorientierten Welt. Wirtschaftspsychologie muss sich nicht verstecken, um wirksam zu sein.

Wird Digitalisierung von der Politik gefördert und beworben, weil sie ein Vorteil für die Bevölkerung ist und allen Menschen zugute kommt, oder ist Digitalisierung eine schlaue Marktstrategie, um weiter Arbeitsplätze zu rationalisieren, Menschen auf die Straße zu setzen und sich um deren Belange nicht zu kümmern?

Bedeutet OECD Gleichmachung in allen Bereichen, Rückgang der Artenvielfalt in der Natur, Untergang kleiner Betriebe des Einzelhandels im Wirtschaftsbereich, Unterdrückung Selbstständiger, Boom von Outlets und Supermärkten, Onlinekauf und Dumpinglohn im Dienstleistungsbereich?

Wollen wir das? Hauptsache einfach, billig, koste es, was es wolle, sind wir Deutschen ehrlich so drauf? Schon mal bei Kötter oder DHL als Fahrer gearbeitet?

Aber wir sind ja hart im Nehmen und sind Kämpfer bis zum bitteren Ende, anstatt mal unsere Augen zu öffnen, Vernunft walten zu lassen und die Geschwindigkeit unseres Lebens zu drosseln, uns zu zügeln und die Notbremse zu ziehen, bevor unser Schnellzug Deutschland, in dem wir alle sitzen, entgleist.

Wirtschaftliche und Biodiversität zu unterdrücken, schadet auf Dauer eher dem Leben, als es zu fördern. Folgen können mangelnde Widerstandsfähigkeit von Individuen sein, wie wir aktuell an den Auswirkungen von COVID-19 auf uns beobachten können. Das Leben ist klug. Es wehrt sich gegen unsere Geschwindigkeit und Unachtsamkeit. Die Natur schlägt zurück.

Corona und Wirtschaft: Win – Win – Win – Strategien für alle:
Die Wirtschaftsforschungsinstitute prognostizierten Ende März 2020 je nach Szenario einen Rückgang des BIP im Jahr 2020 zwischen 7 und 20 Prozent.[88]

---

[88] Quelle | Wikipedia | Wirtschaftskrise 2020.

„Die Wirtschaftskrise 2020 (auch Coronakrise oder Coronarezession, englisch auch Great Lockdown) wurde durch die COVID-19 – Pandemie ausgelöst. In vielen Ländern wurde im Rahmen von angeordneten Massenquarantänen („Lockdowns") das soziale und wirtschaftliche Leben weitgehend heruntergefahren. Infolgedessen kam es zu Betriebsschließungen und es wurden Ausgangsbeschränkungen und Kontaktbeschränkungen erlassen, um die Ausbreitung des Ende 2019 ausgebrochenen Coronavirus SARS-CoV-2 zu verhindern, das die Krankheit COVID – 19 auslöst. In der Folge brachen die Börsen ein, sank weltweit die Wirtschaftsleistung, stieg die Arbeitslosigkeit, und zahlreiche Staaten baten um internationale Kredithilfe.

Im Zusammenhang mit dem kommenden Investitionsprogramm wird auch diskutiert, wie mit diesen Mitteln ein „Grüner Wirtschaftsaufschwung", also der Strukturwandel hin zu einer klimaverträglichen Ökonomie, gestaltet werden kann. […] Ein Kreis weltweit führender Wirtschaftswissenschaftler regt an, die Wirtschaft mit Maßnahmen zu fördern, die gleichzeitig Klimazielen dienen, „Green Recovery" genannt"[89].

Wo wollen wir hin? Was geschieht nach der Krise? Nutzen wir das, was die einen als „Zeitfenster" betrachten, die anderen als „Schock", um daraus zu lernen?

Für mich persönlich ist die Coronakrise ein Zeitfenster, für viele jedoch, die kürzlich für die Wiedererlangung der Normalität auf den Straßen demonstrierten, ganz offensichtlich ein Schock.

Wie soll ein Neustart aussehen?

Der Wochenanzeiger, eine Duisburger Stadtzeitung, zeigt auf, wie ein „Achtsamer Neustart" gestaltet werden kann[90].

Eine Politik und eine Wirtschaft der Achtsamkeit sind tatsächlich gefragt. Achtsamkeit und Nachhaltigkeit als Geisteshaltung, Lebenseinstellung und politische und wirtschaftliche Grundhaltung sind Thema eines literarischen Werkes aus dem Jahr 1977, welches heute aktueller ist, denn je!

Von Ernst Friedrich Schumacher erschien das Buch: Die Rückkehr zum menschlichen Maß | Alternativen für Wirtschaft und Technik | „Small is beautiful" im Rowohlt – Verlag in deutscher Sprache erstmals im Jahr 1977.

Darauf hin veröffentlichte Prayudh A. Payutto: Buddhistische Ökonomie 1999.

Dr. Karl-Heinz Brodbeck veröffentlichte seine „Beiträge zur Grundlegung einer buddhistischen Ökonomie" in der dritten Auflage im Jahre 2007 ebenfalls in deutscher Sprache. Ich glaube, Deutschland, Europa, die Welt sind reif für eine buddhistische Wirtschaftslehre.

---

[89] Ebd.
[90] Quelle | Wochenanzeiger – Duisburg | Samstag, 16. Mai 2020.

Wollen wir dabei zunächst achtsam vorgehen: Aufmerksam, Schritt für Schritt, und beim Thema Deutschland beginnen. Was ist überhaupt „Buddhistische Wirtschaftslehre", wie unterscheidet sie sich von herkömmlicher Wirtschaftslehre?

Die Idee, Arbeit, Lebenserwerb mit dem Thema Buddhismus zu verbinden, stammt von Buddha selbst und zwar ist „rechter Lebenserwerb", „samma ajiva" auf Pali, das fünfte Glied auf dem edlen achtfachen Pfad, welcher wiederum die vierte der vier edlen Wahrheiten ist.

„Rechter" hat dabei nichts mit einer Richtungsangabe oder einer politischen Gesinnung zu tun. In der Sprache des Buddha bedeutet „rechter" oder „samma" richtig, gerecht, im weitesten Sinne liebevoll, von Mitgefühl erfüllt.

Damit weist der Buddha auf etwas hin, was wir modernen Leute als „Win – Win – Win" – Strategie bezeichnen können: Alle Teilnehmer haben Glück.

In der Sprache der Ökonomie: Alle Teilnehmer erhalten Gewinn, Zugewinn, Ertragssteigerung. Die Teilnehmer sind an dieser Stelle drei: Die in Deutschland real existierende Gruppe von Arbeitnehmern, die in Deutschland real existierende Gruppe von Arbeitgebern und die Umwelt, Natur beziehungsweise Ressourcen (Rohstoffe und Energiequellen).

Da letztere die Position ist, von der die beiden anderen Positionen abhängen, steht die Natur im Diagramm an oberster Stelle.

Das Verhältnis dieser drei Teilnehmer sieht wie folgt aus:

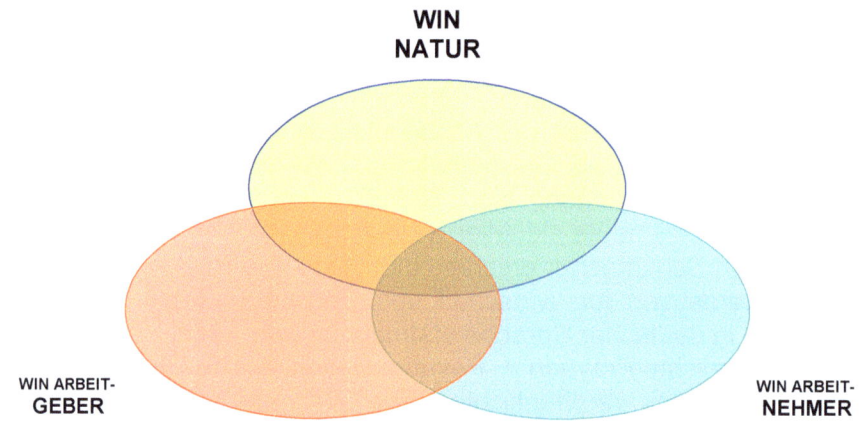

© Win – Win – Win – Lösung: Natur – Arbeitgeber – Arbeitnehmer | Baldur Airinger 2020

Nach E. F. Schumacher[91] erfüllt Arbeit vom buddhistischen Standpunkt aus gesehen mindestens drei Aufgaben:
- Sie gibt dem Menschen die Möglichkeit, seine Fähigkeiten zu nutzen und zu entwickeln.
- Sie hilft dem Menschen, aus seiner Ichbezogenheit hinauszutreten, indem sie ihn mit anderen Menschen in einer gemeinsamen Aufgabe verbindet.
- Sie erzeugt die Güter und Dienstleistungen, die für ein menschenwürdiges Dasein erforderlich sind.

Hier sind Menschen wichtiger als Güter, das BIP und das Bruttosozialprodukt.
Arbeit in einem nach dem Prinzip von Ganzheitlichkeit ausgerichteten System gibt dem Menschen den Sinn seines Daseins auch in der Form von Arbeit zurück: Sinnliches Erleben durch angenehme Arbeit mit den eigenen Händen.
Menschen werden nicht als Zahlen in Tabellen sondern als ganzheitliche Lebewesen angesehen.
Muße wird nicht als Gegenteil von Arbeit angesehen. Nach E. F. Schumacher ist eine Grundwahrheit menschlichen Seins, dass Arbeit und Muße einander ergänzen und Teile desselben Lebensvorgangs sind. Wenn Arbeit und Muße getrennt werden, werden Arbeitsfreude und der Segen der Muße zerstört.
Die buddhistische Auffassung von Arbeit unterscheidet zwei Arten der Mechanisierung, eine, die
- das Geschick und die Kraft des Menschen steigert und fördert und eine, die
- die Arbeit eines Menschen einem mechanischen Sklaven überträgt, wobei der Mensch dem Sklaven zu dienen hat.

Beispielsweise ist ein Handwebstuhl „ein Werkzeug, eine Vorrichtung, die die Kettfäden spannt, sodass die Finger des Handwerkers die Schussfäden um sie herum weben können. Der mechanische Webstuhl hingegen ist eine Maschine und ihre Bedeutung als Zerstörerin der Kultur liegt darin, dass sie den zutiefst menschlichen Teil der Arbeit verrichtet[92]“. Was ist der zutiefst menschliche Teil der Arbeit? Es ist das sinnliche, das schöpferische, kreative Moment der Arbeit.
Das Beispiel des Handwebstuhls ist sehr gut gewählt von Herrn Schumacher.
Ich, Baldur Airinger, sehne mich danach, zu weben. Ich liebe es, mit Naturmaterialien wie Wolle, Garn, Kupfer, Holz oder Ton in schöpferischem Sinne zu gestalten.
Ton zu berühren, ihn mit meinen eigenen Händen zu formen, selbst eine Schale herzustellen ist für mich ein sehr sinnstiftendes Moment der Arbeit. Das kann Arbeit für uns tun.

---

[91] Quelle 12 | S. 48 – 56.
[92] Ebd., S. 50.

Sie kann uns Sinn stiften. Lebenssinn. Diesen Sinn dürfen wir uns nicht von Maschinen abnehmen lassen. Ich möchte selbst formen, weben, gestalten. Auch wenn bei einer von Hand gefertigten Webearbeit nicht alle Tücher gleich aussehen, gleich groß oder gleich schwer sind, wenn der Preis nicht immer genau passt, ist eine sinnstiftende Arbeit heilsamer und damit letztlich gewinnbringender, als eine rein profitable.

Ich selbst empfinde bei der manuellen Herstellung von Kerzen aus Naturprodukten, beim Schnitzen oder Kupfertreiben, dabei, ein Segelboot zu steuern (wenn ich es denn könnte), beim Zeichnen, Malen, Schreiben, Töpfern, Weben so viel Glück und Freude, dass, falls ich eine Grundversorgung erhielte (was bei mir der Fall ist), der Lohn für diese Arbeit nicht materiell sein müsste, denn das Glück, welches ich bei diesen Handlungen empfinde, ist mir Lohn genug.

Glück kann man nicht bezahlen.

Eine Schule für Achtsamkeit und Herzensbildung©, die eine Grundlage für die Gesellschaft für Achtsamkeit und Nachhaltiges Leben© ist, berücksichtigt, ähnlich einer Waldorfschule, dieses schöpferische, kreative, glück-, zufriedenheits- und freiheitspendende, entschleunigende Element menschlichen Tuns und Handelns, menschlicher Arbeit. In dieser Schulform werden alte, aussterbende Handwerksberufe wie Filzen, Weben, Töpfern, Schönschreiben, Schreinern, Kupferschlagen, Schmieden, Papier Schöpfen, Spinnen, Stricken, Häkeln, Knüpfen, Klöppeln, Steinmetzen mit den alten Werkzeugen gefördert und ohne Leistungsdruck pädagogisch angewendet.

Ein wichtiges Element von Arbeit ist uns Menschen bei aller Industrialisierung und Rationalisierung in den letzten Jahrhunderten abhanden gekommen: Der Sinn! Wir Menschen haben das sinnstiftende Moment unserer täglichen Arbeit aus den Augen verloren. Eine buddhistische Wirtschaftslehre setzt niemanden unter Leistungsdruck. Sie verbindet Arbeit und alles menschliche Tun mit Kreativität, Freude und Sinn. Sinn belebt und stärkt den Menschen. Sinn heilt den Menschen und kann die Menschheit heilen.

Nach 40 Jahren Selbsthass habe ich den Sinn in meinem Leben wieder gefunden und habe mich dadurch geheilt. Sinn ist essenziell für unser menschliches Leben. Sinn ist das Gegenteil von Depression und Angst. Sinn sollte und kann in jedem Handgriff unseres menschlichen Tuns liegen.

Buddhistische Wirtschaftsökonomie verbindet Sinn mit der Ganzheit menschlichen Seins als Lebewesen und Teil der Natur. Buddhistische Wirtschaftslehre heißt Ausgewogenheit von Handeln, Leben und Wirtschaften. Es ist die Balance zwischen Natur, Arbeitgeber und Arbeitnehmer.

Laut E. F. Schumacher findet sich „nach den Buddhisten das Wesen der Kultur nicht in einer Vervielfachung von Bedürfnissen, sondern in der Läuterung des menschlichen Wesens. Das Wesen aber wird zugleich vor allem durch die Arbeit des Menschen gestaltet. Bei einer sinnvoll unter Bedingungen von Menschenwürde und Freiheit getanen Arbeit ruht Segen auf denen, die sie tun und auf ih-ren Erzeugnissen.[93]"

Für einen Menschen hat Arbeit verschiedene Bedeutungen: Arbeit ist
- Handeln und im Handeln sich selbst Erleben: Arbeit ist Erleben!
- Soziales Erleben, in der Gemeinschaft handeln und sich selbst in der Gemeinschaft Erleben. Arbeit ist Erleben und Leben!
- Kreativität
- Produktivität
- Selbstbestätigung
- Sinnfindung

All diese Faktoren spielen bei der Verrichtung von Arbeit eine wichtige Rolle und müssen berücksichtigt werden. Viele Menschen brauchen eine Beschäftigung „draußen", mit sozialen Kontakten im öffentlichen Raum.

Hauptziel einer buddhistischen Wirtschaftsplanung wäre daher eine Beschäftigung für jeden, der eine Arbeit ‚draußen' braucht. „Das entspräche nicht der Höchstbeschäftigung und auch nicht einer Höchstproduktion"[94].

Die Kinder und Familien von Frauen, die eine Beschäftigung ‚draußen' brauchten, sollten auf sinnvolle, ganzheitliche Weise vom Staat getragen werden.

Ich persönlich kann nicht nachvollziehen, weswegen Kinder im Alter von 0 – 3 Jahren nicht in der Familie bleiben sollten und warum hoch schwangere Frauen arbeiten gehen. Ich selbst als transsexueller Mensch war mit meiner Tochter schwanger und habe es als beglückend empfunden, besonders in den letzten Monaten der Schwangerschaft meinen Tagesablauf so gestalten zu können, wie es mir beliebt. Ich habe an die Sicherheit und den Schutz des Kindes gedacht und mich keiner Gefahr ausgesetzt wie in dieser Zeit selbst oder überhaupt viel Auto zu fahren oder einem Dienstverhältnis nach zu gehen, in dem Menschen regelmäßige und verlässliche, gleich bleibende Leistungen von mir erwarten, da ich wusste, dass ich besonders in dieser Zeit dazu nicht in der Lage war.

Laut E. F. Schumacher würde dem buddhistischen Wirtschaftswissenschaftler insbesondere Fabrikarbeit von Müttern kleiner Kinder, die in einer Kita oder in einem Hort untergebracht wären ohne die Liebe, Bindung und Wärme der Eltern und speziell der Mutter, ebenso sinnlos, unwirtschaftlich erscheinen wie einem modernen Wirtschaftswissenschaftler die Beschäftigung der Fachkraft als Soldat. „Während es dem Materialisten in erster Linie um Güter geht, geht es dem Buddhisten hauptsächlich um Befreiung. Aber Buddhismus ist ‚der Mittlere Weg', daher ist er in keiner Weise körperlichem Wohlbefinden gegenüber feindlich eingestellt. Nicht Reichtum steht der Befreiung im Wege, sondern die Bindung an ihn, nicht die Freude an angenehmen Dingen, sondern das Verlangen nach ih-

---

[93] Ebd.
[94] Ebd.

nen. Der Grundgedanke buddhistischer Wirtschaftslehre heißt daher Einfachheit und Gewaltlosigkeit."[95]

Daher ist klar, dass in einem buddhistisch geprägten Wirtschaftssystem keine Arbeiter, keine Menschen „verheizt" werden und keiner körperlichen Gefahr oder Abnutzung und Verletzung ausgesetzt werden.

In meiner Zeit als Student habe ich in verschiedenen Gärtnereibetrieben einen kleinen Nebenverdienst erworben. In dem Gärtnereibetrieb, in dem die Chefs auf meine Gesundheit und meine Eigenarten (Gesundheitsbewusstsein, Fleiß und Genauigkeit in der Pflanzenpflege) Rücksicht genommen haben und auf mich als Person eingegangen sind, bin ich geblieben.

Die Betriebe, bei denen sich der Vorarbeiter beschwerte, dass ich mir die Zeit beim Schultern eines Sackes Erde, der ebenso schwer war, wie ich, die Zeit genommen habe, auf eine gesunde Rückenhaltung zu achten, da habe ich mit der Chefin gesprochen und als diese die Ansicht vertrat, der Ertrag des Betriebes sei wichtiger, als die Gesundheit der Arbeiter, habe ich mit meinem Vater Rücksprache gehalten, der seit seiner Jugend beruflich als Gärtner tätig war.

„Die verheizen dich und ihre Leute. Da würde ich kündigen," antwortete er mir. Ich konnte in seinen Augen sehen, dass er aus Erfahrung sprach und kündigte.

Gute Deutsche Wertarbeit – made in Germany:
Warum lassen wir Menschen uns solche Dinge antun, dass die eigene Gesundheit weniger wichtig ist, als das Geld im Portemonnaie?

Gesundheit kann man nicht kaufen. Gesundheit ist eine der vier Schätze Buddhas: Gesundheit, Zufriedenheit, Zuversicht und – ich nenne es bedingungsloses, von jeglichen Faktoren unabhängiges Glück – das Nibbana[96].

Nach Schumacher betrachtet moderne Wirtschaftswissenschaft Verbrauch als den einzigen Zweck und das einzige Ziel allen wirtschaftlichen Handelns. Sie versucht, den Verbrauch mit Hilfe des günstigsten Musters von Produktionsanstrengungen auf ein Höchstmaß zu schrauben[97].

Will man nur an einer Stelle „schwarze Zahlen" schreiben, mag diese Rechnung logisch erscheinen.

Die irrsinnige Praxis jedoch zeigt sich beispielsweise in Duisburg und seiner Umgebung: Da Auto- und Zugbrücken auf eine Betriebsdauer von 25 Jahren gebaut werden, wahrscheinlich, damit immer mehr Firmen in immer kürzeren Zeitabständen immer wieder neue Arbeitsaufträge erhalten können, gibt es ein Verkehrschaos nach dem anderen, weil in kurzem Abstand von wenigen Jahren alle Brücken über den Rhein und in der Umgebung nacheinander Witterungsrisse

---

[95] Quelle 12 | Teil I | Kapitel IV.
[96] Dhammapada | Übersetzung des Ehrenwerten Nyanatiloka Mahathera | Jhana – Verlag | Uttenbühl | 5. Auflage 2015 | 15. Kapitel | Das Glückskapitel | Vers 204.
[97] Quelle 12 | Teil I | Kapitel IV.

und Alterserscheinungen zeigen, die bei einer vernünftigen, ganzheitlich denkenden Stadtplanung nicht vorgekommen wären.

Moderner bedeutet nicht immer besser. Vor etwa 70 Jahren gab es in Deutschland noch die „gute deutsche Wertarbeit". Qualität galt vor Quantität. Deutsche Produkte waren weltweit gefragt sowie deutsche Ingenieure und Fachkräfte, weil das, was sie taten sinnvoll war und funktionierte.

Moderne Projekte wie in der Stadt Duisburg scheitern, weil die alten, funktionierenden Maßstäbe von Qualität vor Quantität umgekehrt wurden. Daher ist aus Mangel an Sicherheits- und Vorsichtsmaßnahmen eine „Loveparade" zu einem traurigen Kapitel der Stadtgeschichte geworden. Ein Stadtarchiv war derart geplant, dass seine Statik nicht für die Belastungen von Papier ausgelegt war. Einem Gebäude sollte ein Komplex aufgesetzt werden, welches schwerer, als das Grundgebäude war und erodiert war, bevor es bautechnisch verwendet werden konnte.

Ein Bahnhofsvorplatz wurde zu einer Glas- und Betonleiche, weil über 20 alte Platanen gefällt wurden, aus einem Grund, dessen Sinn nicht allein mir bis zum heutigen Tage verborgen geblieben ist.

Qualität vor Quantität:

Meine Stadt bietet viele anschauliche Möglichkeiten zu erkennen, dass eine Planung, die den Wert der Quantität vor den der Qualität stellt, sich selbst im Wege steht, sich abwirtschaftet und hier und da mehr Bauleichen als für die Öffentlichkeit und die Bürger sinnvolle und angenehme Plätze für soziale Begegnungen hinterlässt.

Übrigens wurde ich von einem voll bewaffneten und gepanzerten Soldaten oder Polizisten einer Hundertschaft niedergedrückt bei dem Versuch, die Platanen auf der Mercatorstraße in Duisburg zu schützen.

In dem Augenblick, als der Mann mit Sichtschutz über mir lag und mir erklärte, dass, wenn ich mich widersetzen würde, er härtere Maßnahmen ergreifen würde, fragte ich mich, wo genau in unserer Stadt Politik im Sinne ihrer Bürger verwirklicht würde. Dieser Moment unter dem gepanzerten Mann gegen meinen Willen fühlte sich für mich nicht menschen- und naturfreundlich an.

Natürlich möchte ich als achtsamer Mensch und Harz IV – Empfänger nicht undankbar sein.

Buddhistische Wirtschaftslehre nach E. F. Schumacher versucht, „ein Höchstmaß an menschlicher Zufriedenheit durch das günstigste Verbrauchsmuster zu erzielen.[98]" Einfachheit und Gewaltlosigkeit sind hierbei oberstes Prinzip.

„Einfachheit und Gewaltlosigkeit stehen offenkundig in enger Beziehung. Das günstigste Verbrauchsmuster, das mit Hilfe einer vergleichsweise geringen Verbrauchsmenge ein hohes Maß an menschlicher Zufriedenheit erzeugt, gestat-

---

[98] Ebd.

tet es den Menschen, ohne großen Druck und große Spannung zu leben und die grundlegendste Forderung der buddhistischen Lehre zu erfüllen: ‚Tue nichts Böses mehr, versuche Gutes zu tun'. Da die materiellen Quellen überall begrenzt sind, ist es weit weniger wahrscheinlich, dass Menschen, die ihre Bedürfnisse mit Hilfe eines bescheidenen Einsatzes dieser Quellen befriedigen, sich gegenseitig an die Gurgel fahren als Menschen, die von einem hohen Verbrauch abhängig sind. Ebenso wird sich Gewalt weit weniger in örtlichen Gemeinschaften zeigen, die in hohem Maße autark sind, als dort, wo die Existenz der Menschen auf dem weltweiten Handelssystem beruht.[99]"

Weltweiter Handel darf kein Muss im übergeordneten Wirtschaftssystem sein.

Ich spreche hierbei nicht vom Handel bei und durch Spezialisten.

Ostfriesentee beispielsweise oder speziell Grüntee kommt aus von Deutschland weit entfernten Regionen. Assam – Tee oder japanischer Matcha – Tee gedeiht nun einmal nicht an der ostdeutschen Bucht beziehungsweise in deutschen Klimazonen und das ist auch gut so, weil weltweiter Handel schon seit Alters her auch ein Garant und eine Grundlage des Friedens zwischen den Nationen war und ist und so soll es bleiben.

Wenn weltweiter Handel auf gerechten Löhnen und menschenwürdigen Arbeitsverhältnissen beruht, bei dem Natur, Arbeitgeber und Arbeitnehmer Gewinner sind, entspricht auch dies einem gewaltfreien System in Form einer Win – Win – Win – Lösung. Das Konzept des Fairen Bio – Handels bietet eine solche Lösung.

Nun habe ich so viel Unpraktisches über meine Stadt gesagt, da muss ich auch das Praktische hervorheben.

Duisburg ist seit einigen Jahren Fairtrade – Town und hat, obwohl die Baumschutzsatzung neuerlich zu Ungunsten der Bäume verändert wurde, immer noch glücklicherweise einen erstaunlich üppigen, erfrischenden, das Klima verbessernden, herrlich grünen Baumbestand und es gibt in der Innenstadt sogar den nicht amtlichen Versuch eines „Stadtgartens".

„Vom Standpunkt der buddhistischen Wirtschaftslehre her ist also die Produktion aus am Ort verfügbaren Mitteln für am Ort entstehende Bedürfnisse die vernünftigste Art des Wirtschaftslebens, während Abhängigkeit von Einfuhren, die von weither kommen, und die sich daraus ergebende Notwendigkeit, für die Ausfuhr an unbekannte und weit entfernt lebende Völker zu produzieren, in hohem Maße unwirtschaftlich und nur in Sonderfällen und in kleinem Rahmen zu rechtfertigen ist.[100]"

Wie E. F. Schumacher allerdings bereits sagte, der buddhistische Weg ist „der Mittlere Weg".

Solange Fernhandel innerhalb der Win – Win – Win – Lösung von Natur, Arbeitgeber und Arbeitnehmer bleibt und den Prinzipien von Gewaltfreiheit und

---

[99] Ebd.
[100] Ebd.

Einfachheit, Gerechtigkeit und Ganzheitlichkeit entspricht, wenn zum Beispiel die Arbeiter, Lieferanten und alle, an dem Handel beteiligten Menschen so entlohnt werden, dass sie gut, gesund, zufrieden und glücklich von ihrem einen Gehalt in einer Familie leben können, sollte auch aus der Sicht einer buddhistischen Ökonomie gegen Fernhandel nichts einzuwenden sein.

Im Hinblick auf die Verwendung natürlicher erneuerbarer gegenüber nicht erneuerbarer Hilfsquellen bei der Produktion von Gütern zitiert E. F. Schumacher den herausragenden, französischen politischen Philosophen Bertrand de Jouvenel, der einen weiteren auffallenden Unterschied zwischen der modernen Wirtschaftswissenschaft und der buddhistischen Wirtschaftslehre aufzeigt, wenn er schreibt: „Da die Welt von Städten aus regiert wird, in denen die Menschen von jeder anderen Lebensweise als der menschlichen abgeschnitten sind, wird das Gefühl nicht bestärkt, zu einem Ökosystem zu gehören. Die Folge ist eine gefühllose und leichtfertige Behandlung von Dingen wie Wasser und Bäume, von denen wir letztlich abhängen.[101]"

An dieser Stelle betont E. F. Schumacher, dass die Lehre Buddhas dem Menschen eine ehrfürchtige und gewaltlose Haltung nicht nur allem empfindenden Leben gegenüber, sondern auch mit großem Nachdruck Bäumen gegenüber gebietet.

Pflege und Erhalt der Bäume schützt die Natur, den Menschen und seinen Lebensraum. Die Natur, der Mensch und sein Lebensraum stellen eine Einheit dar. Damit auch in Städten das natürliche Leben und die Produktion von Lebensmitteln vor Ort für die Bedürfnisse der Menschen vor Ort wieder Wirklichkeit wird, schlage ich allen Menschen, die diese Schrift lesen, das geordnete und planmäßige Schützen von Bäumen sowie das Errichten von Stadtgärten vor.

Der Stadtgarten:
Der Stadtgarten gilt für mich selbst, Baldur Airinger, als ein zentrales Element nachhaltiger Wirtschaftspraxis. Ein Stadtgarten in jeder Stadt gibt dem Prinzip „Mensch vor Maschine" das reale Fundament, bietet eine hervorragende Gelegenheit, unsere Lebenswirklichkeit entsprechend der buddhistischen Ökonomie mitzuformen.

Jeder Bürger, Bürgerin, jeder Mensch, ob klein oder groß, der in der Stadt lebt, kann auf der Basis eines Stadtgartens tatkräftig und real handelnd unter professioneller Führung, Organisation und Anleitung eine achtsame und tatkräftige Wirtschaft mitgestalten und auch für sich selbst dabei etwas mit nach Haus nehmen: selbst gezogene und geerntete Pflanzen, Nahrung zum Rohverzehr oder für den Kochtopf.

Übrigens: Rohköstler haben, was die Nahrungszubereitung angeht, einen geringeren Stromverbrauch und demzufolge auch eine niedrigere Stromrechnung.

---

[101] Ebd.

Pro Stadtgrundfläche einer gewissen Hektarzahl soll es einen Stadtgarten geben, der in die kommunale Organisation planerisch mit eingebunden ist.

Städte können daher über mehrere Stadtgärten verfügen.

Der Umgang mit den Pflanzen soll entsprechend strenger, biologisch – dynamischer Garten- und Landschaftsbauprinzipien erfolgen, welche konsequent auf den Einsatz von Pestiziden, Fungiziden, Düngemitteln verzichten, auf Nitrit- und Nitrat, Phosphat, auf Stoffe, die dem Boden und den Pflanzen mehr schaden, als sie ihm dienen.

Diese Art der Pflanzenbehandlung wird beaufsichtigt von Experten, die den Beruf des biologisch – dynamischen Landbaus gelernt haben und bereits mit einigen Jahren an praktischer Erfahrung in der Gesellschaft für Achtsamkeit und Nachhaltiges Leben© sowie als Lehrer für biologisch – dynamischen Landbau in den Schulen für Achtsamkeit und Herzensbildung© an den Start gehen.

Guano – Dünger, rein natürlich, beispielsweise gepresst in kleine, wurmähnliche Röhrchen sind 100 % biologisch, zwar teuer, aber auch sehr ertragreich[102].

Wenn man also überhaupt düngen muss, geht es mit etwas Verstand und Disziplin auch ohne Chemie und ohne Gentechnik.

Wenn die Menschen beispielsweise in Peru die Tierexkremente in Einvernehmen mit der Natur abbauen, ohne die Tierwelt zu stören und dem Ökosystem zu schaden und darüber hinaus das Handelsmonopol für sich behalten und die Preise einem „Mittleren Weg", der buddhistischen Wirtschaftslehre entsprechend, gestalten, ergibt sich wieder eine Win – Win – Win – Situation: Natur, Anbieter und Endverbraucher gehen zufrieden heim.

Wir wollen in einer nachhaltigen, achtsamen Gesellschaft nicht abhängig sein von Firmen, die andere Firmen aufkaufen und allein um der Konsumorientierung Willen handeln. Auf unbebauten Flächen oder Bahnbrachgeländen, in alten Industriegebieten sollen Menschen statt Outletcenter, Parkhäuser oder Supermärkte, die die Infrastruktur und die Vielfalt des Lebens, des Einzelhandels, der Diversität von Läden und Geschäften, Büchereien, Schustern, Uhrmachern und dergleichen in den Städten nur eintönig machen und das Leben auf wenige hässliche Betonklötze reduzieren, Stadtgärten einrichten.

City – Gardening sollte von einer buddhistischen Wirtschaftspolitik unterstützt, beworben und gefördert werden.

In der DDR waren Stadtgärten offenbar „in".

Es gibt eine wirklich menschenfreundliche Alternative zwischen reiner Marktwirtschaft und Planwirtschaft und dies ist meine Variante: Die Öko – sozial – Wirtschaft oder auch Gesellschaft für Achtsamkeit und Nachhaltiges Leben©, bei welcher der Stadtgarten, der sich über eine geordnete Mitbeteiligung der gesamten Kommune erfreut, eine zentrale, entscheidende Rolle spielt.

---

[102] Wikipedia | Guano.

In meiner Geburtsstadt Düsseldorf existiert im Süden ein „Schulgarten".

Ein solcher Schulgarten demonstrierte in meinen vier Jahren Grundschule einen Tag lang die Arbeit im Garten und das Pflanzen von Gemüse. Zur Belohnung durfte jeder von uns etwas Gemüse mit nach Hause nehmen.

Ich wohnte in einem Dorf von Gemüsebauern am Stadtrand und mein Vater war Gärtner.

Meiner Familie war der Umgang mit Gemüse geläufig und die Kinder der Siebziger Jahre des letzten Jahrhunderts und deren Eltern wussten mit frisch geerntetem Gemüse noch umzugehen, für uns kam die Milch nicht aus dem Tetrapack und Pommes wuchsen nicht in der Kühltruhe, denn in meinem Dorf gab es keinen Supermarkt und kein Geschäft mit Kühltruhe und wir haben dennoch gut gelebt.

Der Stadtgarten meines politischen Konzepts stellt eine Mischung aus Schulgarten, Berufsschulgarten und Nutzgarten der Menschen in der Kommune dar.

Es sollte pro Einwohnerdichte, Bebauungsdichte und Größe der Stadt gern mehrere Stadtgärten pro Ortsteil geben.

Eine besonders schöne Möglichkeit eines Stadtgartens stellen die Autoren Karl Josef Strank und Jutta Meurers – Balke (Herausgeber) in ihrer wertvollen Monographie „Dass man im Garten alle Kräuter habe... Obst, Gemüse und Kräuter Karls des Großen" vor, realisiert und in eine ausgesprochen ansprechende Form gebracht durch den Verlag Philipp von Zabern, Mainz, aus dem Jahre 2008 [Quelle 28].

Obgleich dieser König beziehungsweise Kaiser, je nach dem Datum der Entstehung dieser Schrift, weniger das allgemeine Volk, als vorrangig die eigene Versorgung[103] im Auge zu haben schien, bildet die Umsetzung seiner Land- beziehungsweise Krongüterverordnung den Anlass zur Entstehung vieler systematisch angeordneter und fachlich fundiert angelegter Gärten im damaligen Herrschaftsbereich Karls des Großen.

Wer sich für das Thema Garten auch im Stadt- und Landschaftsplanerischen Sinne interessiert, sollte sich durchaus mit dem Capitulare de Villis vel curtis imperii beschäftigen oder das oben genannte literarische Werk studieren.

Da dieses aber nicht jeder kennt, weise ich im Folgenden auch auf Wikipedia- und andere Internetseiten hin, welche sich mit dem Thema „Der Garten als Säule politischen Handelns" beziehungsweise Karlsgärten beschäftigen.

Laut Wikipedia wurden im 20. und 21. Jahrhundert Karlsgärten angelegt, um das Gartenkonzept des Kapitulare de villis ganz oder in Teilen umzusetzen und zu demonstrieren[104]. Bekannte Beispiele existieren in Deutschland, Österreich und Frankreich[105], die deutsche Karlsstadt Aachen verfügt über zwei Karlsgärten[106].

---

[103] Quelle 28 | S.13f.
[104] Quelle | Wikipedia | Capitulare de villis.
[105] Quelle | Wikipedia | Karlsgärten.

Was brauchen wir solche Gärten, wir können doch alles in Supermärkten kaufen?

Diese Frage wird sich so mancher Leser, so manche Leserin jetzt stellen.

Ja. Das ist richtig. In einem Konsum- und kapitalismusorientierten System ist dies heute normal. Leider.

Wir haben aber Vorstellungskraft und erkennen, dass viele Menschen heute Dinge tun, nur, weil ihnen ein Sinn im Leben fehlt. Ohne einen Sinn im Leben zu verspüren, tun wir oft seltsame Dinge: Auf der Autobahn fahren wir sehr schnell, hektisch und aggressiv und gefährden unser Leben und das Leben Anderer, wir wollen in Canyons und auf gefährlichen Wasserstraßen, auf Flüssen mit einer hohen Wildwasserstärke unsere Kräfte testen.

Wir sind Kettenraucher, abhängig, süchtig und blenden es aus, wir spielen Computerspiele, kommen davon nicht los, wir werden verrückt ohne Handy, ein Mann erklärte mir kürzlich noch, dass er abhängig von Twitter ist. Ohne W – Lan, Fernsehen, ohne ständig mitchatten, mitreden zu können, drehen wir durch.

Was ist das? Welches Phänomen macht sich da bemerkbar, wenn wir „nur noch kurz die Welt retten" müssen, bevor wir zur Ruhe kommen können, doch dann, wenn die Ruhe gerade eingetreten ist, suchen wir schon wieder nach Handy, Fernsehfernbedienung, nach Ohrstöpsel, Kopfhörer, Autoschlüssel, parken uns vor den Fernseher und können kaum einen Moment still sitzen. Warum ist das so? Ist uns unser Verhalten überhaupt bewusst?

Wir sind angetrieben von einer unbewussten Sehnsucht.

„Sucht und Sehnsucht sind zentrale Themen in der heutigen Gesellschaft. Die Möglichkeiten, sich in Abhängigkeiten zu begeben, sind allgegenwärtig: Warenparadies, Internet, Sekten, Sport aber auch Suchtmittel und die Flucht in den Wahn." Diese Worte des „Neuen Funkkolleg" schreiben Peter Kemper und Ulrich Sonnenschein bereits im Jahr 2000 und wir können heute mit Recht behaupten, dass unsere Lebensrealität durch Smartphones, Twitter, Facebook und wie die Foren alle heißen nicht einfacher und besser, sondern komplizierter und gefährlicher in dem Sinne eines steigenden Abhängigkeitspotentials geworden sind.

Die Schule für Achtsamkeit und Herzensbildung© bindet den Menschen wieder an seine Ursprünge an. Sinnliches, sinnvolles, erlebnisorientiertes Lernen und Mitgestalten knüpft dort an, wo jungen Menschen heute Sinn und Zusammengehörigkeit fehlen.

Eine Gesellschaft für Achtsamkeit und Nachhaltiges Leben© realisiert ihren Anspruch „Mensch vor Maschine" und „Mensch vor Umsatz" unter anderem in der Form von Stadtgärten, in denen Menschen selbst handeln, mit allen eigenen Sinnen selbst erfahren, erleben und gestalten und sich dabei wie nebensächlich

---

[106] Quelle | www.aachen.de – Karlsgärten.

ihre Nahrung selbst erarbeiten auf von der Kommune dafür freigestellten Flächen.

Sicher muss die Bodenqualität, welche beispielsweise bei uns in Duisburg durch eine lange Phase der Geschichte von intensiver industrieller Land- und Bodennutzung geprägt ist, erst auf einen gesundheitlich vertretbaren Zustand des Bodens gebracht werden.

Darauf, auch, wenn es mancherorts kaum realisierbar erscheinen mag, kann aber hin gearbeitet werden. Das setzt natürlich voraus, dass wir ein Gefühl für den *Grund und Boden im privaten und öffentlichen Raum* entwickeln, welches über dessen Nutzbarkeit als simples Hundeklo hinaus geht.

Das Endergebnis Stadtgarten als Kernkonzept einer Gesellschaft für Achtsamkeit und Nachhaltiges Leben© sich vorzustellen, Kreativität, planerisches Geschick und Vorstellungskräfte zu mobilisieren und Hebel und Schalter und letztlich sich selbst in Bewegung zu setzen, Türen zu öffnen, das gibt wahrlich neuen Wind, macht Lust, setzt Energiepotenzial frei um etwas erreichen zu wollen und zu schaffen, was vielleicht schwierig erscheint.

Was haben wir Menschen schon alles auf die Beine gestellt! Da werden wir eine Gesellschaft für Achtsamkeit und Nachhaltiges Leben©, eine Schule für Achtsamkeit und Herzensbildung, Schul-, Berufsschul-, Stadt- und Kommunalgärten auch schaffen und erschaffen können.

Mit dieser Lebensenergie, die eigenes Handeln, Kreativität, Begeisterung für eine Sache, für ein gemeinsames Ziel frei setzen kann, sind wir bestimmt besser ausgerüstet sogar gegen Pandemien wie COVID-19, als wenn wir nur aus Lethargie, Langeweile, Stress, Lustlosigkeit, Antriebsschwäche und Konsum bestehen.

Nicht umsonst ist in der Wirtschaftswissenschaft die Rede von „stagnierender Zufriedenheit bei steigendem Konsum", nicht von Ungefähr spricht man bei hauptberuflichem „Shopping" oder dem Haupthobby „Shopping" von „joyless economy", freudloser Wirtschaft. Wir können ganze Supermärkte voller Gegenstände besitzen und werden weder gesünder, noch glücklicher.

Erneuerbare und nicht – erneuerbare Kraftstoffe:
Weiterhin ist es vom buddhistischen Standpunkt aus selbstverständlich, dass klar und deutlich zwischen erneuerbaren (Holz, Wasserkraft, Solarenergie, Solarthermie) und nicht – erneuerbaren (Kohle, Öl) Brenn- beziehungsweise Kraftstoffen unterschieden wird.

„Nicht erneuerbare Güter dürfen nur dann verwendet werden, wenn das unvermeidlich ist. Selbst dann aber werden sie sehr sorgsam behandelt, und es wird angestrebt, sie möglichst zu bewahren. Der sorglose oder verschwenderische Umgang ist den Buddhisten zu gewalttätig, und auch, wenn völlige Gewaltlosigkeit auf dieser Welt wohl nicht zu erreichen ist, so besteht doch die unbedingte Pflicht des Menschen, in allem, was er tut, dem Ideal der Gewaltlosigkeit nachzustreben. [...] Eine Bevölkerung schmarotzt, die ihr wirtschaftliches Leben auf nicht – erneuerbaren Brennstoffen aufbaut, die also vom Kapital, statt vom Ertrag lebt. Eine solche Lebensweise kann nicht von Dauer sein und darf daher nur als vorübergehender Notbehelf gerechtfertigt werden.[107]"

Kernkraft:
Unfälle in mit Kernkraft betriebenen U – Booten sowie an Kernreaktoren haben deren Gefahr immer wieder aufgezeigt. Stichworte wie Hiroshima, Nagasaki, Tschernobyl, das Schicksal der Kursk, Fukushima sollten klar machen, dass die Nutzung von Radioaktivität als Brennstoff zu gefährlich ist.
Kernkraft stellt keine Alternative zu Kohle, Erdgas und Erdöl dar.
Kein Land will ein Endlager für Atommüll haben, am besten und achtsamsten sollten aber die Länder, die Jahrzehntelang Atommüll in eigenen AKW produziert haben, auch Sorge für den Atommüll tragen, in dem sie beispielsweise ihr AKW / ihre AKW abschalten und auf der ehemaligen Grundfläche des AKW von Spezialisten wie der GNS – Gesellschaft für Nuklearservice[108] den Atommüll fachgerecht verpacken und einlagern lassen und JETZT mit dem geordneten Rückzug aus der Atomenergie beginnen.
Außerdem begreift der moderne, gebildete, klar denkende Mensch schnell, dass wir Menschen alle in einem Boot sitzen und wenn wir uns nicht einreden lassen, dass irgend jemand unser Feind ist, den wir bekämpfen müssen, dann begreifen und fordern wir endlich alle:
Deutschland und die Welt atomfrei!! Abrüstung in Deutschland und global!!
So hochgefährlich die Nutzung radioaktiven Materials im Bereich Stromgewinnung und Waffentechnik ist, kann man meines Erachtens durchaus von Gewalt gegen Mensch, Natur und unsere Mutter Erde sprechen, wenn wir weiterhin auf der Grundlage unserer Erfahrungen mit Kernkraft diese für uns nutzen im zivilen und militärischen Bereich.
Was wir Menschen mit Kernenergie erreichen wollen, können wir auch auf bessere, sanftere, umwelt- und gesundheitsschonendere Art und Weise erreichen. Die Wege dazu wurden und werden von vielen Wissenschaftlern, vielen Experten weltweit seit langer Zeit aufgezeigt und werden nur von macht- und geldgierigen Kräften immer wieder unterdrückt. Ein Atomkraftwerk ist eine Geldmaschine. Es geht dort nicht um den Menschen. Wir sollten unseren Nationalstolz, wenn wir denn einen haben, dazu nutzen, uns gegen Einflüsse zu wehren, die wirklich unserer Natur auf Jahrtausende schaden. Beispielsweise sollten wir aufhören, weiter Atommüll zu produzieren, indem wir keine AKW – Betreiber bleiben.
Wir bilden uns ein, Sicherheit für AKW garantieren zu können aber auch nur das geringst Restrisiko beim Betreiben von AKW und im Hinblick auf die Abfallpro-

---

[107] Quelle 12 | Teil I | Kapitel IV.

[108] www.gns.de

dukte zeigen einer verantwortungsvollen Staatsführung, dass wir grundsätzlich von diesem Thema Abstand nehmen sollten. Auch vermeintlich neue Konzepte wie die einiger kleinerer Parteien, die heutzutage versuchen, nachzurücken, gehen alle auf den sogenannten „Schnellen Brüter" zurück. Diese Technik ist vergleichbar damit, dass wir glühende Kohlen auspressen, um daraus einen Funken zu gewinnen, dabei werden die glühenden Kohlen zu brennenden Fackeln. Leute, lasst Euch nicht für dumm verkaufen! Werdet wach und informiert Euch selbst!

Wir sollten auch keine neuen AKW – Konzepte erfinden, das kann alles nur „in die Hose" gehen. Kernkraftnutzung ist nur auf den ersten Blick hilfreich, gut und schön. Meine Familie nutzt seit mindestens fünf Jahren reinen Ökostrom und wir leben damit super. Leute, lasst Euch nicht für blöd verkaufen. Lasst euch keine Probleme einreden, wo in Wahrheit keine sind, außer, dass Atomstromlobbyisten ihre Felle weg schwimmen sehen.

Einfachheit – Highlight:
Laut Chip.de[109] leuchtet „Centennial Light" seit 1901 und spendet Licht seit rund 119 Jahren. Die Glühbirne in Livermore im US – Bundesstaat Kalifornien hatte ursprünglich 60 Watt und brennt in einem Feuerwehrhaus seit dem Jahr 1901. Sie ist mundgeblasen und leuchtet heute noch mit einer Leistung von etwa vier Watt. Dabei gilt sie als langlebigste Glühbirne der Welt und hat sogar eine eigene Facebook – Seite, auf der ihr über 10.000 User folgen.

Wie wäre es, wenn wir heutzutage Glühbirnen herstellen, mundgeblasen, auf LED – Basis, die ebenso lange halten?

Bisher war dies nicht denkbar, wegen der technischen Anforderungen, oder weil unser Weltmarkt eben ein Markt und kein Schenker, Segens- oder Heilsbringer ist? Ist er nicht.

Noch nicht. In einer Gesellschaft für Achtsamkeit und Nachhaltiges Leben© würden durchaus solche Produkte wieder Verwendung finden, die einfach und gewaltfrei sind, weil sie niemandem schaden außer der Gier einiger Leute und weil sie einfach funktionieren.

Die Weltvorräte an nicht – erneuerbaren Brennstoffen (Kohle, Erdöl, Erdgas) sind äußerst ungleichmäßig über den Erdball verteilt und in ihrer Menge begrenzt. Somit stellt ihre immer raschere Ausbeutung eine Gewalttat gegen die Natur dar und es ist nicht auszuschließen, dass Gewalt gegen die Natur auch Gewalt gegen Menschen nach sich zieht.

„Moderne" Wirtschaftswissenschaft unterscheidet nicht zwischen erneuerbaren und nicht – erneuerbaren Brennstoffquellen, den Verbrauch jedes Jahr zu stei-

---

[109] chip.de | Leuchtet seit 116 Jahren: Uralte Glühbirne lässt Forscher staunen - CHIP

gern ist oberste Devise, Verbrauch ist das einzige Ziel und der einzige Zweck allen wirtschaftlichen Handelns und Güter sind wichtiger als Menschen.

Diese Tatsache müsste bereits ausreichen, um weit blickende und intelligente und sogar solche Menschen in buddhistischen Ländern zum Nachdenken bringen, die sich nichts aus ihrem buddhistischen Erbe machen und „den glühenden Wunsch verspüren, sich möglichst rasch dem Materialismus der modernen Wirtschaftswissenschaften hinzugeben.[110]"

China, Japan, Korea und Indien könnten zumindest aus den atomaren Katastrophen der letzten Jahrzehnte gelernt haben, dass es besser ist, Abstand von dieser Gefahr bringenden Technologie zu nehmen, als unbedingt und mit allen Mitteln Kernkraft in großem Stil zu nutzen, um aller Welt zu zeigen, dass auch diese Nationen „Global Player" sind.

„America First – so spricht der US – Präsident," höre ich oft in den Medien.

„Seid euch selber Zuflucht. Nehmt keine andere Zuflucht," mahnte Buddha kurz vor seinem Tod und unterstrich damit, dass jeder die Quelle des Glücks in sich trägt[111]. Dies gilt auch für Staaten, Regierungen, Nationen.

Wir können friedlich nebeneinander existieren und dabei alle individuell und gleichberechtigt sein.

Wie in einer Familie, in der jeder einzelne Mensch ein eigenes Individuum ist und sich von den anderen Menschen innerhalb dieser Familie durch gewisse Äußerlichkeiten, Meinungen oder Ansichten unterscheidet und dennoch gleichberechtigter Teil der Familie ist, können wir Staaten nebeneinander und miteinander in Frieden existieren. Wir können uns akzeptieren, wie wir sind, ohne einander zu drohen und voreinander Angst zu haben. Wir müssen nicht beweisen, wer wir sind, da wir lebensberechtigt, liebenswert und in Ordnung sind so, wie wir sind. Wir müssen nicht alle „Global Player" sein, schon gar nicht auf eine Weise, die den Globus und das gemeinsame Spiel in Gefahr bringt.

Der Buddha sagte einmal: Wenn Du auf Deinem Weg niemanden findest, der gerecht und ein ehrlicher, wahrer, guter Freund ist, der achtsam und friedlich ist, dann wandle lieber allein. Auch Nationen sollten Frieden und Einfachheit wahren, statt vermeintlich Stärkeren und Reicheren hinterher zu laufen.

Reichtum sind die geläuterten, verbindenden, friedlichen Seelenkräfte innerhalb eines Landes und davon hat jedes Land mehr als genug, um sich auch ohne Kernkraft und Muskelspielen als reich erkennen zu können.

E. F. Schumacher schließt sein Kapitel „Buddhistische Wirtschaftslehre" mit den Worten: „Angesichts der unmittelbaren Erfahrung und der langfristigen Auswirkungen könnte sich die Beschäftigung mit der buddhistischen Wirtschaftslehre selbst für jene empfehlen, die Wirtschaftswachstum für wichtiger als irgendwel-

---

[110] Quelle 12 | Teil I | Kapitel IV.
[111] Quelle 7 | S. 25

che geistig – seelischen oder religiösen Werte halten. Es handelt sich nämlich nicht um eine Frage der Wahl zwischen ‚modernem Wachstum' und ‚herkömmlichem Stillstand'. Es geht darum, den rechten Pfad der Entwicklung zu finden, den Mittleren Weg zwischen materialistischer Rücksichtslosigkeit und herkömmlicher Unbeweglichkeit, kurz gesagt, die ‚Richtige Lebensart'.[112]"

„Modernes" Wirtschaftswachstum bedeutet, dass ganze Berge abgetragen und ganze Wälder vernichtet werden, um an Rohstoffe und Energiequellen zu gelangen. Arbeiter, Menschen existieren dabei in menschenunwürdigen Bedingungen. Der Kapitalismus zeigt seine Zähne in der Ausbeutung von Mensch und Natur durch Dumpinglöhne und Billiglohnsektoren, jüngst durch Mechanisierung, Digitalisierung, Wegrationalisierung von Arbeitsplätzen.
Der „moderne" Mensch schafft sich selbst ab.
Was hinterlassen wir?
Maschinen, die sich selbst verwalten, damit wir uns im eigenen Swimmingpool langweilen können. Ist das der Sinn moderner Wirtschaft? Wird solch ein Lebensstil den Reichen nicht bald auch langweilig?
Anstatt Langeweile zu haben, können wir uns auch unseres eigenen Friedenspotentials in jeder ruhigen Minute, in jedem zufriedenen Moment, in jeder Sekunde, in der mal „nichts passiert" und die Zeit sich anfühlt, als ob sie still steht, bewusst werden. In solchen Augenblicken herrscht Frieden und wir brauchen ihn nur noch zu erkennen, dann ist Frieden Wirklichkeit.
Was bedeuten die Worte „Richtige Lebensart", von der E. F. Schumacher spricht? Darum, um diesen Ausdruck „Richtige Lebensart" ihrem Sinn nach angemessen zu verstehen, seien nun kurz einige Sachzusammenhänge aus der Lehre des Buddha erläutert.

Buddha ist kein Gott – Buddhismus ist keine Religion:
In der ursprünglichen Lehre des Buddha existieren keine Dogmen und keine Götter. Thomas Hohensee erklärt, dass es Buddha fern lag, zu missionieren und dass er rund um seine Lehre keine weltumspannende Organisation aufbaute[113].
Ein Bekannter, der seit vierzig Jahren Buddhist ist, erklärte mir, dass der Buddhismus in seinem Ursprung keine Religion ist. Religionen definieren sich durch ihre Dogmen, also Glaubenssätze, durch kultische Rituale und Organisationen. Diese nahmen erst später in die Lehre des Buddha Einzug.
Für uns Christen, Moslems, Juden oder Atheisten bedeutet dies, dass Buddhismus unserer Grundüberzeugung nicht im Wege stehen muss.
Was Buddha erkannt hat, ist die Bedeutung des Leidens für unser Leben, sowie die Art und Weise des Funktionierens des menschlichen Geistes[114].

---

[112] Quelle 12 | S. 56.
[113] Quelle 7 | S. 15

Dharma oder Dhamma ist ein Wort in Sanskrit beziehungsweise Pali für die Lehre des Buddha und bedeutet Naturgesetz, Gesetz, Wahrheit.
Das Dhamma ist das von Buddha erkannte und verkündete Gesetz.

Es ist zusammengefasst in den Vier Edlen Wahrheiten[115].

Die Vier Edlen Wahrheiten sind:

1   Die Lehre von der Wahrheit des Leidens
2   Die Lehre von der Wahrheit der Entstehung des Leidens
3   Die Lehre von der Wahrheit der Überwindung des Leidens
4   Die Lehre von der Wahrheit des Weges zur Überwindung des Leidens.

In Kürze: Leiden – Entstehung – Überwindung – Weg zur Überwindung.

Der Weg zur Überwindung des Leidens ist der „Edle Achtfache Pfad".

Er wird in der folgenden Tabelle vorgestellt.

Der Autor Thomas Hohensee[116] hat für die alte Ausdrucksweise (erste Spalte) gute moderne Entsprechungen (zweite Spalte) gefunden.

Die Begriffe der dritten Spalte stellen die Worte in Pali dar, der Sprache des Pali-Kanons, der im ersten Jahrhundert vor Christus schriftlich aufgezeichnet wurde.

---

[114] Quelle 7 | S. 35ff; S. 45ff.
[115] Quelle 13 | S. 102.
[116] Quelle 7 | S. 97ff.

Die Begriffe des „Achtfachen Pfades" kurz in einer Tabelle:

1 rechte Ansicht	Die Wahrheit erkennen	samma ditthi
2 rechte Gesinnung	Sich befreien	samma sankappa
3 rechte Rede	Freundlich Kommunizieren	samma vacca
4 rechtes Handeln	Liebevoll handeln	samma kammanta
5 rechter Lebenserwerb	Mitfühlend Geld verdienen	samma ajiva
6 rechte Anstrengung	Den Geist trainieren	samma vayama
7 rechte Achtsamkeit	Aufwachen	samma sati
8 rechte Konzentration	Zur Ruhe kommen	samma samadhi

Neben den „Vier edlen Wahrheiten" und dem „Edlen Achtfachen Pfad" sind noch zwei Potenziale buddhistischer Lebenshaltung zu erwähnen, eine sind die „Vier Grundlagen der Achtsamkeit", die andere sind die „Vier Verweilungsstätten".
Die Grundlagen der Achtsamkeit sind grundsätzliche Betonungen achtsamen Denkens, Fühlens und Handelns im Alltag, die von jedem Menschen mit etwas gutem Willen und Überzeugung erlebt und durchgeführt werden können, es geht um ein bewusstes Erleben des Moments, des Augenblicks, um mehr Klarheit und Bewusstheit im Alltag.

Die vier Grundlagen der Achtsamkeit sind:
- Achtsamkeit auf den Körper
- Achtsamkeit auf die Gefühle
- Achtsamkeit auf den Geist
- Achtsamkeit auf die Geistesobjekte.

Der Geist, das Denken selbst wird als reine Kraft betrachtet. Geistesobjekte sind Die Dinge, mit denen sich unser Geist beschäftigt, im Normalfall sind dies bei einem Menschen Zukunft oder Vergangenheit.
Die „Vier Verweilungsstätten" haben mit der Achtsamkeit auf die Gefühle zu tun und bedeuten unsere geläuterten, gereinigten Emotionen.
Nach Buddha können wir getrost „mit leichtem Gepäck" reisen, denn wir kommen im Alltag, in allen Lebenslagen, ja das ganze Leben hindurch mit nur vier Emotionen aus: bedingungslose Liebe, Mitgefühl, Mitfreude, Gleichmut (Gemütsruhe, innerer Friede).

Wer sich auf den Weg macht, diese Formen des Daseins im Alltag ab und zu auszuprobieren und dann vielleicht für sich selbst herausfindet, dass es ein Wagnis, spannend und aufregend ist, liebevoll zu handeln, freundlich zu kommunizieren, auf der Arbeit, zu Hause mit der Familie und auch sich selbst gegenüber, wem es ein Abenteuer ist, seinen eigenen Geist zu trainieren, mitfühlend zu handeln und zur Ruhe zu kommen, der sollte schon mal gern das Werk von Thomas Hohensee – 10 Dinge, die jeder von Buddha lernen kann, lesen.

Wer sich vielleicht auch darüber hinaus für das Thema Buddhismus und speziell für mögliche Zusammenhänge zwischen buddhistischer Lebenshaltung, Lebenseinstellung und Wirtschaftswissenschaften, Buddhismus und modernen politischen Führungsstilen wie zum Beispiel in Nepal oder Bhutan interessiert, mag verstehen, weshalb ein Umdenken in unserer hoch technisierten, digitalen Welt, in welcher der Wert und die Würde des einzelnen Menschen unterzugehen drohen, so wichtig ist.

Durch Corona hat unsere Wirtschaft, hat das BIP um ein paar Prozent nachgelassen. Sind wir deshalb ärmer? Fehlt uns Geld? Einige meiner Bekannten besitzen ein Geschäft und beklagen jetzt die Einbußen.

Auch Menschen, die mit Tourismus Geld verdienen, haben jetzt finanzielle Probleme. Viele andere meiner Freunde bekommen momentan Grundsicherung statt den üblichen Lohn oder machen Kurzarbeit.

Von all dem gehen wir aber nicht zugrunde.

Was uns wirklich fehlt, ist der Umgang mit Freunden und anderen Menschen. Jetzt in der Krise zeigt sich, was wirklich wichtig ist: Gute Freundschaft, Zufriedenheit, positiv Denken, Gesundheit, Nachbarschaftshilfe, freundliches Miteinander, Gemütsruhe, Zuversicht.

Geld kann Menschen und Freundschaft nicht ersetzen. Das erkennen nun selbst diejenigen, bei denen Geld zuvor an oberster Stelle stand.

Geld, Wirtschaft, Wirtschaftswachstum ist nicht alles, was einen Staat ausmacht, es sind die Menschen in ihm, die fühlen, denken, handeln und kreatives, schöpferisches Potenzial haben.

Wie Ernst F. Schumacher es formuliert: Die Bedeutung der Maschine als Zerstörerin der Kultur liegt darin, dass sie den zutiefst menschlichen Teil der Arbeit verrichtet[117]". Was ist der zutiefst menschliche Teil der Arbeit?

Es ist das sinnliche, das schöpferische, kreative Moment der Arbeit. Schumachers „Small is beautiful" erschien in deutscher Sprache 1977 und heute, 2020 erleben wir nicht nur die Maschine als Zerstörerin der Kultur, auch digitale Medien sind Maschinen und besitzen Kultur zerstörende Elemente, wenn sie Wahrheit verschleiern und Meinungen manipulieren. Ansonsten gebe ich „Coldmirror" Recht: Internet - Wir leben in einer faszinierenden Zeit!

---

[117] Quelle 12 | S. 50.

Und in dieser faszinierenden Zeit benötigen eine Politik des Dialogs von Mensch zu Mensch, die in alle Bereiche des Lebens dringt, wir benötigen eine Wirtschaftspolitik, welche die Kraft besitzt, der Maschine und der Digitalisierung als Zerstörerin von Kultur echte, belastbare, krisenfeste Werte und Lebensqualität entgegen zu halten.

Digitalisierung und ein 3D – Drucker mag in der Paläoanthropologie sinnvoll sein, um einen unvollständig erhaltenen Schädel eines Australopithecus, eines sogenannten „Menschenaffen", mit einem spezialisierten Computerprogramm zu vervollständigen und anschließend in 3D nachzugießen.

Australopithecus?

An dieser Stelle können wir bemerken, wie wir technische Begriffe gewöhnt sind, jedoch von unserem eigenen Stammbaum kaum etwas wissen. Würden wir aber alles mit 3D – Druckern herstellen, wären wir bald von unserer Kultur gänzlich abgeschnitten. Töpfern, Stricken, Häkeln, Weben, Flicken von Kleidung habe ich in der Schule noch gelernt.

Gibt es die Fächer Kunst und Handarbeit heute noch? Oder das Fach Musik?

Einst haben Humanisten dafür gekämpft, künstlerische Fächer mit in den Fächerkanon im Schulsystem aufzunehmen. Heute gleichen Lehrpläne Fabrikanweisungen und die Schüler werden durchgeschleust, wie am Fließband. Sie müssen Lerninhalte können, die später abrufbar sein müssen und werden längst verstanden als Rädchen im großen Wirtschaftssystem, das funktionieren muss, weiter nichts.

Ich empfinde mich nicht als ein solches Rädchen im System und möchte auch nicht, dass mein Kind so verstanden wird. Mein Kind ist ein Geschöpf, kein Geldfaktor, kein Wirtschaftsfaktor.

Das Werk „Small is beautiful" von E. F. Schumacher fand seinerzeit, als es erschien, nach meiner Auffassung kaum bis keine Resonanz, jedenfalls zu wenig, als dass wir heute davon zehren könnten.

Das Thema „buddhistische Ökonomie" wurde auch noch von weiteren Literaten aufgegriffen, von Dr. Karl-Heinz Brodbeck und von Prayudh A. Payutto.

Ihnen gilt mein herzlicher Dank. Auch dem oekom e.V. und dem oekom verlag sowie Herrn Prof. Dr. Niko Paech gilt für die Neuauflage des Werkes „Small is beautiful"[118] mein aufrichtiger Dank.

Eine Buddhistische Wirtschaftslehre zu thematisieren erscheint mir in der heutigen Zeit besonders wichtig. Durch COVID-19 stoßen wir an die Grenzen unseres Systems. Auch mit der schnellsten Rechenleistung und den tollkühnsten medizinischen Errungenschaften gelingt es uns „unzufriedenen und verantwortungslosen Self – made – Göttern, die nicht wissen, was sie wollen"[119],

---

[118] Quelle 14.
[119] Quelle 8 | Abschlusspassus.

133

nicht, die Coronakrise in den Griff zu bekommen. Das schaffen wir nur durch selbst auferlegte Beschränkungen, durch **Achtsamkeit** und Disziplin!

Covid-19 berührt die Grenzen und die von Dahrendorf in Jahre 2002 aufgezeigten „Krisen der Demokratie"[120] aus der Sicht offenbar der Bürger, die mit dem nach meiner Auffassung guten Management der Coronakrise durch die Politiker unzufrieden sind.
Demokratie ist auch Verantwortungsbereitschaft, nicht nur Grenzenlosigkeit.
Sicher hätte man in Deutschland das alte „Hamster – Gen" des längst vergessenen „Deutschen Michel" kennen und dem vorgreifen können, in dem man von vornherein Abgabemengen in Geschäften und Supermärkten von politischer Seite vorgibt und regelt.
Das wichtigste politische Moment, die entscheidende staatliche regulierende Leistung aber sind in meinen Augen die zum Schutz der Bevölkerung gedachten Beschränkungen dem Volke aufzuerlegen, die eben aufgrund der medizinischen Tatsache der extrem ansteckungsfreudigen Form des Coronavirus gegeben sind.
Trotz vorhersehbarer finanzieller Einbußen hat unser auf Wachstum geeichtes System es geschafft, haben die Politiker es geschafft, Sicherheit und Gesundheit der Bevölkerung noch vor der Produktionsleistung der Bevölkerung als wichtig zu erachten.
Wie sacht der Berliner: Jut jemacht!

Ich finde dieses Verhalten richtig und gut.
Sicherheit und Gesundheit gehen eben vor. Auch in einer Krise, denn wenn ein Mensch krank ist oder tot, nützt ihm auch der größte Reichtum nichts.
Nicht Technik hat uns geholfen, die Krise zu bewältigen, sondern Achtsamkeit und Disziplin. Das sollte uns zu denken geben angesichts der Dinge, die wirklich wichtig und wertvoll sind in unserem Leben.
Durch den Faktor Nr. 15 in der Liste der 19 Bedingungen für optimale Gesundheit nach der Natürlichen Gesundheitslehre© – Punkt 15: Selbstbeherrschung – haben wir gelernt, mit der Krise umzugehen und sie in den Griff zu bekommen, sie in ein alltagstaugliches Szenario umzusetzen.
Just Selbstbeherrschung. It's so simpel.
Wenn wir heutzutage Selbstbeherrschung üben, kann uns diese Fähigkeit später wieder zugute kommen und nützlich sein. Selbstbeherrschung zu üben ist wichtig und richtig, denn irgendwann werden wir sie wieder brauchen.
Funktioniert besser, als die dickste Rechenleistung bei Computern!
Selbst die krassesten Hochleistungsrechner, wie sie Yvonne Hofstetter in ihrer Monographie „Das Ende der Demokratie[121]" beschreibt, können keine Pande-

---

[120] Quelle 15.
[121] Quelle 18.

mien vorhersagen exakt in der Weise, wie sie sich entwickeln, wage ich zu behaupten.

Ich wage ebenso zu behaupten, dass uns eben diese Rechner nicht ein bisschen in der Bewältigung der Krise helfen könnten, indem sie uns die „richtige Wahl", die „gesündere Entscheidung" abnehmen oder uns die besten Medikamente nennen.

Apropos „gesunde Entscheidung": Auch Lachen sollten wir ab und zu üben, denn wenn wir Fröhlichkeit und innere Freiheit heute üben, haben wir sie ab da zu Verfügung und sie können uns tragen wie ein Schwimmgürtel durch Zeiten, in denen mal nicht alles klappt, wie wir wollen.

Lach – Yoga will ich mal machen, das ist ne gute Idee, kann ich nur weitergeben! Oder ab und zu Witze erzählen.

Ein Freund, ein Herr Vikar in Bayern wird von seinen Gemeinden geliebt für seine humorvolle Art.

Von ihm stammt dieser Witz, der hat zwar mit Krankheiten zu tun, jetzt aber mal nicht mit Corona:

Die Lehrerin in der Schule trichtert den Kindern ein, sie sollen bitte nicht mit ihren Haustieren schmusen oder kuscheln, weil davon Krankheiten übertragen werden. „Stimmt," ruft Toni in die Klasse, „meine Tante hat letztens unseren Hund geküsst."

Die Lehrerin runzelt die Stirn.

„Und was ist passiert?", fragt sie.

„Meiner Tante geht's gut, aber der Hund ist gestorben!"

In dem Sinne!

Entscheiden wir uns doch mal zu mehr Freude im Leben! Das ist ein Thema, wie man Pandemien aufhalten kann, denn Freude macht gesund!

Würden uns Computer wie Smartphones unsere ureigensten Entscheidungen abnehmen, beispielsweise, ob ich heute Vormittag vegetarische Kost zu mir nehme oder Fleisch esse, welche Partei ich mittags wähle und ob ich am Abend mir Marc oder Tony ausgehe, wäre meines Erachtens der Sinn menschlichen Daseins verloren gegangen.

Unsere Entscheidungen sind das Menschlichste an uns, geben wir die ab an Computer oder Maschinen, leben wir am Leben vorbei.

Wirklichkeit einer Gesellschaft für Achtsamkeit und Nachhaltiges Leben©

Struktur – Organisation – 19 MinisterInnen:

Die Gesellschaft für Achtsamkeit und Nachhaltiges Leben© verbindet die 19 Prinzipien für optimale Gesundheit aus der Natürlichen Gesundheitslehre©[122] mit dem Hinweis des Buddha auf die Nützlichkeit eines mitfühlenden Wirtschaftens in seinem fünften Glied des Edlen Achtfachen Pfades: rechter Lebenserwerb – samma ajiva beziehungsweise einer buddhistischen Wirtschaftslehre.

Demzufolge wird jedes dieser 19 Lebensbedürfnisse auf einen optimal funktionierenden Wohlfahrtsstaat übertragen und erhält eine eigene Verwaltung – ein eigenes Ministerium.

Auf diese Weise ergeben sich **19 Ministerien**, je eins für

1. reine, saubere Luft, ihre Eigenschaften – gesunde Körperhaltung – richtiges Atmen – wirtschaftspolitische Maßnahmen zur Reinhaltung der Luft.

2. reines, sauberes Wasser und seine Eigenschaften – Kneipp als Heilmethode, Alltags- und Schulkonzept – „From Cradle to Cradle" nach Braungart – Ökologischer, biologisch – dynamischer Landbau nach Steiner – Das Wasser in Staat, Stadt, Land und Landwirtschaft, Wasser in unserer Kultur.

3. Nahrung für unsere Gesundheit – Stadtgarten und Co – sechs Niveaus von Nahrungsmitteln nach Manfred Bruer [Quelle 20].

4. Reinheit und Gesundheit, Pflege des Körpers – sanfte Bewegung – Entschlackende Ernährung – gesundes und ökologisches Stadtplanen und Bauen.

5. Temperatur, Klima, Kleidung, Mobilität, Klima – Haushalt in Immobilien. Impulse für den privaten Bereich sowie im Bereich des Staatswesens und der Verwaltung.

6. Schlaf, Tages- und Nachtrhythmus, Erhalt der Nacht als Ruhe- und Schlafphase für Mensch und Natur in Form von Stille und Ruhe zur Regeneration durch Reduktion von Geräuschbelastung, äußerer Tätigkeit und Beleuchtung. Konsequent zur Ruhe zu kommen bedeutet, effektiv Kraft zu schöpfen.

7. Bewegung, Bewegungskunst, Volkssport, Sportanlagen in Stadt, Wald und

---

[122] Quelle 5.

Natur. Konzept Bewegte Schule HH©. Taiwan – Do© als Beregungsprinzip in Schulen. Bewegung im Alltag in Beruf und Freizeit.

8. Ruhe und Entspannung – Beliebtheit der Stille und eines gesundheitsorientierten Lebensstils fördern im privaten und öffentlichen Raum.

9. Sonnenschein – Sonnen- und Frischluft – Frischluftpausen in Arbeit, Schule und Freizeit – Naturschutz von Biosphäre und Klima. Aufklärung über ein gesundes Maß an Sonnenlicht für den Menschen und Schädlichkeit von Sonnen cremes mit Lichtschutzfaktoren von über 30 Punkten. Atmosphäre nachhaltig und achtsam schützen durch Aufklärung über und Einhaltung von Regeln sowie deren Umsetzung vor allem in der Wirtschaft, Industrie und in den Verwaltungsstrukturen, sowie in Beruf und Freizeit.

10. Erholung und natürliches Spiel begleiten, anleiten, fördern: zum Beispiel mehr Boccia anstatt zu viel Bits und Bytes!

11. Seelisches und geistiges Wohlbefinden – Ministerium für Glück – Gründe und Ursachen von Glück einerseits und Sucht andererseits erforschen und offen legen, gesunde Lebensweise erforschen und fördern – Kreativität und natürliches Spiel – Musik und Tanz – Wandern – Gemeinschaft in der Natur – Therapeutische Unterstützung und Begleitung von suchtkranken und durch Sucht gefährdeten Menschen – achtsame Wege zu seelischer und geistiger Gesundheit aufzeigen und dazu an gewisse Bedingungen geknüpft anleiten. Sucht ist eine Suche mit ungesunden Mitteln.

12. Lebenssicherheit – Plan zur Umsetzung einer Grundsicherung auf freiwilliger Basis für eine breite Bevölkerung. Siehe vorliegende Schrift S. 60 und Folgende.

13. Angenehme Umgebung – Grün allerorten – Natur in Stadt und Land – Der Stadtgarten oder Gemeinschaftsgarten und seine Umsetzung in Dorf, Kommune und Stadt beziehungsweise Großstadt auf der Grundlage von Bio logisch – ökologisch – dynamischem Landbau.

14. Kreative, nützliche Arbeit – Arbeit als ganzheitlicher Mensch, ganzheitlich mit Kopf, Herz und Hand – Erlebnis- und bewegungspädagogische Elemente am Arbeitsplatz, nicht nur in der Schule. Die 30 – Stunden – Woche.

15. Selbstbeherrschung – Therapeutische Ansätze zur Erlangung von Förderung von Selbstbeherrschung und Selbstverwirklichung – Klettern – Kampfkünste – Kalligraphie – Yoga, Bewegungskünste. Do – der japanische Weg zur Meisterung des inneren Selbst. Wandern – Atmen – Atemtherapie.

16. Gruppenzugehörigkeit – soziales Leben in und außerhalb von Clubs und Vereinen – gewaltfreie, wertschätzende Kommunikation trainieren.

17. Motivation – Lebensfreude erlangen und in die Tat umsetzen.

18. Natürliche Instinkte – „ein gesundes Verhältnis zu Geld, Sex und Macht"[123].

19. Ästhetisches Wohlbefinden – Kunst und Kultur in Schule, Arbeit und Freizeit.

All diese Prinzipien beruhen auf der Grundlage der Freiwilligkeit!

Umsetzung:

Ein Mensch oder ein kleines Team von Menschen, die sich mit dem Herzen ihrem jeweiligen Thema verschrieben haben und eine hohe Teamkompetenz in der Zusammenarbeit mit den anderen Teammitgliedern und Gruppen an den Tag legen, leiten jeweils einen dieser Arbeitsbereiche, ein Ministerium.
Diese Personen verstehen sich dabei entsprechend dem lateinischen Begriff, von dem das heutige Wort Minister abgeleitet ist, also von „ministrare", das bedeutet „dienen"[124], als Diener.
Für Minister, für Ministerinnen geht es in einer Gesellschaft für Achtsamkeit und Nachhaltiges Leben© darum, sich selbst und die eigene Tätigkeit zu begreifen als Diener, als Menschen, die Volk und Staat zu Diensten sind, öffentliche Dienstleister, wie wir heute in demokratischer Alltagssprache sagen, als Menschen, die gewaltfreie, wertschätzende Kommunikation leben.
Sie verstehen sich als Erste unter Gleichen.
Ein freundliches, zuvorkommendes, herzliches und höfliches, verbindliches Auftreten und Verhalten sind gefragt. Arroganz und Könnergehabe sind fehl am Platz. Ein Minister und alle anderen Politiker in einem Staat, der sich einer buddhistischen Wirtschaftslehre verschreibt, erhalten Grundsicherung als Aufwandsentschädigung wie alle anderen Menschen im Staat.
Bahn- und Post AGs sollten ebenso wie das Telefonwesen dem Staat wieder untergeordnet werden, der für menschenwürdige Arbeitsplatz – Situationen und Löhne Sorge zu tragen hat. Wertvoll wäre mir an dieser Stelle die Meinung einer zahlenmäßig repräsentativen Gruppe der DB – Angestellten zu hören.
Menschenwürdige Arbeitsplatz – Situationen bedeutet auch, genügend Pausen zu gewährleisten.

---

[123] Die in Anführungszeichen stehenden Worte sind entnommen aus: Quelle 7, S. 155.
[124] Quelle | Wikipedia | Minister.

Mittagsruhe von 13 – 15 Uhr in der Mittagszeit wird wieder eingeführt. Sie bedeutet eine arbeitsfreie Ruhephase im öffentlichen Raum sowie in privaten Häusern und Gärten. Darüber hinaus bedeutet sie eine Reduktion der Arbeitstätigkeit am Arbeitsplatz innerhalb dieser zwei Stunden auf die notwendigsten arbeitstechnischen Prozesse, falls aus technischen oder medizinischen Gründen eine Weiterarbeit innerhalb dieser Pause notwendig ist. Wasser und Stromversorgung sowie medizinische Hilfe muss natürlich erhalten bleiben.

Die jährliche Umstellung der Uhren auf eine sogenannte Sommerzeit wird abgeschafft, die „Winterzeit", welche die ursprüngliche Ortszeit in Europa darstellt, wird als einzige Zeitrechnung für die Tages- und Nachtzeitberechnung beibehalten.

Jugendstrafvollzug wird so weit möglich in Form von Öffentlichkeitsarbeit im Reinigungsbereich abgeleistet in Form von „Arbeitsstunden". Besonders geeignete Menschen dürfen an eine Tätigkeit mit anderen Menschen herangeführt werden.

In Begleitung des zuständigen Sozialtherapeuten in einer Sonderschule etwa oder in einem Altenheim. Es wird untersucht, inwieweit dies auch im Erwachsenenvollzug möglich ist. Aus Japan kommt eine interessante Meditationsmethode, welche Strafgefangene mit sich selbst konfrontieren soll.

Welchen Sinn, außer der Wegsperrung der Delinquenten und dem damit verbundenen Schutz der Öffentlichkeit soll Strafvollzug sonst haben, wenn nicht den, Strafgefangene mit sich selbst und ihrem eigenen Handeln, ihren eigenen Motivationen zu konfrontieren?

Oft sind es ja nur die mangelnde Erkenntnis einer heilsamen, größeren Aufgabe, einer Vision, zu der man sich in heilsamer Weise berufen fühlt, der Sinn im eigenen Leben, der noch nicht entdeckt wurde, ein fehlender Horizont bezüglich eigener Fähigkeiten, die einen jungen Menschen dazu bewegen, zerstörerisch gegen sich selbst oder das Leben zu handeln.

Gewalt sich selbst und der Welt gegenüber ist Kommunikation mit anderen Mitteln. Es ist eine Frage nach dem Sinn des eigenen Daseins, die, vorher möglicherweise oft subtil oder direkt gestellt, nur von der Person selbst und der Umgebung nicht verstanden wurde.

Die „Delinquenten" werden würdevoll, respektvoll und achtsam von ihren Betreuern und der Gemeinde, in der sie tätig sind, behandelt und ebenso zu solchem Verhalten von ihren Betreuern, ausgebildeten Streetworkern und Sozialpädagogen und Psychologen angehalten und erzogen. Hierbei steht die Devise „Führen durch Vorbild" an oberster Stelle. Dabei gilt die TZI (Themenzentrierte Interaktion) nach der am 30. Januar 2010 in Düsseldorf verstorbenen bekannten Vertreterin der humanistischen und psychodynamischen Psychologie Ruth Cohn. Wenn wir im Umgang miteinander konsequent „Störungen Raum geben", kommen wir sicherer ans Ziel, als wenn wir Konflikte überfahren, denn diese wachsen sonst und können eine große Sprengkraft entwickeln.

Bisherige Wirtschaftspolitik und Staatsführung, die Werte wie Quantität, Wachstum und Aktienkurse Werten wie Menschenwürde, Qualität, Güte und Verlässlichkeit untergeordnet haben, mergeln die Menschen aus, die nur noch als Zahlen gerechnet und in Bezug auf Ertragsteigerung und Vergrößerung des BIP anhand ihrer Bildung und Lebenserwartung wertgeschätzt werden.

Einzelhandel geht zugrunde, Stadtkerne sterben aus, verwahrlosen. Outletcenter bestimmen das – hässliche Stadtbild, „hauptsache billig" ist die Devise.

COVID-19 hält uns den Spiegel vor, zeigt uns die Lücken im derzeitigen System. Wenn wir auf eine Politik umschwenken, in der auf Gesundheit, Rehabilitation, gesunde, erholsame Lebensweise, entschleunigtes Lebens- und Arbeitstempo, Mensch und Menschenwürde Wert gelegt wird, ist die Chance, dass unsere Bevölkerung Virenpandemien wie Corona besser widersteht, sehr hoch.

Entscheiden wir uns JETZT für den Wechsel in die buddhistische Wirtschaftslehre, die buddhistische Ökonomie, wie ich sie in der vorliegenden Schrift vorstelle! Eine Pandemie wie COVID-19 können wir nur besiegen, indem wir wieder die Würde des Menschen in den Mittelpunkt der Wirtschaft stellen, nicht sein Leistungsprofil!

Demokratie – Volksentscheid – Mitbestimmung:

Im Jahre 2002 erschien das Werk „Die Krisen der Demokratie" von Ralf Dahrendorf im C. H. Beck – Verlag. Die aktuelle Coronapandemie zeigt uns auf, dass unser Festhalten am Wirtschaftswachstum, welches zu einem obersten politischen Ziel erhoben wird, eine Gesellschaft in einer Krise, in der große Teile der Weltbevölkerung an einem einzigen Virus schnell erkranken, eher lähmt, als sie zu stärken.

Wir Menschen sind keine Wirtschaftsdienstleister und keine Rädchen im Getriebe, die funktionieren müssen. Würde man die Bevölkerung als reine Profitmaschine betrachten, was meiner Meinung nach in einem kapitalistisch orientierten System wie dem unseren der Fall ist, müsste man den Menschen auch als Maschine denken und ihn lieben, gut fetten und schmieren, damit er rund und sauber läuft. Da wir aber in einer Wegwerfgesellschaft leben, werden kaputte Teile entsorgt bei einer technischen oder digitalen Maschine wie auch im Wirtschaftssystem.

Menschen, die von Berufs wegen an chronischen Knieschmerzen leiden, wird lieber ein künstliches Knie verschrieben, an dem der Hersteller des künstlichen Knies Geld verdient, was wieder Umsatz ins Wirtschaftssystem bringt, als dass er sanft aus der Arbeit heraus gezogen wird und ihm eine gesunde Lebensweise empfohlen wird, die aufgrund seiner Lebenslage dann auch durchführbar ist.

Ich denke hier besonders an Herrn Eckhard K. Fisseler, der mit seiner gesundheitlichen Situation lange Zeit in unserem System kein Gehör fand und als man auf seine Symptome reagierte, unter denen er litt, bot man ihm einen Prothesenkatalog an, wobei er die Prothese wohl auch noch selbst zahlen sollte sowie die

Operation[125]. Unser Markt, unsere Wirtschaft, das Geld regiert eben immer noch in Deutschland die Welt, nicht Freiheit, Gesundheit, Wahrheit, Einsicht, Klugheit oder Weisheit.

Allerdings blieb dem Herrn Fisseler immerhin die Freiheit in einem demokratischen Staat, eine Selbsthilfegruppe zu gründen, was er dann auch tat.
Auf diese Weise hat sich demokratische Freiheit für diesen Menschen als realistische Alltagskomponente, lebendige Alltagswahrheit erwiesen.

Wie wäre ein Staat denkbar, der von vornherein Menschen die gesündere Alternative anbietet, nämlich die gesunde Lebensweise, anstatt den Menschen erst auszulaugen, dann aufs Abstellgleis zu schieben und letztlich zur Kasse zu bitten?

Hier kommt die Antwort: Durch einen Staat, in dem die Gesetze der natürlichen Gesundheit, der Selbstheilungskräfte des Lebens die oberste Richtlinie angeben.
Dies ist gegeben in der Gesellschaft für Achtsamkeit und Nachhaltiges Leben©.
Allerdings könnte eine solche Gesellschaftsform demokratischen Grundwerten sowie dem meines Erachtens guten und praktischen Konzept des Nationalstaats widersprechen.

Nun wollen wir daher prüfen, ob diese Gesellschaftsform beziehungsweise ihr Konzept den Anforderungen an eine Demokratie, wie sie der bekannte Sozialwissenschaftler Ralf Dahrendorf formuliert[126], standhält.
Warum ihn als Richtschnur nehmen?
Er spricht klar und argumentiert scharf und sachlich.
Ralf Gustav Dahrendorf, geboren am 1. Mai 1929 in Hamburg, gestorben am 17. Juni 2009 in Köln, war deutsch-britischer Soziologe, Politiker und Publizist.
Er galt als Vertreter des politischen Liberalismus, der eine freiheitliche politische und soziale Ordnung anstrebt und den er durch die Zerstörung der tiefen kulturellen Zugehörigkeiten und Bindungen in der Gesellschaft gefährdet sah[127].
Meiner Auffassung nach ist auch die Rolle der Frau aus ihrer alten Bindung heraus gewachsen, sie hat sich emanzipiert und klassische Geschlechtermodelle verlieren an Bedeutung, die Freiheit des individuellen Geschlechts setzt sich mehr und mehr durch, ich als transsexueller Mensch finde das sehr gut.

Hinsichtlich der Wirtschaftsordnung vertrat Ralf Dahrendorf die Position des Ordoliberalismus, eines Konzeptes für eine marktwirtschaftliche

---

[125] Quelle 19.
[126] Quelle 15 | S. 9f.
[127] Quellen | Wikipedia | Ralf Dahrendorf | Liberalismus | Ligaturen.

Wirtschaftsordnung, in der ein durch den Staat geschaffener Ordnungsrahmen den ökonomischen Wettbewerb und die Freiheit der Bürger auf dem Markt gewährleisten soll[128]. Ebenso vertrat er das Konzept eines Grundeinkommens („Bürgergeld").

In seinem Werk „Die Krisen der Demokratie", in dem sich durch das Gespräch Dahrendorfs mit dem italienischen Journalisten Antonio Polito meisterhafte politische Essays ergeben haben[129], beantwortet der Sozialwissenschaftler und Politiker die Frage des Journalisten: **„Was ist Demokratie"** wie folgt:

Zunächst nennt er die drei modernen Werte: Freiheit, Gleichheit, Brüderlichkeit. Im Sinne der Gleichstellung und Gleichberechtigung füge ich hinzu die Schwesterlichkeit.

Weiterhin führt Dahrendorf aus, dass Demokratie ein Ensemble von Institutionen ist, die „darauf abzielen, der Ausübung politischer Macht Legitimation zu verleihen, indem sie auf drei Kernfragen eine schlüssige Antwort liefern:

1. Wie können wir in unseren Gesellschaften Veränderung ohne Gewalt herbeiführen? […]

2. Wie können wir mit Hilfe eines Systems von ‚checks and balances' die Machtausübenden kontrollieren und sicherstellen, dass sie ihre Macht nicht missbrauchen? […]

3. Wie kann das Volk, wie können alle Bürger an der Ausübung der Macht mitwirken?[130]"

Diese drei Kernfragen werde ich nun beantworten und aus der Perspektive der Gesellschaft für Achtsamkeit und Nachhaltiges Leben©, welche Natürliche Gesundheitslehre© mit buddhistischer Wirtschaftslehre verbindet, schlüssige Antworten liefern.

Damit will ich letztlich beweisen, dass mein hier vorgestelltes System einer achtsamen und nachhaltigen Gesellschaftsordnung nicht nur uns Menschen und die Nationen stärken kann gegen Kriege, Terrorismus, Pandemien wie COVID-19, sondern auch gegen „digitale Demenz", „das Ende der Demokratie", einen totalen „Black Out" und jedwede soziale Ungerechtigkeit, gegen Arbeitslosigkeit, Suchtphänomene und Ursachen von Burnout, gegen Gier, Hass und Verblendung, ein Überhandnehmen von Armut, Krankheit und Leid.

---

[128] Quelle | Wikipedia | Ordoliberalismus.
[129] Quelle 15.
[130] Ebd. | S. 8f.

Zu Frage 1: Wie kann eine Gesellschaft für Achtsamkeit und Nachhaltiges Leben© Veränderungen ohne Gewalt herbei führen?

Antwort auf Frage 1:

Als moderner Mensch Teil einer Gesellschaft für Achtsamkeit und Nachhaltiges Leben© zu sein, bedeutet, sich selbst zu finden. Es bedeutet, die Welt, sich selbst, den Anderen lieben zu lernen, sich Erden, Handeln, Erleben, im Flow bleiben.

Als moderner Mensch Teil einer Gesellschaft für Achtsamkeit und Nachhaltiges Leben© zu sein, bedeutet, im Außen sinnlich und in Kontakt mit der Welt zu sein, mit allen Sinnen zu leben und zu erleben. Es bedeutet, achtsam, respektvoll, liebevoll und tolerant zu handeln und dabei beschaulich und nach Innen gewandt zu sein, wie eine Teezeremonie.

Das klingt schon fast religiös. Zum Thema Religion: Auch feministische Theologie und Neuerungen in der christlichen Kirche sind gefragt. Friedliche Koexistenz aller Religionen!

Als moderner Mensch Teil einer Gesellschaft für Achtsamkeit und Nachhaltiges Leben© zu sein, bedeutet, mein, sein, dein Leben zu leben, wie eine Teezeremonie: Aufmerksam, achtsam, genießend und genügsam, zufrieden, die Sinne wach, der Verstand klar, das Herz geläutert, die Gefühle rein, fröhlich, lebendig, unaufdringlich, heiter, echt und völlig präsent im Hier und Jetzt.

Hierzu bedarf es freilich einer Schule für Achtsamkeit und Herzensbildung, deren Konzept ich anschließend an das vorliegende Konzept in einem neuen Buch formulieren werde.

Revolution darf nicht ein ständiger Wechsel der Extreme sein, sondern muss münden in einem Finden der eigenen Mitte im toleranten und friedlichen Miteinander.

Die buddhistische Wirtschaftslehre, Produktion vor Ort für Bedürfnisse vor Ort wie am vorgestellten Beispiel Schul- und Stadtgarten, wie in den öffentlichen Gärten, die für die Bevölkerung zugänglich waren in der ehemaligen DDR, wie am realen Beispiel der „Volg Konsumwaren AG" in der Schweiz im Kanton Graubünden, wo kleine Läden die Produkte vom Ort für Leute vor Ort verkaufen, folgen dem von Schumacher geforderten Prinzip „klein statt groß", denn kleine handelnde Einheiten sind in sich stabiler und friedlicher im nationalen Raum.

Schumacher schreibt:

„Was heißt denn Demokratie, Freiheit, Menschenwürde, Lebensstandard, Selbstverwirklichung, Erfüllung? Geht es dabei um Güter oder um Menschen? Selbstverständlich geht es um Menschen. Doch Menschen können nur in kleinen, überschaubaren Gruppen sie selbst sein. Wir müssen daher lernen, uns gegliederte Strukturen vorzustellen, innerhalb derer eine Vielzahl kleiner Einheiten ihren Platz behaupten kann. Wenn unser wirtschaftliches Denken das nicht erfasst, dann taugt es nichts[131]".

Auch wenn es um Menschen geht, nicht um Güter, wer war schon mal im Kanton Graubünden in einem Volg – Laden? Da schmecken Tomaten noch nach Tomaten und in jedem Lebensmittel steckt der Genuss, die Luft und Frische der Region, des Ortes. Wenn die Bezugsräume kleiner gedacht und entzerrt werden, schmeckt tatsächlich auch die Nahrung besser, weil mehr Achtsamkeit auf sie gegeben wird und sie sorgfältiger, liebevoller behandelt und gepflegt wird.

Diese Art des Wirtschaftens, ökologisches Produzieren im Ort für Bedürfnisse vor Ort möchte ich mir für uns in Deutschland für die Gesellschaft für Achtsamkeit und Nachhaltiges Leben© von Räumen wie Graubünden und der Schweiz abschauen. Wir müssen nur wieder lernen und bereit sein „kleiner" und „organischer", natürlicher zu denken, dann können wir diese Art mitfühlenden, liebevollen Wirtschaftens in die Tat umsetzen: Wo ein Wille ist, da ist auch ein Weg.

Innerhalb von Nationalstaaten, die weiterhin den äußeren geographischen und rechtlichen Rahmen bilden, erhält die Kommune in der buddhistischen Ökonomie besonderes Gewicht, wird neu belebt durch kleinere ökologische Konzepte, Strukturen und Alltagsformen, erhält frischen Wind durch die 19 Ministerien, die als Bindeglied wirken zwischen der jeweiligen Landes- und Staatspolitik.

Hierbei befruchtet eine natürliche Vielfalt das lebendige nationale System.

Gleichmacherei von Universitäts- und Abiturabschlüssen ist „out".

Jedes Bundesland, das „Haus, Gebäude des Staates" hat seinen Reiz und seine individuelle Geschichte und Prägung, die in den Kommunen wie in Fenstern eines Hauses ihren Ausdruck findet und von „oben" wie von einem Dach durch das Staatsgefüge als ganzes in Frieden und Achtsamkeit zusammen gehalten wird.

Ein großes Reich, schreibt Laotse in seinem Tao Te King, soll man leiten, behutsam, als wenn man kleine Fischlein brät. Laotse ist zwar eine Figur aus dem Daoistischen Kreis, nicht aus dem Buddhistischen, aber der Spruch passt dennoch hier hin. Durch kleine Markteinheiten in den Kommunen, durch buddhistische Wirtschaftslehre wird gewaltloser Wandel Wirklichkeit.

---

[131] Quelle 12 | S. 67 || Quelle 14 | S. 85.

Zu Frage 2: Wie können wir mit Hilfe eines Systems von ‚checks and balances'
die Machtausübenden kontrollieren und sicherstellen, dass sie ihre
Macht nicht missbrauchen?

Antwort auf Frage 2:

Das verbindende Element zwischen den Parteien und den Bürgern, dem Volk, sind die 19 Ministerien nach den 19 Prinzipien für optimale Gesundheit, wie ich sie in der vorliegenden Schrift in Kapitel „Wirklichkeit einer Gesellschaft für Achtsamkeit und Nachhaltiges Leben© | *Struktur – Organisation – 19 Minister*" bereits vorgestellt habe.

Menschen mit und ohne politische Ambitionen können sich im Kontakt mit den Ministerien mit ihren Impulsen, Anliegen und Bedürfnissen vor Ort mit ihren Talenten und Fähigkeiten einbringen, den Ort beleben, mitgestalten, um ein Amt bewerben.

Das Ministerium ist ein natürlicher Arbeitsplatz mit Garten und Sonnenlicht. Es leuchtet vor Achtsamkeit und friedlicher Stille und ist aus Holz, Naturmaterial, ein Ort der Ruhe und Kreativität.

Kein Amt im Staat wird höher honoriert, als mit Grundsicherung. Dies beflügelt die Tatkraft und Kreativität und verhindert, dass Menschen sich um ein Amt nur um des Geldes Willen bewerben. Die Arbeit des Schreiners, Technikers, Musikers, Lehrers, Stahlarbeiters, Maurers, Fenstermachers, Glasers, Töpferers, Bäckers, Müllers, Malers, Meiers, des Käsemachers, des Konfitüreherstellers, des Konditors, Schusters, Schneiders beziehungsweise der Schneiderin, Kassiererin, Handwerkerin, des Erziehers und der Lehrerin, Erzieherin sind mindestens eben so viel wert, wenn nicht noch mehr, als die eines Politikers, eines Universitätsprofessors, Doktors, Philosophen oder Ministers.

Ich lebe nun seit 14 Jahren mit monatlich etwa 1000 Euro. Sparen und bewusster Essen bedeutet für mich, gesünder zu leben. Weniger Geld zu haben als in der Studienzeit durch Nebenjobs bedeutet, mehr Zeit für mich zu haben.

Als ich viel gearbeitet habe, hatte ich zwar mehr Geld, aber auch kaum Zeit und Gelegenheit, es auszugeben, geschweige denn, einen Zugewinn an Muße, Genuss oder Lebensqualität zu haben, wenn man Freizeit und Entspannung als Lebensqualität definiert. Ich hatte viel Geld und konnte es nicht genießen.

Wenn ich nicht so viel arbeite, etwa fünf Stunden am Tag, habe ich genug Geld und dabei auch noch die Kraft, Muße und Zeit, gut damit und davon zu leben. Weniger ist manchmal mehr. 1000 Euro im Monat zu erwirtschaften, anstatt 2000 Euro hat mich nicht kränker und ärmer, sondern zufriedener, gesünder und glücklicher gemacht.

Wenn ich einen halben Tag arbeite, bedeutet dies, dass ein anderer Mensch die Hälfte meiner Stelle haben kann.

145

Es kann bei der Arbeit eine Vormittagsschicht, eine Mittagspause und eine Nachmittagsschicht geben.

Die auf Achtsamkeit, Mitgefühl, Selbstzügelung und Rücksicht ausgerichteten 19 Ministerien organisieren Bedürfnisse vor Ort für Menschen vor Ort auf nachhaltige Weise, weil dort auch Menschen aus dem Ort im Ort arbeiten.

Lange Arbeitswege werden abgeschafft. Das System wird umstrukturiert und gestaltet sich aus sich selbst heraus in einer lokalen Arbeitstauschbörse neu mit Sinn vor Ort und einer alltagstauglichen, bedürfnisorientierten weit blickenden Wirtschaftspolitik, die den Anforderungen ALLER BürgerInnen Rechnung trägt und den „Schwächsten" entgegen kommt und denen, die ihre Tatkraft einbringen wollen und können mit den individuell für sie geschaffenen Möglichkeiten antwortet. Dies findet statt auf kommunaler Ebene mit Ansprechpartnern aus dem Ort.

Die Struktur ähnelt einem Wochenmarkt oder einem kleinen Laden, in dem jeder persönlich seine Bestellung abgeben kann und an den, der liefern kann und möchte, weiter geleitet wird. Kommunikation erfolgt persönlich.

Keine Warteschleifen, keine Warteschlangen. Wie früher in der Post, wo jeder Ort noch mehrere Postfilialen besaß. Dieses System der kleinen Läden wird angestrebt und die kommunale Verwaltung der 19 Ministerien läuft wie in kleinen Läden, in denen es feste Besuchs- und Öffnungszeiten, feste Arbeitsstellen und klare Arbeitsverträge gibt, in denen Menschen nicht nur auf Probe oder auf zwei Jahre angestellt werden, sondern in ein verlässliches, verbindliches und verantwortungsvolles Regierungskonzept eingebunden sind, welches geschützt ist vom Rechtssystem des Rechtsstaats als Nationalstaat, welches in den Bundesländern je nach Geographie und räumlicher Lage verschieden sein kann, welches sich in den Kommunen, Ortschaften und Gemeinden realisiert.

Alle Menschen nehmen Teil am großen nachhaltigen Staat, das kleine Baby zu Haus bei den Eltern, das Kind im Kindergarten, die Grundschüler und weiterführenden Schüler besonders der Schule für Achtsamkeit und Herzensbildung, Menschen in Berufsschulen, denn Handwerk wird wieder ausdifferenziert, gefordert und gefördert, Leben wird allgemein entschleunigt, Schüler können wieder „sitzen bleiben" oder eine oder zwei „Ehrenrunden" drehen in Schulen, in denen individuelles Lernen, reformpädagogische Lehr- und Lernsysteme realisiert werden.

Öffentliches Leben findet auf Dorfmärkten, in Stadtgärten, in ökumenischen und religiösen Begegnungsstätten statt sowie in den Schulen für Achtsamkeit und Herzensbildung, die wie Kindertagesstätten auch Familienzentren sind.

Menschen werden im öffentlichen Raum von ausgebildeten Streetworkern und Sozialpädagogen begleitet. „Checks and Balances" sind die Stimmen der Menschen und die werden gehört! „Checks and Balances" sind die buddhistische Lehre in Form des Primats von Einfachheit und Gewaltlosigkeit, wie Schumacher sie für die buddhistische Ökonomie formuliert hat. So können wir Machtausübende kontrollieren und sicherstellen, dass Macht gerecht gelebt wird.

Zu Frage 3: Wie kann das Volk, wie können alle Bürger an der Ausübung der Macht mitwirken?"

Antwort auf Frage 3:

Es besteht die Möglichkeit, Regionalwährungen einzuführen, die in einem gewissen regionalen Rahmen Währungs- und Tauschhandel – Qualität besitzen.
Ein exzellentes Beispiel ist der „Chiemgauer", der im Jahr 2003 durch ein Schülerprojekt gestartet wurde und mittlerweile „das derzeit größte Regiogeld – System im deutschsprachigen Raum und eine der erfolgreichsten Komplementärwährungen der Welt" ist[132].
Ein „Markt vor Ort" kann geschaffen werden, der, ähnlich einem Second – Hand und Regionalwarenladen innerhalb einer Ortschaft die Produkte der Anwohner zu fairen Preisen an Anwohner verkauft. Dort können „Schwarze Bretter", Tafeln, auf denen mit Kreide geschrieben wird, oder in Karteien ebenso wie an Pinnwänden oder Magnettafeln auf Kärtchen Bedarfsanforderungen ausgeschrieben werden sowie Angebote der Menschen, die vor Ort wohnen.
In einem solchen Laden kann ein kleiner Ökoladen sein, in dem fair gehandelte Bio – Getränke und vegetarische Speisen aus Zutaten aus biologisch – dynamischem Anbau angeboten und verkauft werden, verkostet werden. Menschen können dort sitzen, sich treffen, sich gesund ernähren und die Umgebung, in der sie sich befinden, ist ein kleiner, ruhiger Bio – Laden und kein geschlossener Supermarkt ohne natürliches Licht in einer Teer und Betonwüste. Es ist ein Ort mit Fenstern in der Natur.
Diese Form des an die konkrete Ortschaft gebundenen Wirtschaftens eignet sich gut, um auch Kinder und heranwachsende anzuleiten, ihre künstlerischen und handwerklichen Fähigkeiten in gewerbliche Tätigkeit in kleinem Rahmen umzusetzen.
Mitmachen, miterleben, mitgestalten kann über Volksfeste im Ort geschehen, in Stadt- und Schulgärten, Schulen, Familienzentren, Kindertagesstätten und Kindergärten.
Demokratie „von unten" funktioniert über die als Läden vor Ort in wohnlichem Rahmen strukturierten 19 Ministerien. Sie stehen in direktem Kontakt mit der Bevölkerung vor Ort und Lokal- und Landespolitikern.
Die „Schule für Achtsamkeit und Nachhaltiges Leben©" steht in Verbindung mit allen Bereichen des öffentlichen Lebens und bildet vielfältige aktive Möglichkeiten direkten Mitwirkens in der Öffentlichkeit und in der Politik.
Öffentliche Schulveranstaltungen schaffen einen Rahmen, in dem alle Menschen vor Ort direkte Teilhabe am öffentlichen Leben erfahren können.

---

[132] Youtube | Made in Germany | Die Regionalwährung Chiemgauer || Chiemgauer – Wikipedia

Von Großindustrie, Supermärkten und Online – Handel wird an den Stellen, wo dies auch durch lokale Ökonomie ersetzbar ist, in erster Linie Abstand genommen.

Der Freizeitbereich wird so weit möglich von Smartphones und digitalen Medien befreit. Nicht alle Menschen sind in der Lage, derart kreativ mit digitaler Technik umzugehen, wie beispielsweise Freshtorge, Rezo, Julien Bam und John, Coldmirror, Julia Beautx und Jana, Joey und Emy.

Es gibt jede Menge Süchtige da draußen, es gibt Spiel- und Handysucht und auch dort müssen wir hinschauen, Menschen unterstützen, ihre Eigenverantwortung und Gesundheit wieder in die eigenen Hände zu nehmen.

Digitalisierung muss Instrument bleiben, sie darf uns nicht instrumentalisieren.

Wenn wir uns von Digitalisierung nicht kontrollieren lassen, wenn immer noch der Mensch und nicht die Maschine regiert, wenn wir in der Lage sind, wichtige lebenserhaltende Systeme analog und maschinell auch ohne Strom im Notfall zu betreiben und diesbezügliche praktikable Szenarien ausarbeiten lassen, am besten von den Arbeitern vor Ort und diese auch regelmäßig üben, brauchen wir nicht „Das Ende der Demokratie"[133], „Digitale Demenz"[134] oder den „Blackout"[135] zu fürchten.

Positiv formuliert: Menschenwürde, kreatives, Handeln, praxisnahes Denken, Fühlen und Erleben hat genug Kraft und Potenzial, uns Menschen nicht nur ohne Digitalisierung aus Krisen zu befreien, sondern ist so stark, dass wir in der Lage sind, uns erst gar nicht in die Krise zu bringen. Wir müssen nur die Augen und Ohren offen halten für die Bedürfnisse von Mensch und Natur und diese miteinander verbinden und auf einen Nenner bringen. Dieser gemeinsame Nenner von Mensch und Natur ist die buddhistische Wirtschaftslehre in der praktischen Umsetzung der Gesellschaft für Achtsamkeit und Nachhaltiges Leben©.

Die in der vorliegenden Schrift eingangs dargelegte Orientierung der deutschen Wirtschaft am BIP wird abgelöst von einer achtsamen und nachhaltigen Wirtschaft von Menschen vor Ort für Menschen vor Ort.

Alle politischen Löhne werden auf Grundsicherung zurückgesetzt. Da trennt sich bald die Spreu vom Weizen.

Buddhistische Staatsführung und buddhistische Wirtschaftslehre bedeuten feinfühliges, einfühlsames, mitfühlendes, liebevolles, tolerantes und respektvolles Handeln und Gestalten gemeinsamer Lebensprozesse.

Unsere aktuelle Krisenpolitik halte ich für ein gutes Beispiel, sie schützt die Bevölkerung vor COVID-19 und geht gleichsam auf die Bedürfnisse der Bürger ein. Mit Achtsamkeit und Disziplin begegnen wir der aktuellen Krise und wirken so mit an der aktuellen Ausübung der Macht.

---

[133] Quelle 18.
[134] Quelle 21.
[135] Quelle 22.

Straßenverkehr: hohe Geldbuße, konsequente Ermittlung, weniger Verkehrstote:
Nachhaltige, achtsame Politik schützt Menschen, Maschinen, Land und Leben! Entschleunigung, runter vom Gas bedeutet Zugewinn statt Beschränkung!

Während ein Verkehrsteilnehmer, der unbedingt den Hahn bis zur Grenze aufdrehen muss, in einer Sekunde an nahezu hundert, in einer Minute vielleicht an tausend anderen Verkehrsteilnehmern vorbei rast und diese damit in Gefahr bringt, sind bei seiner gesamten Fahrt Millionen von Menschen einem potenziellen Verkehrsrisiko entgangen, das mit dem Tod hätte enden können.

Klar, sterben müssen wir alle mal, aber das sollte jeder für sich entscheiden dürfen, ob er oder sie durch Autobahnraser oder andere Arten von Verkehrssündern einen Unfall oder den Tod finden will.

Eine verantwortungsvolle Regierung setzt sich für Sicherheit im Straßenverkehr ein und das heißt beispielsweise die Umsetzung einer Höchstgeschwindigkeit auf deutschen Autobahnen von 150 km/h. Da können sich Geschwindigkeitsfans freuen, denn beispielsweise in den Niederlanden sind es 130 km/h.

Ich plädiere für eine 0,0 „Promille" – Grenze für Fahranfänger. Der Mensch soll gleich begreifen, dass ein Kraftfahrzeug kein Spielzeug ist, sondern eine Hochleistungsmaschine und – wie manche Menschen sagen – eine Waffe.

Die Promille – Grenze muss ab beispielsweise 5 Jahren Fahrerfahrung auch nicht um beispielsweise 0,02 % gelockert werden. Was Fahrsicherheit betrifft, ist noch niemand von strengen Gesetzen gestorben, von zu lockeren schon.

Die Führerscheinschulung bei PKW darf erst ab dem vollendeten 18. Lebensjahr begonnen werden, nicht bereits ab 17, egal ob mit oder ohne Begleitung.

Für Deutschland soll nach meiner Auffassung eine 0,0 Promille – Grenze gelten, die bei Verstoß mit einem Bußgeld von mindestens 300 Euro beginnen soll. Wer die Promille – Grenze hoch überschreitet beweist, dass er nicht das nötige Verantwortungsgefühl besitzt, um ein KFZ zu führen, dieser Person soll der Führerschein entzogen werden.

Außerorts und auf der Autobahn zu schnell zu fahren sollte nach meiner Auffassung im Gegensatz zum aktuell gültigen Bußgeldkatalog (Mai 2020) mindestens pro Verwarnkategorie um 100 Euro teurer sein.

Telefonieren im Auto während der Fahrt lenkt den Fahrer vom Verkehrsgeschehen sowie der Handhabung des Fahrzeugs ab und mindert in einer akuten Gefahrensituation die Reaktionsgeschwindigkeit und beeinträchtigt das Auffassungsvermögen, die Konzentration auf den Straßenverkehr und den Wagen. Nur weil man heutzutage mobil telefonieren kann, heißt das nicht, dass man es auch tun muss. Telefonieren während der Fahrt beziehungsweise bei laufendem Motor sollte verboten und mit Führerscheinentzug und Geldbuße bestraft werden. Die Person soll direkt auf dem Revier den Personalausweis abgeben.

Die Strafmaßnahme soll ohne zeitlichern Verzug also sofort umgesetzt werden. Die Polizei bringt den Verkehrssünder zum nächsten öffentlichen Personennahverkehr, den Rest muss der Delinquente selbst regeln.

Während auf der einen Seite den Autobahnrasern, Telefonierern während der Fahrt beziehungsweise im Stand mit laufendem Motor und nicht nüchternen Fahrern strenge Strafen auferlegt werden, sollen auf der Seite der Verkehrsteilnehmer mit Menschenkraft (Liegerad, Fahrrad) bessere und mehrere Wege zur Verfügung gestellt werden, die so gebaut werden, dass sie in der Praxis eine einfache und sichere Handhabung ermöglichen. Dazu genügt es nicht, Radwege am Arbeitstisch zu planen, sie sollten auch von den Behörden, die sie planen, praktisch erprobt werden, indem sich der Beamte aufs Rad schwingt und gemeinsam mit Mitgliedern des ADFC die Praktikabilität von Radwegen innerhalb Deutschlands erprobt.

Radwege, die mit KFZ – Wegen zusammengelegt werden, werden abgeschafft. Für Pedelecs (**Ped**al **Ele**ctric **C**ycle) Elektroräder, Liegeräder und herkömmliche Fahrräder sollen eigenständige zweispurige Fahrbahnen geschaffen werden. Sogenannte Motorfahrzeuge ab einer Motorleistung, mit der 50 km/h gefahren werden kann, nutzen die gleichen Wege, wie Autos.

Der durch unterbrochene Fahrbahnmarkierung abgetrennte Radweg wird abgeschafft.

Der ADFC wird an das Straßenverkehrsamt angeschlossen und dient als Kontrollinstanz für fahrtaugliche, sichere und gepflegte Radwege sowie als „Radwegemeisterei". Dadurch ergibt sich der neue Berufszweig des Radwegeinspektors, einem ADFC – Mitglied mit Arbeitssitz in ADFC und Straßenverkehrsamt gleichermaßen.

Fußwege sollen verbreitert und bautechnisch sowie zahlenmäßig ausgebaut werden. Inline – Skater, Skateroller, Alle Arten von Wege- und Straßen – Boards, Zweiradroller dürfen nur dort verwendet werden, wo der Fußgänger und Radfahrer nicht behindert oder gefährdet wird.

Mit der Schaffung vermehrter sowie breiterer Radwege sowie Fußwege wird auch die Schaffung und Gestaltung von Parks und öffentlicher Freizeit-, Erholungs- und Grünflächen verstärkt.

Statt KFZ - Park- und Verkaufsflächen von PKW, statt Industriegebieten wird die Wohnqualität und grünflächennahes Wohnen im Mehrgenerationen – Wohnstil der Industrieellen beziehungsweise Marketing- Nutzung von Bodenfläche vorgezogen.

Skate- und Jugendfreizeitparks unter sozialpädagogischer Aufsicht und Betreuung, die groß sind, weiträumig mit Innen- und Außenbereich, eine Art Abenteuerspielplatz zum Treffen und zur Freizeitgestaltung mit kleiner Bar und klaren, einfachen Verhaltensregeln bilden eine Grundlage zur Verständigung verschiedener Menschen, Geschlechtern in ihrer Selbstdefinition, von verschiedensten Nationalitäten und Religionen. Austausch und Toleranz sind im Rahmen gemeinsamer Regeln oberste Leitlinien.

Wildwechsel – Überführungen sollen über Autobahnen und anderen Straßen, wo diese Baumaßnahme sinnvoll ist, umgesetzt werden. In diesem Zusammenhang sollen Naturschutzgebiete vergrößert und vermehrt werden.

Wirtschaft, Wissenschaft, Demokratie:
Große Konzerne, Wirtschaft und Industrie bestimmen unsere Demokratie, Parteien werden unterwandert von Konsumzwängen und Lobbyismus.

Es war hauptsächlich Getreide, Einkorn, Emmer und Gerste, welches Menschen in der Steinzeit den Schritt vom nomadisch lebenden Jäger und Sammler zum sesshaften Ackerbauern und Viehzüchter ermöglicht hat.

Es war der Weizen, der im Altertum und in der Antike ein wichtiges Grundnahrungsmittel der Menschheit war, aus dem bereits im ersten Jahrhundert nach Christus in Pompeji Fladenbrote gebacken wurden, die heutigen Brot- und Brötchenformen erstaunlich ähnlich sind.

Der Weizen der Vergangenheit war jedoch noch nicht so extrem ausgemahlen wie heute. Das volle Korn ist gesünder, als das Produkt, dem die wertvollen Teile in der Schale und der Hülle des Korns entnommen sind. Wir mahlen unser Korn aus und verwenden das „Weiße" vom Mehl um unsere Nahrung daraus industriell herzustellen: Teigwaren wie Nudeln, Brot, Brötchen, Gebäck. Die wertvollen Stoffe gelangen ins Tierfutter für die Zuchttiere, die wir später essen wollen.

So leben wir heute. Wir ernähren uns schlechter und bewegen uns weniger als Menschen im Altertum und in der Antike und nehmen dabei einen höheren Prozentsatz an ungesunden Stoffen zu uns.

Getreide hat uns vom Jäger und Sammler zum Ackerbauern und Viehzüchter transportiert und hat die Agrargesellschaften ermöglicht, die es vor 100 Jahren noch gab. Aus diesen Feldern, die aus relativ ursprünglichen Sorten bestanden und mit Sensen von Hand oder mit dem von Pferden oder Ochsen gezogenen Pflug bewirtschaftet wurden, sind heute riesige Monokulturen aus hoch gezüchteten Arten entstanden, welche ihren Überlebenskampf gegen „Schädlinge" in Monokulturen führen, gegen die wir sie mit immer komplizierteren Technologien der modernsten Forschung resistent zu machen versuchen.

Wir waren immer auf Getreide „geeicht" und sind es auch heute noch. Dass unser heutiger Weizenkonsum Entzündungen im Körper fördert und für den Menschen gar nicht besonders verträglich ist, wird von der Wissenschaft nicht an die Öffentlichkeit getragen.

Dass wir Menschen die einzige Art sind, die erstens die Milch einer anderen Art zu sich nimmt, nämlich Kuhmilch und manchmal auch Ziegen- oder Schafsmilch, und dass wir zweitens die einzige Art sind, die Milch konsumiert, nachdem die Individuen abgestillt sind, wundert endlich die eine oder andere aufmerksame Person in unserer Gesellschaft.

Dass zu viel Zucker und insbesondere Industriezucker den menschlichen Körper übersäuert, was der Körper mit seinen Reserven an basischem Kalzium aus den Knochen auszubalancieren versucht, wodurch in der Folge Osteoporose entsteht, wird von der Wissenschaft nicht offen zugegeben.

Osteoporose wird immer noch als Alterserscheinung verkauft. Arthrose entsteht durch Bewegungsmangel und Übersäuerung und ist in erster Linie keine Abnutzungserscheinung. Auch diese Wahrheit wird von der Wissenschaft zurück gehalten.

Hinter all diesen wissenschaftlichen Unwahrheiten beziehungsweise Geheimnissen steht die Wirtschaft. Zuckerlobby, Milch- und Weizenlobby wird die Wirtschaft, Wissenschaft und Politik auch dann noch zu Werbung für ihre Produkte und besonders feinsinnige Forschungsberichte nötigen, wenn unübersehbar viele Menschen an den Folgen von Zucker-, Milch- und Weizenprodukten erkrankt oder gar gestorben sind.

Wir werden an jeder Ecke manipuliert und uns wird Dreck für Gold verkauft wie beispielsweise die Abfälle der Schweinefleischindustrie namens Gelantine, die unter dem Namen „Goldbären" in aller Öffentlichkeit beworben und liebend gern gekauft werden. Anstatt hohe Abgaben für Sondermüll zu zahlen – Schweinegelantine ist Sondermüll – wird der Müll in niedliche Formen gepresst, hübsch eingefärbt, geschickt verpackt und mit Witz beworben und die Menschen „fliegen drauf ab".

Sind wir wirklich so dumm? Die Antwort lautet wohl: Ja!

Es würde sich nicht lohnen, enorm viel Geld in Werbung zu investieren, wenn wir nicht so blöd wären und darauf herein fielen. Der richtige Goldjunge an der richtigen Stelle und Mamas Hand wandert ins Regal für Süßes. Mit Naschwerk bekommt man daheim so manchen Konflikt gerade gebogen.

Mein erster Trick, um nicht in die Werbe- und Lügenfalle der Konsumgesellschaft zu geraten war ganz einfach: Kaufe nichts, was in den Medien beworben wird. Ich fühle mich bis heute wohl damit.

Die Krise der Demokratie fängt meines Erachtens mit dem Kapitalismus an. Wir müssen nicht nur den Kapitalismus überwinden, sondern auch das Wirtschaftswunder.

Wirtschaft und internationale Konzerne betrügen uns und fangen uns ein mit Maschen und Tricks, wo und an welcher Stelle ist denn bitte dies Demokratie, Herrschaft des Volkes, wenn seine Schwächen stets ausgenutzt werden, statt an ihnen zu arbeiten?

Unsere Regierung macht das Volk nicht klüger, sie macht es dümmer.

Unsere Wirtschaft schafft keine besseren Zustände, sie schützt das eigene Kapital. Kapitalismus und Digitalisierung sind Gift für die Freiheit des einzelnen Bürgers, denn Meinungsfreiheit ist eine Farce, wenn unsere Meinung bereits subtil und effektiv manipuliert wurde, bevor wir zur Meinungsäußerung den Mund geöffnet haben.

Wenn in Wirtschaftskonzernen des industriellen Gewerbes für Milchprodukte – Industrie der Schokoladenmantel des Eises auf sein „Knack" – Geräusch hin getestet wird, den Laut, den das Zerbrechen des Schokoüberzugs von sich gibt, wenn eine Person hinein beißt, ist mir der Konzern in dem Staat, der diese Tests in Auftrag gibt so suspekt, da könnte das Eis noch so gut schmecken – abgesehen davon, dass es krank macht, ich bezahle niemanden dafür, dass er mich für dumm verkauft. Chips werden übrigens auf das Geräusch ihres Zerbrechens hin ebenso getestet. Der Kapitalismus ist wie ein großes, teures Theaterstück, in dem wir jubelnd dafür bezahlen, dass uns etwas vorgegaukelt wurde. Das wäre ja durchaus menschlich, wenn oben drauf „Zirkus" und nicht „Gesund", „Gerecht" oder „Geil" stehen würde.

Kein Staatsdiener wird die Gaukelei je zugeben, denn es regnet heftig Steuergelder. Umsatzsteuer bringen auch Alkohol, Zigaretten und Waffenhandel.

Wann wird wirklich was aus dem Atomausstieg?

Wir spielen mit dem Feuer und sind gebannt von den magischen Flammen, statt zu begreifen, dass es gefährlich ist. Lasst uns endlich achtsam und nachhaltig leben! Erzählen wir den Menschen durch die Medien, wie sie wirklich glücklich werden können, nicht von Alkohol, Rauchen, Drogen, Mode, Eis, Schokolade und Zuckersirup, wovon man nur Magen- und Zahnschmerzen kriegt.

Lasst uns ein Ministerium für Glück gründen, was Qualitäten von Glück erhebt, erforscht, wodurch unser Glück zustande kommt.

Was macht uns dauerhaft und wirklich glücklich?

Was schadet uns und macht uns krank? Was macht uns gesund?

Wenn wir aufmerksam sind und bewusst leben, finden wir es heraus!

Wir müssen uns selbst und unsere Bedürfnisse ernst nehmen und uns dafür nur ab und zu etwas Zeit für uns selbst nehmen. Zeit, die viele von uns im Augenblick in der Zeit während der Coronakrise haben.

In der Schweiz werden die Menschen zeitweise zu ihrer Meinung befragt, was politischen Einfluss hat. Weshalb geschieht dies in Deutschland nicht?

Würden wir zum Thema Buddha befragt käme eine erstaunlich große Zahl an Menschen hervor, die sich zumindest oberflächlich für das Thema interessieren.

Die Schweiz hat die Staatsform der Basisdemokratie. Unsere Demokratie ist mittlerweile ein Durcheinander von Lobbyismus, Digitalrankings und manipulierten Forschungsergebnissen geworden.

Wie viele Menschen in Deutschland wissen, dass ihre Impfstoffe in der sogenannten „Dritten Welt" beziehungsweise in ärmeren Ländern an Menschen getestet werden, die hinterher unter den Nebenwirkungen erheblich leiden und niemand hilft ihnen?

Wie viele Menschen wissen, wie Kosmetikprodukte an Tieren getestet werden?

Wer weiß, was mit den männlichen Küken aus Legebatterien geschieht?

Wissen wir dies nicht trotz modernster Informationstechnologie im sogenannten Informationszeitalter, wo Medien überall verfügbar sind, allerorten um uns herum sind? Wir sollten uns fragen, wofür diese Medien da sind.

Wenn du in den Abgrund schaust, schaut der Abgrund auch in dich.

Wenn du auf den Bildschirm schaust, schaut der Bildschirm auch in dich.

Wenn du auf dein Smartphone blickst, blickt dein Smartphone auch in dich.

Klingt komisch, is' aber so, würde Armin Maiwald jetzt sagen.

Es gab doch schon einige Skandale wegen Social Media und Datenschutz bezüglich privater Daten! (Beispiel: Quelle: Youtube: Social Media Dangers Exposed…)

Schutz vor Missbrauch bei Medienkonsum beginnt für mich im öffentlichen Raum Schule. Was in Deutschland abläuft, wissen wir, dass es Kinder gibt, die von anderen Kindern verprügelt und dabei gefilmt werden und dergleichen.

Ich bin daran interessiert, wie andere Nationen mit dem Thema Handy und Schule umgehen.

Österreich – Friedensakademie – Handyfreie Schule:

Wenn man früher was von anderen Staaten wollte, wurde Krieg geführt, wer was über andere Nationen wissen wollte und dabei nicht ertappt werden wollte, hat diese Nationen heimlich belauscht und abgehört, das nannte man dann „Kalten Krieg".

Ich finde, heute müssten wir so weit sein, dass wir achtsam und partnerschaftlich miteinander und auch mit anderen Nationen umgehen können und das bedeutet, ich kann mir von meinen Nachbarn beispielsweise auch mal etwas abschauen, ein Projekt oder eine Institutionsform.

Dafür nehme ich dann mit dem anderen Land Kontakt auf und kommuniziere freundlich mit den Menschen und erkläre ihnen, dass ich mich für eine Institution oder eine Verfahrensweise interessiere und an Zusammenarbeit interessiert bin.

Für mich käme speziell an dieser Stelle das Land Österreich in Betracht, denn es hat eine Friedensakademie einerseits und das Konzept handyfreien Unterricht andererseits, worüber ich gern mehr erfahren möchte.

Boh – sag ich als Rheinländer, in Österreich gibt es tatsächlich eine Friedensakademie, da hab' ich gerade nachgeguckt im Internet, ich hab' nämlich vor einigen Jahren mal einen Bericht im Fernsehen darüber gesehen.

Diese Friedensakademie befindet sich im schönen Ort Linz, da war ich im letzten Jahr kurz für einen Tag. Jetzt habe ich die Kontaktdaten zu dieser tollen Institution und werde, wenn ich noch einige Termine erledigt habe, da hin mal Kontakt aufnehmen. In der Corona – Phase habe ich ja nun etwas Zeit.

Außerdem gibt es eine Friedensakademie auch in Deutschland!

Dies ist die Friedensakademie Rheinland – Pfalz – Akademie für Krisenpräventi-on und Zivile Konfliktbearbeitung, welche seit Januar 2019 eine zentrale Einrichtung der Universität Koblenz – Landau ist.

Auch deren Kontaktdaten liegen mir nun vor, Kontaktaufnahme ist bereits ge-plant.

Das ist ja schon mal sehr schön, mit dieser Ausbeute an Friedensakademien bin ich vorerst zufrieden, es dürfen gern mehr sein, da werde ich noch forschen. Ich bin froh, dass es solche Institutionen bereits gibt.

Das Thema „handyfreie Schule" ist ebenfalls ein Thema aus Österreich. Nach einer unter einminütigen Suche im Netz finde ich den Bericht über eine allgemein bildende höhere Schule (AHS), über die von kurier.at[136] berichtet wird.

In der AHS Contiweg im 22. Wiener Gemeindebezirk „fehlt irgendwas"!

Das Smartphone liegt im Spind, nirgends auf den Gängen tippt, telefoniert oder schaut jemand auf ein Display. Warum das so ist, erklärt die Direktorin der Schu-le, Monika Auböck:

„Das Handy ist kein Teufelszeug. Aber man muss lernen, damit umzugehen, da-mit es nicht zum Teufelszeug wird".

So hat sie vor einigen Jahren mit Eltern und Schülern beschlossen, dem Handy in der Schule so wenig Raum wie möglich zu geben – also fast keinen[137].

In der Praxis funktioniert das so: Während des Unterrichts muss das Smartphone in Spind oder Schultasche sein, in der Pause ist es nur in der Klasse erlaubt und dort ohne Ton. Auf den Gängen der Schule ist es ohnehin verboten, denn dort sollten die Kinder kommunizieren und sich bewegen. Montags gibt es eine Aus-zeit vom Handy: Der Einstieg in die Woche ist komplett handyfrei![138]

Die handyfreie Schule: Konzept „Dornröschen 2.0":

„Das Handy darf an der AHS Contiweg in Wien – Donaustadt nur in der Pause und nur in der Klasse verwendet werden, sonst ist es überall verboten. Laptops und Ipads sind nur spärlich im Einsatz, die Handschrift wird gefördert und gefor-dert."[139]

Haben Sie das gerade gelesen?? Das habe *nicht ich* formuliert! Die sprechen mir aus dem Herzen! Schönschreiben, Kalligraphie, künstlerische Textgestaltung sind selbstverständlich Hauptfächer in meiner Schule für Achtsamkeit und Her-zensbildung©! Dieses österreichische Schulkonzept ist mir sehr sympathisch!

Weiter geht's mit dem Schulkonzept des nationalen Nachbarn:

---

[136] Quelle | Handyfreie Schule: „Das zwingt uns, sozial zu sein" | kurier.at
[137] Ebd.
[138] Ebd.
[139] Ebd.

„Chillax – Tag: Montags gilt überall Handyverbot. Für die Unterstufe wird der Turnsaal geöffnet, es gibt ein Spieleprogramm."[140]

Spieleprogramm klingt zwar nach Computersoftware, ist es aber gewiss nicht!

Der Chillax – Tag, übrigens eine witzige Wortmischung aus chillen und relaxen, hätte von mir sein können. Bewegung in der Schule ist ja auch der Kern des Konzeptes „Bewegte Schule" aus Hamburg. Bald, wenn ich mein Schulkonzept schreibe für die Schule für Achtsamkeit und Herzensbildung©, werde ich mal sehen, was die Hamburger so drauf haben.

Das Konzept Dornröschen 2.0 kann aber noch mehr, als Handys fast ganz auszuschließen.

Als Unterrichtsthema beschäftigen sich die Schüler kreativ mit dem Handy. Dabei haben Zweitklässler ein kritisches Musikvideo gedreht, welches auf dem Youtube – Kanal unter Contiweg – Personal Application anzuschauen ist. Es ist cool, schaut' s Euch mal an!

In Deutschland wünsche ich einen ebenso starken kritischen und konsequenten Umgang mit Smartphones, Handys und WLAN an Schulen und außerdem im öffentlichen Raum, in Bussen, Bahnen, an Haltestellen, Cafes und Restaurants!

Motorrad &Co:

Was haben wir davon, wenn an Wochenenden keine Motorräder mehr über Deutschlands Straßen rollen? Ärger und eine Freizeitbremse für viele Menschen, die sich in einem öffentlichen Raum bewegen wollen.

Mein Vorschlag lautet, den öffentlichen Raum Autobahn zu regulieren, in der Weise, dass kein Kraftfahrzeug, kein Verkehrsteilnehmer auf deutschen Autobahnen eine Höchstgeschwindigkeit von 150 km/h überschreiten darf. Die Überschreitung dieser Richtlinie hat im Vollzug mindestens den sofortigen Entzug des Führerscheins zur Folge.

Wir teilen uns mit vielen verschiedenen Teilnehmern einen engen Raum bei hohen Geschwindigkeiten. Das ist gefährlich und Staatsführung hat für einen Ablauf Sorge zu tragen, in dem das Gefahrenpotenzial auf ein Minimum reduziert wird.

Autobahnen sind Transportwege und keine Vergnügungsparks.

Wer einen Geschwindigkeitsrausch erleben will, soll auf die Kirmes gehen.

Straßen und Schnellwege sind kein Ort zum Ausleben körperlicher oder psychischer Bedürfnisse. Dies gilt für alle Verkehrsteilnehmer.

Es werden daher in der Sommerzeit wieder Autofreie Sonntage eingeführt. Und es werden an Wochenenden Zeiten eingeführt, in denen nur Motorräder und vergleichbare Fahrzeuge die Verkehrsschnellwege nutzen dürfen.

Daneben soll es Zeiten geben, an denen nur Vehikel ohne Verbrennermotor diese Wege nutzen dürfen. Selbstverständlich gilt weiterhin die StVO,

---

[140] Ebd.

Rettungsfahrzeuge sowie polizeiliche Fahrzeuge und das Ordnungsamt sind natürlich von den Verboten ausgeschlossen und behalten ihren Vorrang.

Ökologischer Agrarstaat:
Ab Seite 52 der vorliegenden Schrift erkläre ich in einem Ausblick meine Vorstellung von einer Gesellschaft für Achtsamkeit und Nachhaltiges Leben©.
Im Unterkapitel „Morgenthauplan und Wirtschaftswunder" erläutere ich kurz den Morgenthauplan vom August 1944. In diesem Entwurf zur Umwandlung Deutschlands nach dem absehbaren Sieg der Alliierten war unter anderem vorgesehen, dass Deutschland nach dem Zweiten Weltkrieg in einen Agrarstaat umgewandelt werden sollte. Das sollte langfristig verhindern, dass Deutschland je wieder einen Angriffskrieg führen könne.
Der Morgenthauplan weist Elemente auf, bei denen ich heute des US – Mächten dankbar bin, dass diese nicht in die Tat umgesetzt wurden.
Was ist jedoch gegen die Aspekte des Agrarstaates und einer konsequent auf Frieden ausgerichteten Auslands- (und Inlands-) Politik einzuwenden?
Ich selbst habe beim Thema Agrarstaat folgende zwei Bilder, eines, das ich nicht will und eines, das ich mir gut vorstellen könnte.
Meine unerwünschte Vorstellung eines Agrarstaates ist ein Staat, dessen Wirtschaft nur auf Getreideproduktion beruht, möglichst in Monokulturen. Pestizidgebrauch wäre die Folge, Krankheit von Pflanze und Mensch käme hinzu.
So sieht für mich ein Staat aus, ein Agrarstaat, dessen Wirtschaftspolitik nicht achtsam, nicht ausgewogen, nicht auf Ganzheitlichkeit und natürliche Gesundheit ausgerichtet und abhängig von vielen äußeren Faktoren ist.
Einen Agrarstaat zu führen in Form einer Gesellschaft für Achtsamkeit und Nachhaltiges Leben© bedeutet, das Handwerk der Agrikultur als Hand – Werk zu fördern, wie es das Wort Hand – Werk in seinem ursprünglichen Sinne meint: Pflanzen säen, Keimlinge ziehen, Pflanzen pflegen, dass sie gut gedeihen in biologisch – dynamischem Landbau, Pflanzen ernten, waschen, verkaufen oder direkt nutzen, alles mit der Hand, alles von Hand, mit unseren eigenen Händen, mit unseren Sinnen, mit Liebe, Demut und Ehrfurcht vor Mutter Natur, mit Achtsamkeit und Respekt und auch mit der Hilfe von Pferden im Ackerbau oder anderen Zug- und Lastentieren.
Hier spielt nicht allein das Handwerk des Bauern, Gemüsebauern oder Gärtners eine bedeutende Rolle, alles in Kleinbetrieben auf niedrigem Steuerniveau.
Mir gefiele für Deutschland ein Agrarstaat, der auf „guter deutscher Wertarbeit" beruht, in dem die Handwerksberufe gepflegt werden, nicht nur als industrielles Handwerk, sondern in Kleinbetrieben, die von spezialisierten Familien geführt werden können. Das Meisterhandwerk soll erhalten bleiben in diesem Agrarstaat!
Beispiel: Teeproduktion für den „Endverbraucher", Gold- und Silberschmiede, Schmuckdesign nicht am Computer, sondern auf dem Papier, handgezeichnet, handgefertigt, Schmieden, Berufe des Seil- und Tuchmachers, Segelmachers,

Nähers und Schneiders, Bäckereien in Kleinbetrieben, Töpferer, Kürschner, Schuster, Uhrmacher, Hufschmied, Weber, Spinner, Ziegelmacher, Ofenbauer, Futon – Hersteller, Buchbinder, Papierschöpfer, Hutmacher, Schreiner, Holz- und Steinbildhauer, alles selbstverständlich in der männlichen sowie gleichberechtigt in der weiblichen oder transsexuellen, intersexuellen oder Transgender – Form. All das soll wieder lebendig werden im Agrarstaat!

Ökologischer Landbau muss nicht gleichbedeutend sein mit Getreidebau. Wenn ich Agrarstaat sage, spreche ich von einem Staat, der auf buddhistischer Ökonomie und Ökologie beruht, in dem Getreide nur eine von vielen Pflanzenarten ist, die achtsam und nachhaltig in ökologischem Landbau angepflanzt werden.
Sicher geht es hierbei um Getreidearten aber an erster Stelle stehen Äpfel, auch alte Sorten, Birnen, besonders auch alte Sorten, jegliches heimische Obst und Gemüse und besonders gern auch Sorten, die in den meisten Haushalten heutzutage verschwunden sind. Wer kennt beispielsweise noch Stielmus[141]?
Ein leckeres Gemüse! Als meine Eltern noch den Kleingarten hatten und mein Vater, der gelernter Garten- und Landschaftsgärtner von Beruf war, immer alles Nahrhafte dort im Garten angepflanzt hat, gab es bei uns zu Haus oft Stielmus.

Ich bin dafür, dass ab einem gewissen Zeitpunkt alle landwirtschaftlichen Betriebe auf ökologisches Wirtschaften umgestellt werden, denn buddhistische Ökonomie bedeutet mitfühlendes Wirtschaften. Ich esse entweder kein Fleisch und züchte keine Tiere mit dem Ziel, sie zu schlachten oder baue meine Tierhaltung aus der Sicht des Tieres heraus, das ich halten will.
Wenn ich eine Kuh, ein Huhn, ein Schaf, eine Ziege, ein Schwein in meinem eigenen Betrieb wäre, wie müsste mein eigener Betrieb dann für mich gestaltet sein, damit ich mich selbst darin wohl fühle? Als Tier, das dort lebt und gehalten wird, versteht sich!
Sich selbst in meinem Gegenüber sehen, das bedeutet Buddhismus.
Meine Umwelt als meinen Spiegel erkennen[142], das ist die Lehre des Buddha.
Mitfühlend denken und handeln, davon handeln die Reden des Buddha.
Diese Art zu empfinden schließt selbstverständlich auch die Pflanzen und Tiere mit ein, auch sie sind empfindende, fühlende, zu Freude und Leid fähige Wesen.

Dass wir alle eins sind und im Grunde die gleichen Ängste, Sorgen, Nöte, Wünsche, Triebe und Begierden haben, davon erzählt das wunderschöne Herz – Sutra, das Prajnaparamita Herz – Sutra, das Herz der Vollkommenen Weisheit oder des Vollkommenen Verstehens des Bodhisattva Avalokiteshvara[143], der in

---

[141] Quelle 24.
[142] Quelle 13.
[143] Quelle 23.

seinem Gedicht beschreibt, wie er erkennt, dass wir im Grunde alle gleich „funktionieren", um es mit unserem heutigen an Maschinen und Computer angeglichenen Sprachgebrauch für uns selbst zu formulieren.

Wir sagen ja heutzutage tatsächlich, dass wir etwas „auf dem Schirm" haben, als ob unser Handy, unser Smartphone bei uns angewachsen sei. Wir behandeln es wie eine ausgelagerte Stelle unseres Gehirns. Was passiert jetzt, wenn wir diesen Teil unseres Körpers verlieren?
Wir verlieren noch viel mehr, als nur ein Smartphone. Wir verlieren zunächst unsere Orientierung. Wir verlieren anschließend unsere gesamte Planung im uralten Gefüge von Raum und Zeit, welches wir vor der Erfindung von Smartphones auch ganz gut beherrscht haben. Wir verlieren all unsere Kontakte, unseren Briefwechsel, ja beinahe unser ganzes Gedächtnis. Alles, was uns bleibt, wenn wir unser Smartphone nicht zu Verfügung haben, ist Panik, Wut und Hilflosigkeit. Das wäre schon fast komisch, wenn es nicht so bedauerlich wäre.

Alles, was wir mit unserem Smartphone verlieren, unsere schnellen Kontakt- und Einkaufsmöglichkeiten, unsere Kontrolle über unser Haus vielleicht oder über unser Kind, unsere Definition unserer Selbst als moderner, selbstbewusster Mensch, der ohne GPS und Navi in einer fremden Innenstadt völlig aufgeschmissen ist, wo früher die Karte und ein- oder zweimal Nachfragen im Ort ausgereicht hat, um sich zu orientieren, all dies soll der ökologische Agrarstaat auffangen und uns Menschen wiederbringen: Paradise regained, die Wiedererlangung unserer eigenen Kultur. Beispiel: geografische Karten lesen können!
Vor dieser Problematik der Überdigitalisierung stehen wir Völker heute alle, ob wir nun Äthiopier, Bhutaner, Tibetaner, Mexikaner, Angolaner, Chinesen, Kanadier, Holländer, Griechen, Kasachen, Italiener, Serben, Grönländer, Senegalesen, Ägypter, Japaner oder Deutsche sind, also überall auf der Welt.

Was den Getreidebau in einem Agrarstaat anbelangt ist es in Deutschland so, dass wir Weizen nicht sehr gut vertragen. Viele Deutsche wissen es nur noch nicht. Weizen, vor allem als Auszugsprodukt, fördert im Körper Entzündungen und wie zu hoher Eiweißkonsum Sklerosen.
Wenn ich mir einen optimalen Agrarstaat als eine Gesellschaft für Achtsamkeit und Nachhaltiges Leben© vorstelle, dann gibt es viel von dem, was gesund macht und entschlackt, viel Sonnenkost also, das heißt Obst, Gemüse, Salate, Blattgemüse, Nüsse, Samen und wenig Getreide und wenn, dann keinen Weizen.

Es gibt viele andere Getreideformen, die in Deutschland in ökologischem Landbau gut wachsen, Roggen, Hafer, Hirse, Braunhirse, Gerste, Dinkel, Einkorn und Emmer sind einige davon.

Wenn wir uns ab heute darauf einigen, dass wir alle gemeinsam in einem Boot sitzen, ob dieses nun „Raumschiff Erde", Europa oder schlicht Deutschland heißt, dann sollten wir unsere Erfahrungen nutzen, um die wir durch Corona reicher geworden sind und uns ab jetzt entscheiden zu einem Leben, das den Menschen in seiner Ganzheit und seiner sozialen Gebundenheit stärkt!

Nachhaltiges Wirtschaften mit Lebensmitteln, Nahrung für unsere Gesundheit (Punkt 3 auf der Liste der Faktoren für eine optimale Gesundheit nach der Natürlichen Gesundheitslehre©), die entschlacken und uns in unserer Ganzheit, also an Körper, Geist und Seele stärken und unser soziales Gefüge beispielsweise durch gemeinsame Arbeit in der Natur beleben, begrüßt eine Agrarwirtschaft, die auf biologisch – dynamischen Prinzipien fußt und sich somit in moderne Lebensbedingungen von Ressourcenknappheit, der Anforderung durch Überbevölkerung und unseren bisherigen verschwenderischen Lebensstil harmonisch einfügt. Ein nachhaltiger Stil ökologischen Wirtschaftens in kleinen Projekten – Small is beautiful – stärkt die Menschheit in einer Weise, die besser auf Pandemien vorbereitet ist, als unsere heutige gedankenlose und rücksichtslose Art des Wirtschaftens und Handelns.
Wenn wir uns Menschen als Elemente der Natur, der „Mutter" Erde, des „Raumschiffs Erde" in unseren natürlichen Bedürfnissen ernst nehmen, dann entscheiden wir uns gemeinsam für buddhistische Ökonomie und Ökologie.
Wenn wir gemeinsam an einem Strang ziehen, müssen wir in Zukunft eine Frage wie: „Warum dauert diese Corona – Epidemie so lange?" vielleicht nicht mehr stellen.
Nur Achtsamkeit, Disziplin und eine konsequente Rückbesinnung auf eine natürliche, nachhaltige, achtsame und ganzhaltige Lebensweise kann uns in Zukunft und bereits jetzt vor weiteren Virenphänomenen, Krankheiten und Pandemien schützen.

COVID-19 und das Schuljahr 2020:
Offiziell sind in NRW die Schulen ab einschließlich Montag, den 16. März 2020 geschlossen[144].
Seitdem sind etwa vier Monate vergangen, während ich dies schreibe ist der 20. Juli 2020, 22:35 Uhr.
Was sollen wir mit diesem Schuljahr tun hinsichtlich der Bewertung und der offiziellen Führung von Leistungsprofilen und Zeugnisdaten von Schülern im Hinblick auf die Halbjahreszeugnisse?
Immerhin handelt es sich bei diesen etwa vier Monaten um mehr als ein halbes Schulhalbjahr.

---

[144] Quelle | schulministerium.nrw.de | Coronavirus | Bildungsportal

Mein Vorschlag lautet, das komplette erste Halbjahr 2020 als Übungsjahr zu bewerten, was alle Schüler angeht, die nicht im Abitur beziehungsweise der Abiturvorbereitung sind, denn für diese wurden ja bereits Regelungen getroffen.

Dieses Schulhalbjahr von Januar 2020 bis Ende Juni 2020 soll als Übungsjahr genutzt werden. Warum soll man die Schüler durch eine verloren gegangene Ordnung hindurch quälen? Wir sollten das Alltagsleben lieber langsam als zu schnell wieder einfädeln.

Sollte auch das Schulhalbjahr von August bis Dezember 2020 von unregelmäßigen Schulzeiten durch COVID-19 betroffen sein, würde mein Vorschlag, die unregelmäßigen Zeiten als Übungszeit anzurechnen, ebenfalls für das zweite Halbjahr in 2020 gelten.

Kurz gesagt: Das erste Schulhalbjahr in 2020 sollte aus der Wertung gestrichen werden.

Sollte es im Jahr 2020 doch wieder zur Beschulung kommen, sollte man diese Zeit dafür nutzen, dass Schüler, Lehrer und die Schulleitung wieder zueinander finden.

Möglicherweise ist es sinnvoll, freien Selbstentscheid der Schüler / Eltern zu erlauben ob das erste Halbjahr 2020 gezählt beziehungsweise für eine Wertung angerechnet wird, oder nicht.

Wenn Unterricht wieder aufgenommen wird, sollte zunächst ein regelmäßiger Lernrhythmus in verringerter, gelockerter Form erprobt werden, der in der Wiederaufnahme des Unterrichts das Thema Corona und COVID-19 aufgreift und auf pädagogischer, ethischer und philosophischer praktischer Ebene die Erfahrungen der Schüler und Lehrer in das Unterrichtsgeschehen mit einfließen lässt, Erlebnisse mit und in der Krise in den Unterrichtsstoff mit einbezieht und die Menschen gemeinsam reflektieren und erarbeiten lässt, was uns Corona bedeutet hat, was die Krise mit uns gemacht hat, was sich durch unsere Erfahrungen während und mit der Pandemie bei und in uns verändert hat.

Warum mussten wir die Coronakrise erleben?

Diese Frage sollten wir uns alle stellen, aber sie sollte auch im Unterricht mit Heranwachsenden gestellt und erörtert werden.

Die Lehrer sollten die Schüler bei der Wiederaufnahme des Unterrichts dort abholen, wo sie stehen und in den Dialog über Corona gehen und das Thema und Gespräche über mögliche und gewiss notwendige Veränderungen und neue individuelle und gesellschaftliche Wege aufgreifen.

Das Thema Corona darf nicht übergangen werden.

Wir dürfen nach Corona nicht einfach in den Lehrplan wieder einsteigen, als sei nichts gewesen. Wir sollten und können aus Krisen etwas lernen und sollten an ihnen reifen. Dafür sind sie da!

Die Wirkungen von COVID-19 auf uns selbst, auf unsere Gefühle, unser Denken und Handeln und auf unseren Körper, alle Erkenntnisse und Einsichten, die wir in der Zeit des Lockdowns, der Bezogenheit auf uns selbst, hatten, dürfen nicht übergangen werden. Wir dürfen nicht zum „Schema F" zurück kehren!

Wir müssen uns durch Corona aus dem alten Trott ziehen lassen!

Willkommen in einer Zeit der Achtsamkeit! Willkommen im Wassermannzeitalter! Corona hat uns an dieser Stelle gezeigt, wie wir zu uns selbst stehen.

Die Pandemie und ihre Auswirkungen auf uns haben uns einen Einblick, oftmals einen tiefen Einblick in unser Innenleben gegeben.

Ich selbst habe starke Einsicht in mein inneres Wesen erhalten, von dem ich glaube, dass unsere inneren Werte, Reichtümer und Schätze letztlich die sind, die überdauern, während materieller Wohlstand vergeht. Letzten Endes merken wir im Alter, dass wir sogar unseren Körper irgendwann abgeben müssen.

Wir sollten Corona und unsere Erfahrungen mit dieser Krise als Chance auffassen für unsere innere Reife und Entwicklung.

Wir haben viele Dinge und Sachverhalte gelernt. COVID-19 hat uns viel Achtsamkeit, Aufmerksamkeit, Bewusstheit und Disziplin abverlangt.

Das sollten wir uns bewusst machen.

Die Coronapandemie ist ein Symbol.

Wir sind hier, um uns zu erkennen.

Wir haben die Chance, Corona als unseren Spiegel zu begreifen.

Die einen ärgern sich: Corona bringt den Ärger in ihnen hervor.

Einige sind froh über Kurzarbeit: Corona bringt die Zufriedenheit in ihnen hervor.

Manche haben mehr Arbeit: Corona bringt das Durchhaltevermögen in ihnen hervor.

Ich schreibe ein Buch: Corona bringt mein schriftstellerisches Talent und meine visionäre Kraft in mir hervor.

Meine Auffassung ist, dass uns die Krise vor allem gezeigt hat, dass es wichtig ist, sein Leben und jeden Augenblick bewusst zu leben!

Nachhaltigkeit

Durch moderne Medien sind wir heutzutage alle miteinander verbunden und können sehen, dass es auf der ganzen Welt einige Nachhaltigkeitskonzepte gibt, die in den verschiedensten bunten und schön gestalteten Broschüren, Bildtafeln, Übersichtskarten zum Ausdruck kommen und in Power – Point – Präsentationen sowie Vortragsreihen eine kreative und gestalterische Umsetzung finden.

Worte und Bilder auf Papier, Inhalte, die in Seminaren besprochen werden, 3 D – Präsentationen in modernen Medien auf hoch qualitative Weise können uns leicht beeindrucken.

Dennoch haben sie noch keinen Tropfen Wasser sauberer, keinen Arbeitsplatz menschenfreundlicher, kein Leben für Intersexuelle gerechter und keine Stadt wirklich gesünder und grüner gemacht.

Daher will ich mich mit der Theorie nicht länger aufhalten. In der vorliegenden Schrift habe ich ausführlich die Verbindung von den 19 Prinzipien für optimale Gesundheit der Natürlichen Gesundheitslehre© mit einer buddhistischen Öko-nomie, einer achtsamen und nachhaltigen Staatsorganisation erörtert.

Wenn unsere Demokratie erhalten bleibt und die Verwaltungsräume wieder ver-kleinert werden, statt immer mehr Bezirke zusammen zu legen wie in der Institution Kirche, wo sich ein Pfarrer oder Priester um immer mehr Gemeinden gleichzeitig kümmern muss und dadurch für die einzelnen Personen kaum mehr Zeit hat, wenn unverhältnismäßig hohe Lohnsätze bei Politikern abgeschafft und diese auf das Niveau der Grundsicherung gesetzt werden, damit Politiker wieder mit dem Herzen und nicht mit dem Portemonnaie regieren, dann ist schon ein wichtiger Schritt zum Thema Nachhaltigkeit getan, denn Nachhaltigkeit bedeutet auch nachhaltiges, gerechtes Wirtschaften, nachhaltiges Strukturieren.

Weniger ist manchmal mehr. Klein statt Groß, wie Schumacher formuliert, Small is beautiful.

Nachhaltig denken, handeln und fühlen bedeutet achtsam, liebevoll, sorgfältig, sozial, friedlich, gerecht, offen zu bleiben für die Rechte und Bedürfnisse von Minderheiten, Achtsamkeit ebenso haben auf die eigenen Bedürfnisse, das Schaffen von Win – Win Situationen oder sogar, wie in dem in der vorliegenden Schrift vorgestellten Schaubild, Schaffen von Win – Win – Win – Situationen.

Natur, Mensch und Gesellschaft, Natur, Individuum und Gemeinschaft ziehen alle an einem Strang und keiner kommt zu kurz, alle sind Gewinner.

Dies gemeinsam in die Tat umzusetzen ist mein bewusstes, ist der Menschheit bereits schon teilweise bewusstes Anliegen in Liebe, Frieden und Freundschaft.

Das vorliegende Dokument dient als Initialzündung für die Gesellschaft für Acht-samkeit und Nachhaltiges Leben© und bildet die Grundlage einer neuen, achtsamen, partnerschaftlichen, nachhaltigen, gerechten Gesellschaftsordnung.

Bruttonationalglück – wollen wir glücklich sein?

„Rundum glücklich werden" – will das nicht im Grunde jeder von uns?
Rundum glücklich zu werden ist sicher die grundlegende Antriebskraft aller Menschen, auch derer, bei denen es auf den ersten Blick nicht so erscheint, wie bei einem Kettenraucher, einem Autobahnraser, einem Menschen, der sehr gern und häufig mal einen, zwei oder drei über den Durst trinkt, einem Bodybilder, dessen Hauptnahrungsmittel Anabolika sind, dem Computer – Nerd, der nur von Wikipedia oder Siri weiß, was Sonnenlicht ist, dem Workoholik, der sich auf dem Arbeitsplatz ein Feldbett aufstellt und seine Familie nur noch ab und zu auf dem Display seines Smartphones sieht, all jene, deren Verhaltensweisen ich jetzt vielleicht hier und da etwas übertrieben habe und wo ich mich selbst an so mancher Stelle wieder erkenne, all jene versuchen im Grunde auch nur, glücklich zu sein, auch wenn das an den Tag (oder die Nacht) gelegte Verhalten grundsätzlich schädlich ist.
Bisher hat uns keiner beigebracht, wie das funktioniert mit dem Glücklichwerden. Haben wir auch nicht nötig, kriegen wir selber hin – glauben wir stolz.
Tja, ich kenne einen Mann in Deutschland, der hat in einem seiner Bücher das Kapitel „Rundum glücklich werden"[145] drin.
Und wie macht er das?
Nun, der hat sich das auch nicht einfach selbst ausgedacht. Er greift zurück auf eine ganz alte Weisheit, nämlich den Edlen Achtfachen Pfad des Gautama Buddha. Die vierte der vier edlen Wahrheiten ist der Weg zur Überwindung des Leidens und das ist genau dieser edle achtfache Pfad.
Das sind im Grunde acht einfache Verhaltensprinzipien. Auf den ersten Blick.
Es gibt Glieder dieses Pfades, wie beispielsweise „freundlich kommunizieren", „liebevoll handeln" oder eben auch mitfühlend Geld verdienen, also eben nicht zu Lasten anderer Menschen oder der Natur, sondern in der Form von Win – Win – Win – Situationen: Natur – Arbeitgeber – Arbeitnehmer – alle sind am Abend zufrieden und gehen glücklich nach Hause.
Wie man diese drei Glieder des edlen achtfachen Pfades in die Tat umsetzt ist noch recht einfach zu begreifen. Die anderen Anweisungen reichen schon eher in einen philosophischen Bereich, was ihre Bedeutung und Wichtigkeit jedoch nicht herab setzt – im Gegenteil.
Anfangen kann jeder Mensch aber, und dafür muss man kein Abitur haben, mit dem Thema „liebevoll kommunizieren". Schon in einem Kindergarten kann man kleine Menschen achtsam und freundlich dazu anleiten, dass sie freundlich, respektvoll und liebevoll miteinander kommunizieren.
Wenn Karl dem Anton vors Schienbein tritt, hat Anton mehrere Möglichkeiten, zu reagieren. Er kann gemäß eines Übungsfeldes des achtfachen Pfades freundlich

---

[145] Quelle 7 | S. 97ff.

kommunizieren und sagen: Anton, das hat mir weh getan, ich möchte das nicht. Darüber hinaus kann er sich Karl verweigern, indem er eine Woche lang nicht mehr mit ihm spielt und wenn, nur dann, wenn Karl freundlich zu ihm ist.
Für Karl ist Antons Verhalten sehr wichtig. Anton dient ihm als ein Spiegel. Karl kann so von Anton lernen, liebevoll zu handeln, was ja ein weiteres Übungsfeld des achtfachen Pfades ist.
In der Regel sieht in einem Kindergarten der Streit aber so aus:
Karl tritt Anton vors Schienbein, Anton weint, brüllt eine Beleidigung zurück, Karl schlägt Anton, beide beginnen sich zu hassen und zu mobben.
Genau das will die Lehre des Buddha vermeiden.
Hass und Angst beginnen bereits im Kindergartenalter und deshalb ist es so wichtig, dass wir uns besonders für die Kleinen Zeit nehmen, sie auf achtsame, liebevolle, rücksichtsvolle Weise zu erziehen, dass wir uns besonders an dieser Stelle Zeit für uns selbst, für unsere Kinder in Familien und Institutionen nehmen und von Grund herauf so an einer gerechten Gesellschaft arbeiten und das Gerüst von Achtsamkeit und liebevollem Handeln, liebevollem Kommunizieren in einer achtsamen Gesellschaft von der Basis her aufbauen.

Um nun den Bogen von einer achtsamen und liebevollen Erziehung in einem Kindergarten zu spannen hin zu einer achtsam geführten Gesellschaft, einer nachhaltigen, achtsamen Staatsführung und Regierungsorganisation, die mehr und enger zusammenhängen, als man glaubt, schauen wir uns noch einmal die 19 Prinzipien für optimale Gesundheit nach der Natürlichen Gesundheitslehre© an, wie ich sie in der vorliegenden Schrift bereits auf den Seiten 99-102 und 136-138 angerissen habe. In Quelle Nr. 5 wird jedes Prinzip ausführlich erläutert und ich bitte meine Leser, dafür Quelle Nr. 5 selbst zu beschaffen, einzusehen und zu studieren und die dort beschriebenen Inhalte auch selbst auszuprobieren.
Zeit spielt eine wichtige Rolle. Wer heute Kind ist, wird bald groß, jugendlich, erwachsen sein. Die Kinder in heutigen Kindergärten, Familienzentren, Kindertagesstätten, in Familien oder in der Tagesgruppe, im Hort, werden bald unseren Staat mit formen auf die eine oder andere Weise.
Ich sage dies in einer Zeit, in der ich wieder Kinder auf Spielplätzen entdecke, die vor wenigen Monaten auch vormittags noch menschenleer waren. Fast könnte ich sagen: dank Corona, denn Kindertagesstätten und Schulen sind ja noch zu.
Liebe, Aufmerksamkeit, Freundlichkeit, Wärme, Anerkennung und Zeit, die einem Menschen in seiner Kindheit geschenkt werden sind wie ein Same, der aufgeht und erblüht, wenn dieser Mensch reift und bald von Baby zum Kleinkind, zum Kind, welchen Geschlechts auch immer, Jugendliche, Frau, vielleicht Mutter, lesbisch oder nicht, Junge, Freund, vielleicht bald Vater ist und vielleicht schwul oder transsexuell und es ist immer Unmut oder Liebe, Unfriede oder Friede, was wir im Herzen haben, das ist, was wir in die Gesellschaft tragen.

Die Erziehung von Kindern gerät heutzutage ins Uferlose. Viele Erzieher und Eltern glauben, totale Freiheit sei für Kinder gut. Oft entdecke ich hinter einer solchen Einstellung schicht die Tatsache, dass Eltern als Entscheidungsträger gegenüber ihren Kindern manchmal überfordert sind.

Wenn ich weiß, was ich möchte und was ich nicht möchte und dies meinem Kind ruhig aber bestimmt vermittele, bin ich schon auf einem guten Weg. Dies ist nicht immer leicht, besonders wenn Eltern von einem harten Arbeitstag nach Hause kommen oder ihren eigenen Weg noch nicht gefunden haben, kann ich verstehen. Erziehung bedeutet sachliche Klarheit, und dass dann noch oft spielerisch. Dies ist oft wahre Nervensache, oft hilft ein entschiedener, klarer Standpunkt.

Deshalb ist es falsch, Kindergärtner und Kindergärtnerinnen zu „deckeln", Erzieher zu wenig wertzuschätzen, denn sie halten in Händen, woraus später unser Staat wird: den jungen Menschen.

ErzieherInnen, LehrerInnen, SozialpädagogInnen, StreetworkerInnen muss mehr Anerkennung, Liebe, Achtsamkeit, Aufmerksamkeit, Energie und Geld sowie Material vom Staat zu Verfügung gestellt werden, die gesamte Landschaft im Bildungswesen schon von der ersten Stunde an muss reicher an Raum, Liebe, Kreativität, Spielraum, Natur, Erfahrung, Güte, Sicherheit werden.

Kleine Kinder sollten aber dennoch die Möglichkeit haben, bis zum dritten Lebensjahr in der Geborgenheit der Familie zu bleiben, wenn sie die „Typen" dazu sind. Einige Kinder brauchen die Nestwärme, andere wollen von sich aus nach draußen und auch da muss besonders achtsam hin geschaut werden.

Wir dürfen unsere Kinder nicht einfach irgendwo „parken", wie manch Einer und manch Eine sagt, sie sind keine Autos, keine Gegenstände. Ein Bekannter von mir wurde schon als kleiner Junge immer vor dem Fernseher „geparkt" und ist heute fernsehsüchtig. Die Mutter meinte es gut, sie hat ihre Zeit mehr auf der Arbeit verbracht und wusste nicht, dass sie ihrem Kind eine tief greifende Sucht anerzieht.

Achtsame Eltern sollten ihre Kinder nicht „parken", sondern lieber mehr in den Arm nehmen, wenn die Kinder das mögen, ihnen zuhören, sich für ihre Welt interessieren, sich Zeit für sie nehmen.

Wir wollen unsere Kinder zu gesunden, freien, fairen Menschen erziehen, nicht zu ängstlichen, süchtigen, aggressiven, kranken Kindern, die vor der Welt und der Menschheit Angst haben und unter ihrem Leben leiden.

Dazu ist es sehr wichtig, dass sich diese achtsame Haltung in einer Staatsführung von Grund auf bis zur „Spitze" durch zieht, achtsam von der Familie, in die ein Mensch hinein geboren wird durch alle Institutionen eines Staates bis zur Staatsführung.

Hier ist wichtig, dass Menschen in die Staatsführung, in verwaltungsbezogene Ämter und in leitende Positionen kommen, die von ihrem Herzen her diese Achtsamkeit bereits in sich tragen.

Beispielsweise wäre ein Mensch, der einen „weltlichen" Beruf studiert und lange Zeit ausgeübt hat, der aber auch eine langjährige Meditationserfahrung hat und ein gütiges, liebevolles Wesen besitzt jemand, den ich mir gut in der Position eines Bundespräsidenten vorstellen könnte.

Über Meditation, Yoga und Tai Chi wird heutzutage noch gesprochen wie über Sex – man traut sich nicht, in der Öffentlichkeit diese Themen zu artikulieren.

Es ist richtig, nicht damit zu prahlen. Meditation, Tai Chi und Yoga sind aber alte gesundheitliche Systeme aus China, Indien, dem asiatischen Raum. Auch in westlichen Traditionen gibt es die Meditation, zum Beispiel in der Kabbalah.

All diese Dinge können uns in ein harmonisches, ausgeglichenes inneres Gleichgewicht in unserem Alltag bringen.

Wir sind innerlich gestärkt. Auch unser Körper wird resistenter und kräftiger, uns geht es im Allgemeinen besser mit Yoga, Tai Chi und Meditation, als ohne. Auch von Sex wird man im Grunde nicht krank, wenn man achtsam ist und Disziplin dabei hat. Wir sollten, ohne damit anzugeben, ruhig über solche Dinge wie Sex, Yoga, Tai Chi, Chi Gung oder Meditation sprechen, bei all diesen Praktiken handelt es sich um feine subtile Energien und einen erweiterten Bewusstseinszustand sowie die Kraft, sich von seinem Inneren leiten zu lassen.

Wenn ich in letzter Zeit Themen wie Meditation bei meinen Freunden und Bekannten thematisiere, bin ich ganz erstaunt, was ich dann zu hören bekomme.

- „Ich meditiere bereits seit 40 Jahren, Buddhismus ist keine Religion sondern Geisteswissenschaft", erklärt ein mir bekannter Schmiedemeister.
- „Ich habe ein Buch über Buddhismus übersetzt", berichtet mir eine Autorin und schenkt mir das Buch „Die Kuh, die weinte"[146]. Ich freue mich riesig! Danke!
- „Ich meditiere jeden Tag", sagt eine Freundin.
- „Ich gehe mit meinem Freund regelmäßig zum Lach – Yoga", erzählt eine andere Freundin.
- „Ich praktiziere schon seit 25 Jahren Yoga", erklärt mir meine Mutter.
- „Ich übe jeden Tag Tai Chi und Chi Gung", sagt eine Bekannte aus einem Seminar.
- „Ich meditiere täglich schon seit Jahrzehnten", erklärt ein Freund.
- „Hier auf der Straße an der Ecke gibt es jetzt ein kleines buddhistisches Zentrum", berichtet die Mutter der Freundin meiner Tochter.

Hätte ich nicht darüber gesprochen, wären wir wohl nicht auf diese Themen gekommen, solche Sachen sind noch nicht ganz reif für die Öffentlichkeit, meinen

---

[146] Die Kuh, die weinte | Ajahn Brahm | Lotos Verlag | 25. Auflage | 2006.

viele Leute. Wenn sie aber wüssten, wie viele Menschen im Verborgenen solch eine traditionelle, alt bewährte Übungsmethode regelmäßig praktizieren, sie wären erstaunt, was sich ihnen darbieten würde, wenn sie es ansprächen, davon gehe ich aus.

Es gibt ein altes Sprichwort: „Der Fisch stinkt vom Kopf", oder etwas netter, um direkt beim freundlichen Kommunizieren zu bleiben:

„Ein großes Reich muss man leiten, sachte, wie man kleine Fischlein brät"

Das wusste schon vor 2500 Jahren der chinesische Philosoph Laotse und er meint damit, dass es sich für das ganze Land förderlich auswirkt, wenn die Menschen, die ein Land oder einen Staat regieren, das weder mit dem Geldbeutel, noch mit Stolz oder Hochmut, sondern mit einem mitfühlenden und freundlichen Herzen tun. Die liebevolle, mitfühlende, buddhistisch geprägte Grundwesensart ist hier gefragt.
Menschen mit einer Wesensart, die achtsam und geläutert ist, füllen das Amt einer Ministerin oder eines Ministers in einem Staat, der durch buddhistische Wirtschaftslehre geprägt ist, optimal aus. Leute, deren Grundhaltung kapitalistisch, konsumorientiert und auf Ertragsteigerung gepolt ist, werden das nicht tun.

Wir brauchen in der Politik, der Wirtschaft, in Parteien, in der Verwaltung nicht nur Führungskräfte, die Sach- und Fachkompetenz besitzen und gut reden und „sich gut verkaufen" können. Wie oft haben Politiker schon viel geredet und dabei nichts gesagt aber dafür viel Geld und Macht erhalten.

Wir brauchen in führenden Positionen, in der Politik, in der Wirtschaft, in Parteien, in der Verwaltung, als Firmen-, Konzern- und Schuldirektoren Führungskräfte, deren Wesen nicht stolz, hochmütig und ichbezogen ist.
Wir brauchen Leute, die warmherzig, gütig, gerecht, ehrlich, herzlich, offen, direkt, sachlich, wahrheitsgetreu, achtsam, liebevoll, innerlich zufrieden, genügsam, freundlich in ihrem Herzen und von ihrem Wesen her sind.
Wir brauchen Menschen mit einer achtsamen Lebenshaltung, die offen sind für sich und andere und in der Lage sind, freundlich zu kommunizieren, liebevoll zu handeln und mitfühlend zu wirtschaften.

Wir brauchen Menschen mit einer freundlichen, liebevollen Wesensart, die sich nicht hervor tut und dennoch präsent ist. Diese Menschen brauchen wir natürlich überall im Land aber besonders auch in der Staatsführung.

Wie bereits erklärt, bin ich aufgrund der Tatsache, dass buddhistische Themen nicht nur viele Menschen in Deutschland interessieren, sondern viele Menschen sich auch von diesen Lehren etwas annehmen, davon überzeugt, dass Deutschland bereit ist für eine buddhistische Wirtschaftslehre.

Auf der Grundlage von Führungskräften mit einer achtsamen, liebvollen, wertschätzenden Wesensart und Weise der Menschenführung stelle ich nun **im Ansatz zwei Möglichkeiten** vor, wie die aktuelle Struktur der BRD mit den Prinzipien von buddhistischer Ökonomie, *Einfachheit und Gewaltlosigkeit*, verbunden werden kann mit den 19 Prinzipien für optimale Gesundheit nach der Natürlichen Gesundheitslehre©.

Das Konzept einer Gesellschaft für Achtsamkeit und Nachhaltiges Leben© kann auf der Ebene der Gliederung der Bundesministerien (und Landesministerien) in die Tat umgesetzt werden.

Zunächst schlage ich ein Staatskonzept einer Gesellschaft für Achtsamkeit und Nachhaltiges Leben©, ihre Struktur und Organisation vor, welche sich an den 19 Prinzipien für optimale Gesundheit der Natürlichen Gesundheitslehre© orientiert: **19 Ministerien, eines für je eins dieser Prinzipien**, welche in Quelle Nr. 5 der vorliegenden Schrift ausführlich dargestellt und bitte dort anzuschauen sind.

Die Leiter eines jeweiligen Ministeriums, diese MinisterInnen also müssen Menschen sein, die drei Fähigkeiten in der Hauptsache besitzen beziehungsweise drei Eigenschaften aufweisen:

- als Versteher und Freund beispielsweise des Wassers, müssen sie als erstes von ihrer Aufgabe erfüllt sein, müssen das Thema Wasser beispielsweise und das Wasser selbst lieben aber nicht, um sich daran zu bereichern, sie müssen das Wasser verstehen, ihm dienen, wie Wasser sein wollen zu Wasser werden und das Wasser den Menschen in seiner Feinheit und Kraft, in seiner Notwendigkeit für den Menschen nicht vermarkten, sondern gewissenhaft und liebevoll verwalten, behandeln und schützen. Win – Win – Win – bedeutet hier: Alle sind im Prozess glücklich beziehungsweise gehen aus dem Prozess als Gewinner hervor: Das Wasser, die gesamte Natur und alle Menschen. Ein Minister oder eine Ministerin, ein Mensch, welcher das Ministerium für Wasser leitet, muss die Eigenschaften von Wasser kennen und sich als ein Anwalt des Wassers verstehen: Wasser hat ein Gedächtnis, Wasser liebt es, in Kurven und Schlingen zu fließen, nicht in rechten Winkeln und eckigen, kantigen Leitungen. Wasser liebt das Runde, Weiche.
- Als Mensch müssen sie freundlich, von Begeisterung für ihre Tätigkeit, von innerer Stille und Ruhe erfüllt, liebevoll, achtsam, zu Geduld fähig sein und dies in sich tragen. Mitgefühl, Mitfreude, Gleichmut und bedingungslose Liebe müssen ihre Eigenschaften sein. Von der Fähigkeit,

Kritik angemessen zu geben und anzunehmen, von Fairness, Aufrichtigkeit, Ehrlichkeit muss ihr Herz erfüllt sein. Ein Mensch, der ein Ministeramt in der Gesellschaft für Achtsamkeit und nachhaltiges Leben ausfüllt, ein Ressortleiter, muss freundlich, liebevoll kommunizieren können, liebevoll handeln können, muss ebenso in der Lage sein, konsequent Regeln einzuhalten und aufzuzeigen und klar und konsequent sich abzugrenzen von Qualitäten wie Konsum- und Kapitalorientierung, welche hier nicht erwünscht sind.

-   Im Team muss die Person, welche ein Ministerium für sauberes Wasser oder saubere Luft beispielsweise leitet, darauf achten, dass die Eigenschaften, die sie als leitende Person selbst aufweisen muss, ebenso von ihren Organen, ihren Angestellten erfüllt werden. Sie muss in der Lage sein, das gesamte menschliche Gefüge und Staatssystem zu überblicken und sich gleichsam auf das ihr anvertraute Ressort zu konzentrieren. Sie muss anderen Ministerien wie auch ihren Angestellten, ihren Organen rückmelden, wenn eine ungewünschte Handlung eingestellt werden muss, ebenso muss sie eine Rückmeldung geben, wenn es angebracht ist, eine gute Handlung zu loben und beizubehalten. Sie muss zu einer achtsamen freundlichen, klaren und konsequenten Sprache und Handlungsweise fähig sein. Sie muss sich nicht als „besser" oder „wichtiger" empfinden, als andere, sondern sich als gleichberechtigtes Mitglied eines großen Teams sehen und wahrnehmen, welches verantwortungsbewusst und sachte, sorgfältig ein wertvolles Gut, unsere Menschliche Gesellschaft auf und in unserer Mutter Natur verwaltet, führt und leitet. Sie ist nicht Besitzer der Natur, sie ist ihr Beschützer.

Mit den MinisterInnen sind 19 Menschen gemeint oder mehr, wenn es sich um kleine Führungsteams handelt. Hier sind natürlich alle Menschen gemeint ab einem Alter von über 45 Jahren (hohe Verantwortungsträger!): Gender, transident, intersexuell, schwul, lesbisch, transsexuell, (...), gleich welcher Nation, Religionszugehörigkeit (oder ohne), ob mit oder ohne GdB, sie müssen sich den Anforderungen der achtsamen Rede, des achtsamen Denkens und Handelns verpflichtet fühlen und sich den Prinzipien der natürlichen Gesundheitslehre sowie der buddhistischen Wirtschaftslehre unterordnen können, tolerant und teamfähig sein, das ist der gemeinsame Nenner.

Die ministeriale Struktur innerhalb Deutschlands gliedert sich innerhalb meines Konzeptes, so wie ich es bereits auf den Seiten 136-138 der vorliegenden Schrift angedeutet habe, anhand der 19 Prinzipien, je ein Ministerium für ein Prinzip.
Die Inhalte der einzelnen Ministerien habe ich dort bereits skizziert.
Das Ministerium Nummer 11 – Ministerium für seelisches und geistiges Wohlbefinden ist auch das Ministerium für Glück.

Diese Ministerien existieren auf Bundes- und auf Landesebene und finden ihre Entsprechung in ladenartigen, organischen Strukturen der Kommunalverwaltung.

Der Bundespräsident ist Leiter eines Sonderministeriums des Inneren, welches die achtsame Koordination dieser 19 Ministerien in den Händen hält.

Ein Ministerium für buddhistische Kommunikation und Friedenspolitik löst das Auswärtige Amt ab. Viele Menschen kennen Frieden nur als langweiligen Zustand, in dem nichts passiert.
Frieden ist aber viel mehr als das.
Frieden ist der Zustand des Glücks und des Heiles, den man im eigenen Herzen finden kann, wenn man ständig daran arbeitet. Innerer Friede ist etwas, das wir nur in uns selbst finden können. Er ist kein seichter, lauer Zustand, der mit dem Spruch „Friede, Freude, Eierkuchen" beschrieben oder abgetan werden kann.
Zum Glück, sage ich, haben wir Deutschen ja durch unsere Vergangenheit eine gewisse preußische Prägung erhalten, preußisch bedeutet hier Disziplin und Ordnung. Mit Disziplin habe ich Ordnung in meinem Herzen geschaffen.
Innerer Friede im eigenen Herzen ist oft harte Arbeit.
Innerer Friede ist eine Arbeit, die wir im Grunde nur an uns selbst tun können.
Ayya Khema schreibt:

„Es gibt keine Öffnung in uns, durch die Frieden herein kommen könnte. Wir müssen innen anfangen und nach außen wirken."[147]

Ebenso verhält es sich mit der menschlichen Gesundheit.
Ich, Baldur Airinger, kann mir gut einen Staat vorstellen, der in 19 Ministerien nach den 19 Prinzipien für optimale Gesundheit nach der Natürlichen Gesundheitslehre© gegliedert ist.
Ich kann mit einen Staat vorstellen, der von solchen MinisterInnen, von durch den Geist einer buddhistischen Wirtschaftslehre geprägten Menschen geleitet und achtsam gelenkt wird.
Mir selbst ist diese Ausrichtung der Gesellschaft für Achtsamkeit und Nachhaltiges Leben© lieber, als ein Staat, der die Prinzipien einbaut in bisher bestehende ministeriale Strukturen. Aber auch letzteres halte ich für gesünder für die Gesamtbevölkerung, den einzelnen Menschen und die Natur, als unsere bisherige, auf Konsum und Wirtschaftswachstum ausgerichtete Staatsform.

Wie sähe eine Gesellschaft für Achtsamkeit und Nachhaltiges Leben© aus, bei der die aktuelle ministeriale Ordnung in ihren Grundzügen bestehen bliebe und die 19 Prinzipien für optimale Gesundheit als thematische Ausrichtungen und

---

[147] Quelle 10 | S. 43ff.

Unterabteilungen, als eigene Ressorts **in das bestehende Ministeriensystem der BRD eingegliedert** würde?

Demzufolge sollten unsere derzeitigen Ministerien auch durch Achtsamkeit und Güte geprägt sein.

Wenn ich mir die aktuelle Liste der Bundesministerien anschaue[148], so wünsche ich mir ein Bundesministerium der Finanzen, welches durch achtsames, liebevolles Handeln, durch buddhistische Ökonomie geprägt ist, ein Auswärtiges Amt, welches auf Frieden ausgerichtet ist.

Ich wünsche mir ein Bundesministerium des Inneren, für Bau und Heimat, welches unseren Grund und Boden für uns Menschen und auch als nachhaltiges Naturreservoire für Tiere und Pflanzen schützt und auf die Gesundheit des Bodens, der Erde Acht gibt und nachhaltig wirtschaftet, damit auch unsere und deren und wiederum deren Urururenkel noch Natur erleben, denn wie es aussieht, haben wir für den Moment keine zweite Erde im Kofferraum, auch dann nicht, wenn im Kofferraum viel Platz ist und wir mit dem SUV fahren.

In meiner Heimatstadt Duisburg sind vor etwa 30 Jahren Firmen ansässig gewesen, die durch ihre Tätigkeit den Mutterboden derart verseucht haben, dass man dort heute keine Pflanzen als Nahrungsmittel mehr anbauen kann, ohne sich schwer zu vergiften. Schwermetalle und Chemikalien sind im Boden eingelagert und man müsste ihn reinigen (Möhren anbauen und auf dem Sondermüll entsorgen, Möhren binden Giftstoffe) oder austauschen lassen, um im eigenen Garten ein eigenes Gemüsebeet zu errichten.

Nun, dem Großhandel kann das nur recht sein. Je weniger die Privatpersonen anpflanzen, desto mehr können die, die ja ohnehin schon viel haben, verdienen.

Solcherart gegen die Natur gerichtet darf aber eine Demokratie nicht sein, so darf gar kein Staat aussehen.

Jede Person muss die Möglichkeit, das Recht und die Freiheit haben, sich selbst zu versorgen, solange sie dabei nachhaltig, gerecht und friedlich, gesund für sich selbst, die Mitmenschen und die Natur handelt, achtsam, sorgfältig und nachhaltig und die Natur schützt.

Wir sitzen in einem Boot.

Ich selbst möchte meinen Garten so gern als Gemüsegarten nutzen aber er ist hochgradig von Schwermetallen verseucht. Schützen wir gemeinsam unsere Existenzgrundlage! Unachtsames Verhalten gegenüber der Erde darf es nicht mehr geben! Ab heute beginnen wir, unseren Grund und Boden wertzuschätzen, zu lieben und zu schützen!

---

[148] Quelle | protokoll-inland.de | Protokoll Inland der Bundesregierung – Liste der Bundesministerien.

Die Firmen, die beispielsweise in Duisburg früher ansässig waren, haben hier gewirtschaftet, Menschen der Umgebung hatten Arbeitsplätze aber die hätten sie auch besser und in umsichtigeren Firmen haben können, die Firmen haben irgendwann ihre Liegenschaft hier vor Ort abgebrochen, aber ihren Müll haben sie da gelassen. Solche Firmen gibt und gab es viele und oft in Duisburg. Und die Stadtverwaltung hat es geschehenlassen.

Unter manchem Hügel verbirgt sich in Wahrheit ein Sondermüll – Endlager, welches begrünt wurde, einen Namen, eine schicke, werbeträchtige Bebauung bekam und jetzt da rum steht mit dem Müll darin.

Ist das die Art und Weise, wie wir mit unserem Grund und Boden, mit unseren Mitmenschen arbeiten, leben und wirtschaften wollen?
Ich möchte dies nicht.

Ich wünsche mir eine Verwaltung und Landesplanung, die von Grund auf, von ihrem Denken, Fühlen und Handeln her umsichtig, achtsam, respektvoll gegenüber Mensch und Natur in Wort und Tat ist.
Ich wünsche mir eine Verwaltung und Landesplanung, die nachhaltige gesunde Entscheidungen trifft und deren Ziele nicht nur Wohlstand, sondern auch Gesundheit von Mensch und Natur sind.
Ich wünsche mir eine Verwaltung und Landesplanung, der es nicht um BIP und die Kaufkraft der Bürger, sondern um ihr Wohlergehen und ihr Glück, um ein Bruttonationalglück geht.

Dafür schreibe ich dieses vorliegende Buch, damit wir eine Basis haben, von der aus wir lernen können, des Buddhas Ideen und Erläuterungen zu freundlicher Rede, liebevollem Handeln und achtsamem, mitfühlenden Wirtschaften auch bei uns zu Haus, in der Kommune, der Stadt, dem Ort, der Region, im Land und auch auf gesamter Staatsebene umzusetzen.

Nach meiner Auffassung können wir durch COVID-19 erkennen, wie wir wirklich sind: Ängstlich, auf Arbeit und Konsum geprägt, wir denken nur an Geld, an Umsatz, der ist uns wichtiger, als unsere Gesundheit, deshalb werden wir schnell krank und sind nicht wirklich widerstandsfähig. Jedes Virus, was ein bisschen heftiger ist und etwas auf sich hält, schafft es sofort, sich zur Pandemie auszuweiten und auf unsere Kosten um die Welt zu reisen.

Daher stelle ich ein Konzept vor, unsere Ministerien in Deutschland neu zu strukturieren, damit nachhaltiges, gesundheitsorientiertes Denken, Handeln, Fühlen und Wirtschaften, Umsichtigkeit und Achtsamkeit sowie die Ausrichtung des Gesundheitssystems von der Pathogenese zur Salutogenese eine Grundlage bekommen.

Unsere Ministerien sollen anhand der 19 Prinzipien für optimale Gesundheit nach der Natürlichen Gesundheitslehre© strukturiert und an ihren Kernthemen [149] ausgerichtet werden beziehungsweise diese als Hauptarbeitsschwerpunkt nehmen. Die ersten zwei Prinzipien für optimale Gesundheit der Natürlichen Gesundheitslehre© sind

1. Saubere Luft und
2. Sauberes Wasser.

Das Ministerium für Umwelt, Naturschutz und nukleare Sicherheit soll von seiner grundlegenden Ausrichtung her auf die Theorie und vor allem praktische Umsetzung der Eigenschaften und Reinheit der Luft achten, wobei das Prinzip herrscht, das der Anspruch der Politik an saubere Luft absoluten Vorrang hat vor dem Anspruch der Politik an Umsatz und Konsum.
Die Luftreinheit steht aber ebenso für das Ministerium des Inneren für Bau und Heimat an oberster Stelle. Scheuklappendenken nützt hier nichts, denn was hat die Luft davon, wenn die UmweltministerIn sich darum kümmert, die MinisterIn des Inneren, für Bau und Heimat aber den Bau so extrem betreibt und so wenig wasser- und ressourcenschonend, dass am Ende in der Praxis doch mehr Wasser verbraucht und verschmutzt, als geschont wird.

Achtsame Prinzipien müssen für alle Ministerien an oberster Stelle stehen in einer buddhistischen Wirtschaftslehre und Praxis.
Saubere Luft, ihre Eigenschaften, gesunde Körperhaltung für richtiges Atmen – wirtschaftspolitische Maßnahmen zur Reinhaltung der Luft und bildungspolitische Maßnahmen für eine gesunde Bauchatmung, die den Körper reichhaltig und optimal mit der wichtigsten Lebensgrundlage versorgt, der Luft, sollen anhand der Natürlichen Gesundheitslehre© sorgfältig geplant und durchgeführt werden.

Alle Ministerien, alle Staatsorgane müssen in Theorie und Praxis am gleichen nachhaltigen, ressourcenschonenden Strang ziehen. Menschen müssen sich informieren über die Natürliche Gesundheitslehre© aus Bremen und den USA (an diesen beiden Orten ist diese Lehre ansässig) sowie über buddhistische Ökonomie und die Grundlagen der Erkenntnislehre des Gautama Buddha, schon vom Grundkonzept her und zwar geordnet und gezielt nach den hier vorgegebenen Richtlinien. An dieser Stelle ist die Bildung von Arbeitsgemeinschaften angebracht unter der Leitung von Menschen, denen buddhistische Ökonomie beziehungsweise Natürliche Gesundheitslehre© bereits ein Begriff in Theorie und Praxis ist.

---

[149] Quelle 5 | S. 3 und S. 15ff.

Das gleiche gilt auch für das Wasser. Seine Eigenschaften, die heute der Forschung vorliegen, dass es ein Gedächtnis hat, soll in der politischen Praxis berücksichtigt werden. Kneipp als Heilmethode, Alltags- und Schulkonzept soll in der Praxis für die breite Bevölkerung zugänglich sein.

Das Volk ist nicht da, dass wir an ihm verdienen, sondern dass wir es über die Wahrheit von Natur, Gesundheit und Glück aufklären, liebevoll führen und beschützen.
Dazu müssen wir aufhören, unsere Ressourcen in ihrem Endverbrauchsstadium als Abfälle zu verbrennen, denn sonst verbrennen wir auf Dauer noch unsere gesamte Mutter Erde.
„From Cradle to Cradle" nach Braungart soll das Prinzip sein, nach dem mit unserem Müll verfahren wird.
Das schafft viele Arbeitsplätze in Müllsortierungsanlagen in den Kommunen. Menschen sollen zu ressourcenschonendem Umgang nachhaltig angeleitet werden, unsere Wirtschaft soll so achtsam und nachhaltig strukturiert sein, dass auf Müllproduktion verzichtet werden kann.
Am Rande Jerusalems könnte ein solcher Entsorgungsbetrieb nach Braungart entstehen sowie auch in den Kommunen Deutschlands.
Manchmal habe ich in einer Woche kaum Müll in der Mülltonne, weil ich im Alltag achtsam mit meinen Materialien umgehe.
Habe ich den Staat dadurch um sein Geld gebracht?
Es geht in einem Staat nicht darum, unsinnige Arbeitsplätze und Arbeitsabläufe zu schaffen, wie beispielsweise Müllverbrennungsanlagen. Es geht darum, die Menschen aufzuklären, anzuleiten, nachhaltig zu wirtschaften und sich bei einem genialen Konzept wie beispielsweise „From Cradle to Cradle" zu engagieren[150].
Keinen Müll zu produzieren ist vom Konzept her besser, als ein Konzept ist, welches auf die (teilweise fragwürdige) Schaffung von Arbeitsplätzen in Müllverbrennungsanlagen ausgelegt ist.
Wir müssen lernen, von der Natur aus zu denken und von der gesunden Natur aus unser menschliches, gesellschaftliches Leben zu planen. Dabei dürfen wir ruhig Begriffe wie Mutterboden und Mutter Natur verwenden. Das ist stimmig und macht Sinn.
In einem buddhistisch ökologisch bewirtschafteten Staat gäbe es beispielsweise keine lauten Gartengeräte, die den Ohren und damit den Menschen Stress bereiten.

Lärm macht krank.

---

[150] Quelle | Film | Nie wieder Müll.

Buddhistische Wirtschaftslehre hat Platz für Menschen, die mit Handfeger, Kehrblech und Besen sowie mit mechanischen Heckenscheren arbeiten.

In einem Konzept, welches Raum für handwerkliche Tätigkeiten bietet beispielsweise im offenen Strafvollzug oder im Garten- und Landschaftsbau, können Menschen beschäftigt werden in einem System, welches sinnvolle Arbeitsplätze schafft, wie den Gartenpflegebetrieb, welcher ohne Verbrenner- und Elektrikwerkzeug arbeitet, wo Baumrecht und Bauschutzgesetz wieder ihre Gültigkeit und ihr ursprüngliches Recht bekommen, wo Gartenbaubetriebe nicht nur versteckte Baumfäll- und Rodungsbetriebe sind, wo die Pflanze in ihrem Wert geachtet und geschützt wird.

So können Arbeitsplätze geschaffen werden. Auch die und der letzte Arbeitslose werden mit eingebunden. Arbeitslosigkeit ist ein Kind des Kapitalismus. In einem nachhaltig und achtsam organisierten Staat gibt es Arbeitslosigkeit nicht. Es gibt nur sinnvolle Beschäftigung und Freizeit.

Auf diese Weise, wenn wir wieder handwerklich arbeiten, mit Besen, mechanischen Heckenscheren im Gartenbau und der Landschaftspflege, mit mechanischen Rasenmähern, wenn wir weniger Rasenflächen haben, im öffentlichen, wie auch im privaten Raum und wieder mehr Obstwiesen und Gemüsegärten, wenn auf Rasen Schafe oder Ziegen weiden, die den Rasen kurz halten, wenn wir öffentliche Plätze und Straßen oder Brückenunterführungen an Straßen mit den Händen und mit einfachen Arbeitswerkzeugen sauber halten, wenn wir dadurch viele Besen, mechanische Heckenscheren und Arbeitshandschuhe produzieren müssen oder dürfen, dann schaffen wir wie von selbst durch unsere nachhaltige, gesundheitliche, ganzheitliche Wirtschaftsführung und Staatsplanung als Nebeneffekt sozusagen so viele Arbeitsplätze, dass wir nie wieder arbeitslose Menschen haben werden.

Arbeitslosigkeit ist eine Systemkrankheit!

Ein gesundes System kennt keine Arbeitslosigkeit, denn jeder Mensch möchte sein Leben von sich aus sinnvoll gestalten und zum öffentlichen Leben und Wohlergehen etwas beitragen.

Haben wir wieder einen gesunden Staat, einen, der sich beispielsweise nicht am BIP, sondern am Bruttoinlandglücksprodukt orientiert, regeln sich Arbeitslosenquoten von allein auf Null!

Dass wir Menschen auf diese Weise künstlich von einer sinnvollen Beschäftigung abgehalten werden, indem wir daran gehindert werden, unsere natürlichen Talente in die Gemeinschaft zu tragen und dafür auch angemessen honoriert zu werden, widerspricht der Forderung nach der Menschenwürde, wie sie im Grundgesetz verankert ist und muss eingeklagt werden!

Wenn man es genau nimmt, uns ich nehme es genau:

Kapitalismus widerspricht Artikel 1 Absatz 1 des GG für die BRD!

Wenn wir uns vom kapitalistischen System lösen, was machen wir dann?

Na klar! Dann kommt meine **Gesellschaft für Achtsamkeit und Nachhaltiges Leben!** Und zwar folgendermaßen:

Ökologischer, biologisch – dynamischer Landbau nach Steiner soll in ganz Deutschland zum einzigen Muster und Prinzip für Landwirtschaft durchgesetzt werden meinetwegen in einem Zwei – Jahres – Plan, innerhalb dieses Rahmens sich alle Betriebe umgestellt haben müssen.

Fleischproduktion bekommt hohe Steuern auferlegt, noch höhere Steuern für Massentierhaltung bis diese, die Massentierhaltung, völlig aus der deutschen Tier- und Landwirtschaft verschwunden ist. Ökologischer Landbau berücksichtigt und schützt auch unsere heimischen Tierarten.

Im Radio werden die Leute dazu angehalten, unsere Vögel in Deutschland das ganze Jahr über zu füttern, weil die Kornfelder so radikal abgemäht werden, dass die Vogelnester zerstört und die Vogelbestände dadurch arg bedroht werden.

Ist es nicht besser, eine Kursänderung für die Landwirtschaft durchzusetzen, beispielsweise in der Form, dass jeder Bauer pro bewirtschaftetem Hektar Land einen gewissen, gesetzlich festgelegten Anteil an zusammenhängender unkultivierter Naturfläche auf seinem Grund und Boden erhalten muss?

Denkbar ist auch eine Prozentzahl an staatlicher Bodenfläche mit Bebauverbot.

Das Wasser in Staat, Stadt, Land und Landwirtschaft, Wasser in unserer Kultur muss schon für Kinder eine besondere Wertschätzung erfahren.

„Es ist schade, dass es keine Sünde ist, Wasser zu trinken, rief ein Italiener, wie gut würde es schmecken!" Den Satz hat Georg Christoph Lichtenberg (1742 – 1799), deutscher Physiker, schon vor 200 Jahren notiert.

Wir sollten unser Wasser auch im Alltag besonders Wert schätzen, damit es nicht bald wirklich verboten ist, Wasser zu trinken.

Von daher schlage ich vor, das Bundesministerium für Umwelt, Naturschutz und nukleare Sicherheit umzustrukturieren in ein Bundesministerium für saubere Luft, sauberes Wasser, Umwelt, Naturschutz und nukleare Sicherheit. Ich rate den Deutschen außerdem, das Bundesministerium des Inneren, für Bau und Heimat umzugestalten in ein Bundesministerium für Frieden, des Inneren, ressourcenschonendes Bauen und Schutz und Pflege der Heimat.

Es ist wirklich so, dass COVID-19 uns einen Spiegel vorhält.

Nun sollen die durch die Coronakrise entstandenen finanziellen Einbußen in der Automobilindustrie subventioniert werden. Von unseren Steuergeldern. Die Autobranche macht jährlich Umsätze von rund 100 Milliarden Euro und mehr. Warum müssen die subventioniert werden?

Ist Lobbyismus und Pfründeschutz die oberste Handlungsmaxime in unserem Staat? Sind Kapitalismus und Konsum wirklich so heiß umkämpfte Güter?

Sind wir wirklich so blind für das *Wesentliche* im Leben, in einem Staat und zwar Gesundheit, Zufriedenheit, Zuversicht und Glück, dass wir vor lauter Konsum den Sinn des Lebens verloren haben, der ist, uns in unserem Inneren zu erkennen und uns zu entwickeln und zwar innerlich, im Herzen, im Charakter, in der Seele. Nicht immer schlauer und stärker, noch technisierter und hoch entwickelter sollen wir werden, sondern geradlinig, ehrlich und gütig.

Für Ministerien in Deutschland soll die innere Reinheit, die Liebe an oberster Stelle stehen, nicht die Lobby.

Ministerien sollten in Bezug auf die innere Logik ihres Themenbereichs gegründet werden, nicht in Bezug auf finanzielle oder andere, wenig Sinn tragende Aspekte. Das Leben, die Liebe und Nachhaltigkeit sollen prägende, das ganze Wirtschaften und Handeln von Menschen durchdringende Ordnungsprinzipien sein, nicht Konsum und Kapital.

Die nächsten zwei Prinzipien für optimale Gesundheit der Natürlichen Gesundheitslehre sind

3. Nahrung für unsere Gesundheit
4. Reinheit des Körpers innen und außen.

Hier wird klar, dass unsere Nahrung und unser Körper eine Einheit bilden. Im Volksmund heißt es: „Du bist, was du isst." Das Ministerium für Ernährung und Landwirtschaft sollte mit dem Ministerium für Gesundheit zusammen arbeiten.

Ebenso hängt unsere Gesundheit stark von der Art und Weise unserer Tätigkeiten ab, die heutzutage für die meisten Menschen durch die Arbeit und den Beruf bestimmt werden. Das Ministerium für Arbeit und Soziales sollte aus diesem Grunde ebenfalls stark mit dem Ministerium für Gesundheit vernetzt sein.

Ernährung, Landwirtschaft, Gesundheit, Arbeit und Soziales.

Diese Themen gehören zusammen und müssen gemeinsam betrachtet und verwaltet, in reales Leben innerhalb eines nachhaltigen, achtsam verwalteten und geführten Staates auf der Grundlage einer buddhistischen Wirtschaftslehre umgesetzt werden.

Stadtgärten und ein einfaches, ortsgebundenes System der Verwaltung und Bewirtschaftung in Verbindung zum Schulgarten der Schüle für Achtsamkeit und Herzensbildung sollen vom Staat auf Bundes- und Landesebene konzipiert und auf kommunaler Ebene regional im Ort umgesetzt werden.

Die sechs Niveaus von gesunder bis schädlicher Ernährung beziehungsweise von Nahrungsmitteln nach Manfred Bruer [Quelle 20] bieten hier die Richtlinie und führende Handlungsanweisung. Obst, Gemüse und Nüsse und Samen sollen neben Wildkräutern vor allem auch in alten Sorten angepflanzt, kultiviert und in den privaten und öffentlichen Küchen genutzt, zubereitet und verwendet, gespeist, gegessen werden.

Salutogenese als oberstes Prinzip:

Witzige, gute, moderne kreative Rezepte, Seminare und Schulungen zum Beispiel durch den „Rohkostpapst" Urs Hochstrasser[151] oder durch den Herrn Manfred Bruer, der bisher immer im Team mit dem „Altersphilosophen" Wilhelm Fiebiger[152] die Gesundheitstage in Form von Vorlesungen zum Thema gesunde Ernährung und Rohkost in Verbindung mit einer Kräuterwanderung von und mit Herrn Stephan Engelhardt in der Umgebung von Bad Camberg durchgeführt hat. Eine Ernährung, die unseren menschlichen Körper nicht verstopft, verklebt und übersäuert, sondern im Gegenteil entschlackend wirkt und unseren Körper beziehungsweise die Zwischenzellflüssigkeit basisch macht, kombiniert mit regelmäßiger, sanfter Bewegung sind durch eine buddhistische Wirtschaftslehre zu fördern, zu lehren und für die Menschen besonders im Alltag erfahrbar und erlebbar zu machen, so, wie Manfred Bruer es schon seit einiger Zeit praktiziert.

Ein Ministerium, welches auf optimale Gesundheit, gesundheitsorientierte, nicht durch eine Wirtschaftslobby gesteuerte Ernährung Wert legt und diese den Menschen nahe bringt und in der Praxis realisierbar macht und umsetzt, soll geschaffen werden und Salutogenese wird oberstes Prinzip!

Die Themen Ernährung und Landwirtschaft zu verbinden führt in einem Ministerium dazu, dass es zu einem reinen Werkzeug der Wirtschaftslobby wird und Menschen glaubhaft machen will, dass Milch und Margarine gesund sind, dass es gesund ist, jeden Tag ein Glas Milch zu trinken oder täglich stark ausgemahlenen Weizen zu essen.

Das Volk wird belogen, um Produktionsverhältnisse zu sichern, um die Endabnehmer zu überzeugen von einer Sache, die Menschen nicht gesund, sondern krank macht.

Die vermehrten Zahlen von Menschen, die eine „Laktoseintoleranz" aufweisen oder allergisch sind gegen „Gluten", beweisen es.

Die bisherige Strategie der Kombination von Ministerium für Ernährung und Landwirtschaft in einem einzigen Ministerium war dafür verantwortlich, dass sich Milchprodukte so lange auf dem Markt halten, obwohl die Wissenschaft und tausende von Allergikern den Beweis geliefert haben, dass Milchprodukte, in zu hohem Maße konsumiert, Eiweismast und erhebliche chronische Krankheiten zu Folge haben. Anstatt zuzugeben, dass der Konsum von Milchprodukten bei Menschen Eiweissspeicherkrankheiten und Laktoseintoleranz erzeugt, statt die

---

[151] Urs und Rita Hochstrasser | Rohkost vom Feinsten | Teil I und II | Edition Sonnenklar.
[152] Quelle 20.

Produktion von Milch auf beispielsweise Bioobst und Biogemüse umzustellen, hat unser auf Umsatz geprägter Staat an der Werbung für Milchprodukte festgehalten. Die Lobby hat durchgesetzt, dass man eben laktosefreie Milchprodukte erfindet.

Der Pfusch macht die Sache nicht besser. Die Eiweismast bleibt bestehen.

Die nächsten sieben Prinzipien für optimale Gesundheit nach der Natürlichen Gesundheitslehre© bilden eine einheitliche Logik, welche ich gleichzeitig als Thema den folgenden bestehenden Ministerien zuordnen würde:

Prinzipien Nummer

5 Angemessene Umgebungstemperatur,
6 Genügend Schlaf zur angemesenen Zeit
7 Bewegung in der frischen Luft
8 Ruhe und Entspannung
9 Spiel und Erholung
10 Genügend Sonnenschein
11 Seelisches und geistiges Wohlbefinden – Ministerium für Glück

berühren inhaltlich die Bereiche Inneres, Bau und Heimat, Arbeit und Soziales, Familie, Senioren, Frauen und Jugend, Gesundheit, Bildung und Forschung – letztere sollen sich auf **Salutogenese**, nicht auf Pathogenese konzentrieren.

Die Themen der genannten sieben Prinzipien sollen inhaltlich Eingang finden in die Organisation, Arbeitsstruktur und die Arbeitsbereiche der genannten Ministerien, welche zu diesen Themen Arbeitsgruppen bilden sollen, welche dazu führen, dass Ministerien an den jeweiligen Themen zusammen arbeiten.

Ein Ministerium für seelisches und geistiges Wohlbefinden beziehungsweise ein Ministerium für Glück würde all diese Aspekte in sich vereinen.

Dabei orientiere ich mich auch am Staat Bhutan, denn dieser definiert sich durch ein leitendes Prinzip, welches sich durch die gesamte Staatsordnung hindurch zieht: Bruttonationalglück.

Hier wird klar erkennbar, dass ein buddhistisch strukturiertes Land wie Bhutan nicht auf Leid, sondern auf Glück ausgerichtet ist.

Buddhismus, Lehre der Dankbarkeit:
Buddhismus ist keine Lehre des Leidens, sondern eine Art und Weise, meines Erachtens die einzig taugliche, wie man das Leiden überwinden kann.
Buddhismus ist keine Religion, war von Buddha nicht als Religion gedacht.

Buddhismus ist ein Erkenntnisweg, der bedeutet, die Wahrheit klar zu sehen, nämlich dass es zwar Leiden gibt und dass es unausweichlich ist, dass aber unser Leid uns auch den Weg zu unserem Glück zeigen kann.

Unser Leid als Lehrer, Leid, alles, was uns nicht passt, wie die deutsche buddhistische Nonne, Ayya Khema, sagt und auf Pali „Dukkha" nennt, Leid = Dukkha, Dukkha als Lehrer[153] zu verstehen ist ein Geheimnis.

Es ist ein Geschenk des buddhistischen Weges. Wir können in vielen Lebenssituationen lernen, aus Leid Glück zu machen. Das geht einfach durch einen Perspektivenwechsel.

Ich erkenne: Leid ist mein Lehrer.

Bezogen auf Corona:

Ich erkenne: Corona ist mein Lehrer, um jetzt zur Nachhaltigkeit als oberstem Prinzip in Privatleben, Staat und Wirtschaft zu gelangen.

Ich sehe Möglichkeiten in meinem Leben, um Corona dankbar zu sein.

In allen Situationen achtsam sein und das Beste aus ihnen zu machen, hätte Buddha auch gelehrt, denn er war ein Pragmatiker.

Wenn ich mich nicht bedaure, sondern das Leben betrachte mit der Brille der **Dankbarkeit**, dann fällt mir in jedem Moment viel ein, wofür ich dankbar sein kann. Und Dankbarkeit kann glücklich machen. So einfach ist das im Grunde.

Von Bhutan sollten wir lernen, denn Bhutan ist außerdem ein nikotinfreies Land, geraucht wird nur im Haus, in der Wohnung, im Privatbereich, nicht in der Öffentlichkeit an den Bahn- oder Bushaltestellen und auf der Straße, nicht in Restaurants oder Kneipen. Das wünsche ich mir für Deutschland auch.

Waffen und Kriegsgerät aus deutscher Produktion:

Darüber hinaus sollten wir angesichts der Forderung nach Menschenwürde in unserem deutschen Grundgesetz überdenken, wie würdevoll es ist, unsere eigenen Kassen beziehungsweise unsere Steuerkassen mit dem Export von **Waffen und Kriegsgerät** zu füllen. Unsere Politik lässt zu (und damit auch wir Bürger, denn wir leben in einer Demokratie = Volksherrschaft), dass Waffen und Kriegsgerät in Deutschland hergestellt und exportiert werden in Länder, in denen die Menschenrechtssituation fragwürdig ist. Das lässt sich nicht schön reden.

Waffen als Maschinen sind nur zum Töten da und man sollte sie (auch zum Zweck der nationalen Verteidigung) auf der ganzen Erde abschaffen!

Wie ist unser Geist gestrickt?

Nicht Waffen töten Menschen, Menschen töten Menschen.

Maschinelle Waffen sind Produkte eines ungeläuterten Geistes.

Waffenhandel soll im internationalen Rahmen verboten sein sowie der Handel mit und die Produktion von waffenfähigem Uran.

---

[153] Quelle | Youtube | Ayya Khema | Dukkha als Lehrer.

Kein historisches, nostalgisches Gut, Pfeil, Bogen, kein Messer, Tomahawk, kein Taiaha, welches eine Privatperson zu Sport- oder Trainingszwecken benutzt, nein, die maschinelle Massenfabrikation von Kriegsgerät, mit welchen auf nationaler Ebene gehandelt wird und die die deutsche Grenze überschreitet und deutschen Boden verlässt, das soll verboten sein.

Nicht ein Sportler soll eingeschränkt werden, der sich aus einem fernen Land ein Trainingsgerät, ein kulturgut bestellt in kleiner Stückzahl.

Politisch und marktwirtschaftlich orientiertes Exportieren einerseits und andererseits Importieren von Waffen, welche in Krisengebieten zum Einsatz kommen, das muss auf internationaler Ebene aufhören.

Unseren Umgang mit Einfachheit und Gewaltlosigkeit sollten wir überdenken. Warum ist es in Deutschland legal und wird sogar beworben, dass Menschen sich zu großen Ansammlungen in großen Stadien treffen, wo bereits vor Beginn einer Veranstaltung massenweise Polizeiwagen vorfahren, weil vorhersehbar ist, dass die Menschen aggressiv aufeinander losgehen werden, gleichzeitig aber ein kleiner Sportverein, der eine traditionelle Kampfkunst ausübt das Verbot erhält, seine alte Kunst zu trainieren?

Für eine Gruppe von zwanzig kultivierten Kampfkünstlern, die ihre Kunst üben, um dabei Selbstkontrolle und Klarheit des Geistes zu erlangen, ist kein Raum, aber für jede Menge Schläger, die betrunken aufeinander losgehen, dafür darf die Polizei dann ihre Haut her halten?

Werden derlei Großveranstaltungen auf deutschem Boden toleriert, weil die gemeinsame Veranstaltung als Katharsis, als Reinigung von Massenaggression und Massenhysterie gilt und dazu dient, die Unzufriedenheit und den Frust der Bürger zu kanalisieren, den sie sich beispielsweise am Arbeitsplatz und durch das Mobben ihrer Kollegen eingefangen haben?

Wertschätzend führen:
Auf den meisten Arbeitsplätzen in Deutschland herrscht kein freundlicher Umgang und schon gar keine wertschätzende Kommunikation.

Oft hören wir, dass auch Politiker nicht wertschätzend führen[154] und auch nicht freundlich kommunizieren. Derlei Erlebnisse erzeugen unterschwelligen Zorn und Unzufriedenheit.

In einem achtsamen, nachhaltig geführten Staat geschieht so etwas nicht, denn dort wird besonders auf freundliche, mitfühlende Kommunikation Wert gelegt. Auch im Ernstfall kann ich freundlich aber bestimmt meinem Gegenüber sagen, wie ich mir sein Verhalten wünsche, ohne die betreffende Person nieder zu machen.

---

[154] Quelle 25.

Wenn wir selbst Kritik erhalten, möchten wir auch achtsam behandelt werden. Dies gilt für alle Betriebe in Deutschland im Privatbereich sowie in der Öffentlichkeit.

Das Prinzip für optimale Gesundheit Nummer 12, Lebenssicherheit, nach der Nachhaltigen Gesundheitslehre berührt und verbindet Themenbereiche der Bundesministerien

- des Inneren,
- für Bau und Heimat,
- Finanzen,
- Wirtschaft und Energie,
- Justiz und für Verbraucherschutz,
- Arbeit und Soziales,
- Verkehr und digitale Infrastruktur,
- Umwelt,
- Naturschutz und nukleare Sicherheit,
- Bildung und Forschung,
- Wirtschaft und Energie,
- Wirtschaftliche Zusammenarbeit und Entwicklung,
- Familie, Senioren, Frauen und Jugend,
- auch das Auswärtige Amt und die Menschen, welche es bilden, tragen mit einer klaren, partnerschaftlichen, konfliktlösungsorientierten, friedenspolitischen und wertschätzenden Haltung im Umgang mit Menschen bedeutend zur Lebenssicherheit der Bevölkerung und der einzelnen Bürger sowie der Lebenssicherheit bei. Dies geschieht auf der Grundlage einer intakten Natur und einem gesunden Grund und Boden, der die Lebensgrundlage aller Menschen ist.

Die genannten Ministerien sollen gemeinsam Hand in Hand arbeiten. Dabei sollen sie in gegenseitigem Vertrauen, wertschätzender Grundhaltung und wertschätzender Kommunikation an der Lebenssicherheit der Bevölkerung und des einzelnen Bürgers sowie der Lebenssicherheit auf der Grundlage einer intakten Natur und einem gesunden Grund und Boden mitgestalten.
Eine intakte Natur und gesunder Grund und Boden sind die Lebensgrundlage aller Menschen.
Zu dieser Lebensgrundlage sollen sie beitragen, sie sicherstellen und für den Alltag aller Menschen in Deutschland bereitstellen.
Lebenssicherheit bedeutet, bei Problemen genau hinzuschauen und die Beiträge von Forschung und Spezialisten ernst zu nehmen, anzuhören und in das eigene Handeln und die Planung wichtiger Abläufe einzubeziehen. Dabei ist prinzipiell alles wichtig zu nehmen.

Ein Bekannter von mir aus einem Sport – Seminar ist Elektrikermeister. Er hat mir berichtet von einem Gutachten, welches etwa 200 Seiten umfasste und von der bestehenden Regierung ignoriert wurde.

Es handelte sich um ein Gutachten, welches darauf hin weist, dass Deutschland im Falle eines Stromausfalles im Bereich der gesamten BRD in ein Chaos versinken würde.

Beispielsweise die Wasserversorgung sowie alle wichtigen alltäglichen Bedürfnisse, auch lebensrettende Notfall – Maßnahmen sind heutzutage meist alle von Strom abhängig.

Das Gutachten, von dem ich hier spreche, wurde von dem Autor Marc Elsberg in dem Roman beziehungsweise Film „Black Out"[155] thematisiert, nachdem die Politiker in Deutschland abgelehnt haben, auf das Gutachten zu reagieren und es ernst zu nehmen sowie praktische Konsequenzen daraus zu ziehen.

Meines Erachtens sahen sich die Politiker schlichtweg mit der Aufgabe, unser auf High – Tecnology basierendes System an den wichtigsten Stellen auch ohne Strom funktionsfähig zu halten, überfordert.

Welche Art Gesellschaft sind wir?

Wir nennen uns hoch entwickelt und modern und sind dabei offenbar in die Falle der Super – Technologie gegangen.

Wir sind trotz oder gerade wegen unserer kopflastigen Bildungsstruktur nicht in der Lage, unseren Staat auch ohne Strom mit Wasser zu versorgen.

Ich schlage den zuständigen Politikern vor, das Gutachten, von dem ich spreche, erneut hervor zu holen, ausgiebig zu studieren und ernst zu nehmen, sowie die daraus sich ergebenden notwendigen Konsequenzen zu ziehen, sich Hilfe zu holen und mit den Gutachtern zusammen zu arbeiten.

Das Gutachten liegt bestimmt den betroffenen Stellen noch vor und ist sicher immer noch aktuell.

Ein Staat, der auf Achtsamkeit, wertschätzende Kommunikation, buddhistische Wirtschaftslehre und nachhaltiges Leben ausgerichtet ist, würde diese Problematik ernst nehmen.

Schaut, schauen Sie bitte den Film „Die vierte Revolution" über Photovoltaik und Solarenergie. Da gibt es noch so viel Sinnvolles zu tun, sinnvolle Arbeitsplätze zu schaffen, wenn wir uns daran machen, den Inhalt dieses Filmes umzusetzen.

Wir helfen uns nicht, wenn wir ausblenden, was unmöglich scheint. Hiermit möchte ich den Spezialisten und Politikern Mut machen, sich dem Problem der stromfreien Wasserversorgung zuzuwenden sowie Solarenergie und Photovoltaik und strukturell gesehen aus einem Problem eine Aufgabe zu machen.

Wo ein ernster Wille ist, findet sich auch ein Weg.

Schon Seneca (Philosoph, erstes Jahrhundert nach Christus) wusste:

---

[155] Quelle 22.

„Nicht, weil es unerreichbar ist, wagen wir es nicht,
sondern weil wir es nicht wagen, ist es unerreichbar."

Ich wage diesen Schritt, wie ich meine neue Gesellschaft in der vorliegenden
Schrift darstelle und bin von meinen Aussagen und deren Stimmigkeit überzeugt.

Die Prinzipien

13 Angenehme Umgebung
14 Kreative, nützliche Arbeit

nehmen Bezug auf die Themenbereiche der Bundesministerien

- des Inneren,
- für Bau und Heimat,
- Finanzen,
- Wirtschaft und Energie,
- Justiz und für Verbraucherschutz,
- Arbeit und Soziales,
- Verkehr und digitale Infrastruktur,
- Umwelt,
- Familie, Senioren, Frauen und Jugend.

Auch an dieser Stelle ist gefordert, die Ministerien von ihren Bedürfnissen her zu
strukturieren, von ihrem inneren Sinn, ihrer inneren Logik her und nicht von ihrem
kapitalistischen Anliegen her, aus dem Blickwinkel von Wirtschaftswachstum und
einem „Index der menschlichen Entwicklung" (HDI), der zusätzlich zum Einkommen Indikatoren der Lebenserwartung und der Bildung erfasst und im Grunde
allein auf die „reale Kaufkraft je Einwohner" abzielt (siehe vorliegende Schrift, S.
82).
Wenn ich als Nicht – Politiker das lese, bekomme ich den Eindruck, in diesem
Staat nichts weiter als eine Kuh zu sein, die in einem Massenbetrieb für Milch-
produktion gehalten und gemolken wird.
Was ist das für eine menschenunfreundliche, menschenunwürdige Politik, die
ihre Bürger nach der realen Kaufkraft pro Einwohner bemisst?
Diese Politik ist in meinen Augen herzlos, lieblos und kalt und in gewisser Weise
gewaltsam. Widerspricht eine solche Grundeinstellung in der Politik nicht auch
dem Artikel unseres Grundgesetzes, bei dem es sich um die Menschenwürde
handelt?
Achtsamkeit, Liebe und nachhaltiges, mitfühlendes Wirtschaften in einer durch
buddhistische Prinzipien wie Einfachheit, Gewaltlosigkeit, mitfühlendes Handeln,

mitfühlendes Wirtschaften würde Bürger, Menschen, Tiere, Pflanzen, Gestein nicht brechen, melken, sondern fördern. Fördern bedeutet auch Fordern.

Schon mal probiert? Pferde statt Trecker in der Landwirtschaft! Rückepferde, Axt, Handarbeit statt Harvester in der Forstwirtschaft! Harvester sind eine hässliche Ausgeburt von Kapitalismus, Gefühllosigkeit und Gier!

Achtsamkeit ist nicht immer einfach, sie ist manchmal leicht, kann jedoch auch zur Arbeit werden, einer Arbeit am Charakter, wie Künkel[156] sagt, einer Arbeit an uns selbst, die nicht an unseren Reserven zehrt, sondern uns belebt, erfrischt und mit neuer Kraft und Energie versorgt.

Wer sich achtsam ernährt, benötigt weder Energieriegel, noch Energydrinks.

Die Prinzipien

> 15 Selbstbeherrschung
> 16 Gruppenzugehörigkeit
> 17 Motivation

berühren den Bereich der Bildung und des „Lifelong – Learning", also der Vorschul-, Schul- und Erwachsenenbildung, welche natürlich auch die Seniorenbildung beinhaltet.

Seniorenbildung muss auf zweierlei Art geschehen, denn erstens können Senioren neue Verhaltensweisen und Praktiken im Bereich Gesundheitsübungen lernen wie Yoga, Tai Chi oder Chi Gung, was es vor 50 oder 70 Jahren noch nicht so selbstverständlich wie heute in Deutschland gab.

Zweitens halten Senioren aber auch einen sehr wertvollen Schatz in ihren Händen, ihre Lebenserfahrung.

Was meine Mutter während und nach einem Krieg gelernt hat, kann heute Menschen helfen, wie sie in Frieden und Gerechtigkeit leben können, besonders eben auch im aktuellen Zustand des Friedens.

Wo heute den Kindern der natürliche Spielraum fehlt und auch kaum mehr angeboten wird, können wir von unseren Eltern und Großeltern, von früheren Generationen so sehr viel lernen, wie im Bereich Ernährung alte Gerichte und längst vergessene Zubereitungsmethoden von Gerichten, das Haltbarmachen von Speisen, welches ohne Chemie und giftige Salze auskommt.

---

[156] Fritz Künkel | Die Arbeit am Charakter | Friedrich Bahn Verlag | 1991.

Ältere Menschen wissen sich noch sinnvoll in der freien Natur mit einfachen, natürlichen Gegenständen zu beschäftigen[157] und sinnvoll, gesund zu spielen ohne Handys und andere digitale Medien.

„Die brauchten wir damals nicht," höre ich von Menschen, die noch in der Zeit vor dem ersten Gameboy oder den ersten Fernseher aufgewachsen sind. Brauchen wir diese Dinge denn heute wirklich? Haben wir uns so sehr verändert und sind von unseren Omas und Opas beziehungsweise deren Eltern so verschieden?

Ein Ministerium für Selbstbeherrschung, Gruppenzugehörigkeit und Motivation oder einfach Bildung und Forschung soll auf diese Dinge eingehen, wenn es sich neben häufig kopflastigen Wissenschafts- und Schulthemen ausrichtet auf die Themenkomplexe Selbstbeherrschung, Gruppenzugehörigkeit und Motivation.

Viele Menschen plagt heute Langeweile.

Bei Kindern ist es so, wer sie gut kennt, findet immer etwas, wofür sie sich begeistern können. Liebevolles Handeln bedeutet auch, Menschen aus Depression und Isolation zu holen. Gruppenzugehörigkeit, Bildung und Forschung kann sich gegenseitig ergänzen, wo Bildungsreisen angeboten und unternommen werden.

Eine Reise nach Thüringen kann uns zum Beispiel für die Welt des Friedrich Fröbel begeistern. Wer weiß denn heute noch von Friedrich Fröbels pädagogischem Werk und seiner Bedeutung für den Kindergarten?[158]

Wer kennt heute noch die alten Lieder, die Menschen am Lagerfeuer oder auf Wanderungen gesungen haben vor der Erfindung der Konsumgaudi Gameboy, Smartphone und Playstation?[159]

Kultur bedeutet buntes, vielfältiges Leben, Gesang, Spiel, Kunst, Tradition, das Entdecken von vergessenen Spielen und alten Liedern und stellt eine enorme Bereicherung dar für die Bereiche Vorschule, Schule, Volkshochschule, Bildung und Forschung, mit denen sich ein Ministerium, mit denen sich Menschen, die sich diesen Anliegen verpflichtet fühlen, für die sie nicht nur Pflicht, sondern Herzensanliegen sind, ernsthaft beschäftigen sollten, um vor lauter Schulzeitkürzung, Gleichmacherei, Lernstudien und gut gemeinter Modernisierung nicht zu grau und ernst zu werden.

Ein gutes Vorbild sind und bleiben dabei Peter Lustig und Armin Maiwald.

Ersterer wie eine Vaterfigur bekannt aus „Pusteblume" und „Löwenzahn", zweiter mit seinen Kolleginnen und Kollegen die Stimme der „Sendung mit der Maus", welche uns so herrlich lebendig und anschaulich schon als Kinder durch die Vielfalt des Lebens geführt haben in einer Zeit, in der es im Fernsehprogramm noch eine „Sendepause" gab, und wo der Moderator die Kinder dazu aufgefordert hat, zum Ende der Sendung den Fernseher abzuschalten.

---

[157] Gisela Muhr | Spielen wie die Kinder früher | Regionalia – Verlag | Rheinbach | 2017.

[158] Kommt, lasst uns unsern Kindern leben | Hrsg. von Hermann Fröbel und Dietrich Pfaehler | Mitteldeutsche Verlagsgesellschaft | 1982.

[159] Kunterbunter Liedergarten | Loewes Verlag Bayreuth | 1979.

Rundum glücklich zu werden bedeutet oft, sich selbst a bisserl zurück zu halten. Es bedeutet manchmal: Weniger ist mehr. Auch beim Thema Fernsehen sowie beim Thema Internet.

Die Prinzipien

　18 Natürliche Instinkte
　19 Ästhetisches Wohlbefinden
berühren die Themen der Bundesministerien

- 　für Finanzen,
- 　des Inneren,
- 　für Bau und Heimat,
- 　für Justiz und Verbraucherschutz,
- 　der Verteidigung,
- 　für Ernährung und Landwirtschaft,
- 　für Familie, Senioren, Frauen und Jugend,
- 　für Gesundheit,
- 　für Bildung und Forschung,
- 　für wirtschaftliche Zusammenarbeit und Entwicklung.

In Quelle Nr. 5, dem Studienbrief Nr. 4 der Studienreihe für GesundheitsPraktiker der Natürlichen Gesundheitslehre© findet sich eine Passage, die mich an die vielen Menschen denken lässt, die hochgradig übergewichtig sind, welche ich sehe, wenn ich mich mit den öffentlichen Verkehrsmitteln durch meine Stadt bewege.
Ich selbst habe einige Pfunde Übergewicht aber es gibt Menschen, die sind noch viel schlimmer dran, als ich.
Ein weiteres Phänomen, welches mich an dieser Stelle interessiert, ist unsere Überbevölkerung. Einige Kinder kenne ich, die zu Hause kaum zur Ruhe kommen und die von den Eltern weniger Zuwendung erhalten, als sie benötigen, da sie sehr viele oder einfach zu viele Geschwister haben.
Ich behaupte, dass eine zu hohe Weltbevölkerung für die Menschheit auf Dauer sehr schädlich sein kann. Wir dürfen die Weltbevölkerung jedoch nicht dezimieren mit Mitteln, die Leid erzeugen. Kriege, Krankheiten und Seuchen haben die Weltbevölkerung in der Vergangenheit oft geschmälert.
Wenn ich aber von einer Gesellschaft spreche, in der keine Kriege mehr statt finden und die gesund ist, wäre es ja auszudenken, dass unsere Weltbevölkerung dann enorm und auf ungesunde Weise anwachsen würde.
Das muss aber nicht so sein, denn ich spreche auch von einer achtsamen Gesellschaft.

Achtsame Menschen achten auch auf ihre natürlichen Instinkte, sie leben in einer ausgewogenen Weise und verhüten Folgen, die sie nicht tragen wollen, bevor diese geschehen, durch Umsichtigkeit, Vorsicht und Disziplin.

Dies wiederum geschieht auf eine liebevolle, achtsame Art, durch achtsames, liebevolles und mitfühlendes Handeln.

Menschen, welche achtsam verhüten, nutzen beispielsweise Präservative und lassen keine Kinder abtreiben.

Die Geburtenrate lässt sich also durch Achtsamkeit und Disziplin besser und gerechter regulieren im Sinne einer buddhistischen Wirtschaftslehre, als mit Krieg, Krankheiten, Seuchen und Abtreibung.

Niemand von uns will leiden, niemand von uns will durch Krieg und seine Folgen belastet sein, wir wollen Frieden und wir wollen gesund und zufrieden sein.

Trans, Queer & Co:

Achtsamer Umgang mit natürlichen Instinkten schützt auch die Rechte von sogenannten Randgruppen, respektiert die Rechte von Intersexuellen, Transidenten, Transgender, Lesben, Schwulen, Bisexuellen, Queer, Dragqueens und Dragkings! Ich hoffe, ich habe alle genannt.

Kein Kind darf an seinen Genitalien operiert werden, weil es beide Geschlechtsmerkmale hat.

Es muss ein Gesetz zum Schutz von intersexuellen Menschen geben!

Hiermit gilt mein Dank an alle Queeren, Intersexuellen, Lesben, Schwule, Dragqueens, Dragkings, Bisexuellen und transidenten, transsexuellen Menschen, ich hoffe ich habe alle Bezeichnungen genannt, die mit ihrer außergewöhnlichen Selbstwahrnehmung an die Öffentlichkeit getreten sind.

Ich selbst bin transsexuell und bin sehr glücklich über jeden Menschen, der den Mut hat, die eigene innere Befindlichkeit in der Öffentlichkeit auszusprechen, sich dazu zu bekennen und zu sich selbst zu stehen.

Dankeschön!

Im soeben erwähnten Studienbrief zur Natürlichen Gesundheitslehre© ist zu lesen:

Es gibt nur wenige Menschen, die den Fortpflanzungsinstinkt und zügellose Nahrungsaufnahme durch andere konstruktive Ziele ausgleichen können[160].

„Der zügellosen Nahrungsbefriedigung folgt sogleich die übertriebene Sexualität. Meistens ist gar kein wirkliches sexuelles Bedürfnis vorhanden, sondern nur ein sexueller Reiz, der durch unsere Gesellschaft stimuliert und wachgerufen wurde. Unsere Gesellschaft betrachtet sexuelle Zurückhaltung als falsch und wird durch falsche Ernährung und andere Gefahren zur Unmäßigkeit stimuliert. Der Körper beantwortet solche Lebenspraktiken mit einem betonten Überlebensdrang und Fortpflanzung ist der wichtigste Überlebensdrang. [...] Die Wiedergewinnung der

---

[160] Quelle 5 | S. 38f.

Gesundheit reguliert auch die Sexualität wieder. Eine ausschweifende Lebensweise führt aber nicht zur Gesundheit."

Essen trinken, Schutz, Sex, Karriere, Konsum, Soziale Kontakte, Erfolg zählen zu unseren natürlichen Instinkten. Wenn wir zu wenig davon haben, leiden wir, wenn wir zu viel haben, leiden wir auch.

Achtsamkeit und nachhaltiges Leben bedeutet, unsere natürlichen Instinkte in einer Weise auszuleben, die weder bei uns, noch bei anderen Leid erzeugt.
Achtsamkeit und nachhaltiges Leben bedeutet, unsere natürlichen Instinkte so auszuleben, dass wir sie kontrollieren in einer Weise, wie der Buddha über die Saite einer Laute spricht: Ist sie zu straff gespannt, klingt sie zu schrill, ist sie zu locker gespannt, gibt es keinen richtigen Ton.
Eine Laute ist so etwas wie eine Gitarre und wer schon mal eine Gitarre gestimmt hat, kann verstehen, was ich meine.
Unsere Bedürfnisse sollten ausgewogen gelebt werden. Sie sollten in der Waage sein. Nicht zu viel und nicht zu wenig. Das angebrachte Maß herauszufinden erfordert etwas Geduld und einiges an Arbeit an uns selbst. Es ist förderlich, wenn wir uns selbst kennen lernen. Das mag zwar ab und zu anstrengend sein. Allerdings sind doch wir selbst die interessantesten Menschen, die wir kennen lernen können!

Ein Ministerium für Arbeit und Soziales im Sinne einer Gesellschaft für Achtsamkeit und Nachhaltiges Leben© weiß um diese Zusammenhänge und hilft den Menschen dabei, sie in die Tat umzusetzen.
Ein Staat, der nach einer buddhistischen Wirtschaftslehre ausgerichtet ist, leitet Menschen dabei achtsam und aufmerksam an, ihre eigene, innere Mitte zu finden und in allem das gesunde Maß kennen zu lernen. Achtsames Leben in einer achtsamen Staatsführung bedeutet, dass jeder Mensch die Möglichkeit bekommt, sich selbst und seine eigene Mitte zu finden.

Natürliche Instinkte und ästhetisches Wohlbefinden gehören eng zusammen.
Kunst und Kultur sind Wege, auf denen unsere natürlichen Instinkte auf gesunde Weise ausgelebt werden können, Sigmund Freud nannte diesen Vorgang „Sublimieren".
In einer Gesellschaft für Achtsamkeit und Nachhaltiges Leben© werden Gegenstände, Konsumgüter, Naturmaterialien, gepflegt.
Wenn wir uns für eine Staatsform entscheiden, welche durch Buddhistische Ökonomie getragen ist, transferieren wir unser System von der Wegwerfgesellschaft zur achtsamen Wirtschaft.

Schule für Achtsamkeit und Herzensbildung

Das Dilemma einer Reform besteht darin, dass man einige Dinge bereits voraussetzen muss, um die Reform überhaupt sinnvoll durchführen zu können.

Was der Autor Richard David Precht anschaulich am Beispiel des Wilhelm von Humboldt illustriert[161], nämlich die Schwierigkeit, eine Reform sozusagen aus dem Nichts herbei zu führen, gilt für jede Neuerung, auch für meinen Vorschlag einer Gesellschaft für Achtsamkeit und Nachhaltiges Leben© auf deutschem Boden, einen durch buddhistische Wirtschaftslehre geprägten deutschen Staat.

Da diese buddhistische Wirtschaftslehre eine Idee des Herrn Schumacher ist, welcher nämlich erkannte, dass das fünfte Glied des Edlen Achtfachen Pfades des Gautama Buddha, rechter Lebenserwerb, „richtig Geld verdienen"[162] oder mitfühlendes Wirtschaften, auch logischerweise eine buddhistische Wirtschaftslehre voraussetzen müsste, die aber ansonsten meines Wissens noch nicht näher ausgeführt wurde, habe ich mit der vorliegenden Schrift den Versuch unternommen, dieser Idee einen Korpus, einen Inhalt, eine sinnerfüllte Logik zu geben.

„Rechter Lebensunterhalt ist eine der Anforderungen auf dem Edlen Achtfachen Pfad Buddhas. Mithin ist klar, dass es so etwas wie eine buddhistische Wirtschaftslehre geben muss.[163]"
Diese Worte sind der einleitende Text zum Kapitel „IV. Buddhistische Wirtschaftslehre" in der Monographie „Die Rückkehr zum menschlichen Maß" des E. F. Schumacher[164].

Die vorliegende Schrift bildet den Versuch, diese Buddhistische Wirtschaftslehre zu begründen.

Mit meinem hier vorgelegten Aufsatz spanne ich den Bogen von der Idee einer buddhistischen Wirtschaftslehre einerseits zu deren Inhalten andererseits, die greifbar, praxisnah sind und dem buddhistischen Kanon, der buddhistischen Terminologie entsprechen.

---

[161] Quelle 27 | S. 37.
[162] Quelle 7, S. 111ff.
[163] Quelle 12 | S. 48.
[164] Ebd.

Mein Anliegen ist es, dem Terminus „buddhistische Ökonomie" einen Sinn zu geben und ihn mit buddhistischen Elementen von Einfachheit und Gewaltlosigkeit, von Achtsamkeit, mitfühlendem Handeln sowie lebenspraktischen Elementen deutscher Realpolitik auszufüllen und zu vereinen.

Gerade jetzt, in der Zeit der Coronapandemie wird klar, dass wir auf der Basis rein wirtschaftlich ausgerichteter Arbeit, auf der alleinigen Grundlage von Wirtschaftswachstum und einer immer weiter gehenden Steigerung des BIP nicht optimal funktionieren können. Das Pendel ist zu weit in Richtung Wachstum ausgeschlagen.

Das vorliegende Werk erhebt den Anspruch, Corona als unseren Spiegel zu erkennen, der uns Impulse gibt für eine Lebensweise, die finanziell und lebenspraktisch stabil ist und sich an realen Möglichkeiten und Tatsachen orientiert, und dabei Neuerungen wie soziale Gerechtigkeit, Sinnfindung und Gleichberechtigung durch eine achtsam ausgerichtete teilnehmende Politik zu garantieren.

Wenn sich der rote Faden der buddhistischen Wirtschaftslehre sowie jener der Natürlichen Gesundheitslehre© als verbindendes und verbindliches Element durch alle Bevölkerungsschichten zieht und alle Sparten unseres Daseins miteinander vereint, haben wir die Chance, zu einer starken Gemeinschaft zusammen zu wachsen, die jeden Menschen mit einschließt und uns stark macht und krisenfest beispielsweise in Bezug auf Corona.

Ich wünsche mir, dass die vorliegende Schrift von einer geneigten Leserschaft aufgefasst wird als die Grundlage einer buddhistischen Wirtschaftslehre, einer Wirtschaft auf der Grundlage der Prinzipien von Einfachheit und Gewaltlosigkeit, wie sie von Schumacher gefordert werden[165].

Um eine Basis zu haben, auf der eine neu strukturierte deutsche Gesellschaft im Sinne von Achtsamkeit, Herzensbildung und nachhaltigem Leben geschaffen werden kann, sich selbst neu definieren kann, wachsen, reifen und sich verwirklichen kann, beabsichtige ich die Gründung einer Schule für Achtsamkeit und Herzensbildung©.

Das dazu notwendige Konzept werde ich anschließend an das Vorliegende erarbeiten. Die Hilfe und Unterstützung innerhalb des Rahmens meiner Vorstellung von Herzensbildung, von Achtsamkeit sowie einer Schule für Achtsamkeit und Herzensbildung käme mir von geneigten SpezialistInnen, KennerInnen der philosophischen Lehren, KennerInnen der spirituellen Lehren, KennerInnen und VersteherInnen von Herzenswärme, Chakren und Herzensbildung, von Menschen, die ihr Ich zügeln und sich als Teil einer größeren Idee vorstellen können, die gerne mit mir zusammen arbeiten möchten, sehr gelegen.

Es gibt viel zu tun! Packen wir's gemeinsam an!

---

[165] Ebd, S. 53.

Zusammenfassung

Beginnend mit einer kurzen Einführung in das Thema Corona in Zusammenhang mit meiner eigenen Krankheitsgeschichte und meinem Heilprozess nehme ich in **Kapitel 1** der vorliegenden Schrift den Leser mit auf meine Suche nach dem, was eigentlich Gesundheit ist.

Ich lege anhand eines kurzen Einblicks in unsere Zivilisationsgeschichte dar, wie wir im Laufe der Zeit das Verhältnis zu unseren eigenen Selbstheilungskräften verloren haben und ein Verständnis von einem Heilprozess entwickelten, der so funktioniert, dass Gesundheit etwas ist, das von außen in den Menschen hinein gelangen kann.

Über den Verlauf unserer Geschichte haben wir verlernt, uns selbst als ganzheitliche Wesen wahrzunehmen auch in Bezug auf die Themen Krankheit, Gesundheit und Heilprozess.

Durch unser mangelndes Verständnis für die natürlichen Heilvorgänge in unserem Körper finden wir nicht mehr zu unserer natürlichen Regenerationskraft zurück.

So verlieren wir uns in Schuldzuweisungen und Verschwörungstheorien, um unsere mangelnde Fähigkeit, wirklich gesund zu werden, zu erklären. In Bezug auf Corona fragen wir uns, warum diese Pandemie so lange dauert.

In den folgenden Kapiteln werde ich ausführen, wie das Entstehen von Pandemien und der Siegeszug von COVID-19 mit unserer heutigen, naturfernen Lebensart zusammenhängt.

Während der Coronapandemie kommen wir in die Situation, dass sich unser gewohnter und eingefahrener, meist gut eingespielter Alltag verändert.

Viele Menschen wehren sich dagegen, doch im Grunde, abgesehen von Vorsichtsmaßnahmen, wie Masken, Einmalhandschuhen und Reinigungstüchern zeigt uns COVID-19 nur, wie es wäre, ohne, oder mit weniger Arbeit zu leben, wie wir uns mit einem bedingungslosen Grundeinkommen fühlen würden.

Wir wollen an unseren Gewohnheiten festhalten, oft nicht, weil sie so gut und gesundheitsfördernd sind, sondern weil wir uns an einen gewissen Rhythmus gewöhnt und darin eingerichtet haben. In **Kapitel 2** der vorliegenden Schrift lege ich dar, wie COVID-19 uns herausfordert, uns selbst zu fragen, ob wir arbeiten, um zu leben oder leben, um zu arbeiten.

Weiterhin erläutere ich in **Kapitel 3**, wie wir als Individuen, aber auch als Gesellschaft von der Coronapandemie lernen können. Zunächst veranschauliche ich die Zusammenhänge zwischen Pandemie und individueller Krise. Anschließend beleuchte ich die Wirklichkeit von ganzheitlicher Gesundheit, bei der die Gesundheit aus dem Menschen kommt und nicht in den Menschen hinein getan werden kann.

Das Verhältnis zwischen persönlicher und gesellschaftlicher Gesundheit in Beziehung setzend, analysiere ich den Zweck von Krankheiten und von chronischen Krankheitsprozessen aus der Sicht einer ganzheitlichen Medizin.
Durch unsere ungesunde, meist auf Funktion getrimmte, schnelle Lebensweise schaffen wir Bedingungen für Viren (wie Coronaviridae der betreffenden Stämme, die zu COVID-19 führen), die deren rasche Verbreitung auf der ganzen Erde erleichtern.

Auf der Grundlage des zuvor erörterten Zusammenhanges zwischen der COVID-19 – Pandemie und unserem modernen Gesundheitsverständnis sowie unserer schnell – lebigen, oft gesundheits – feindlichen Lebensweise, schildere ich unseren oft konsumorientierten Umgang mit unseren Kindern, die in unserem Alltag, sowie in der Gesellschaft, in der Öffentlichkeit langsam zu Randerscheinungen werden, indem wir ihnen kaum Zeit widmen und ihren Spielraum anderweitig verplanen.
Durch die Wiedererlangung unseres Blickes für genügend Spielraum für uns selbst und unsere Kinder, Entschleunigung unserer Alltagsprozesse und Gewohnheiten bekommen wir eine Sichtweise, können eine Perspektive entwickeln für neue Möglichkeiten.
Diesbezüglich erläutere ich in **Kapitel 4** der vorliegenden Schrift neue Begriffe und Verhaltensweisen für eine neue, auf den Bedingungen ganzheitlicher Gesundheit fußende Zeit, für ein neues, stabiles Verhältnis zu unserer eigenen, natürlichen Gesundheit, für eine Rückkehr zum menschlichen Maß.
Dies bedeutet einen konsequenten und grundlegenden Perspektivenwechsel einer krankheitsorientierten Medizin als einem Verständnis von Pathogenese zu einem konsequenten holistischen Verständnis von Gesundheit als Salutogenese.
COVID-19 hält uns quasi einen Spiegel vor und zeigt uns die Grenzen unseres aktuellen Gesundheitssystems auf.
Durch die Wiederentdeckung unserer Selbstheilungskräfte sowie der Erkenntnis der Bedeutung des Säure – Basen – Gleichgewichts für unsere Gesundheit und die Rückbesinnung auf unsere natürlichen Körperzyklen können wir uns bereits jetzt und auch in Zukunft gegen Pandemien stärken.
Natürliche Gesundheit gibt Viren wie diesen, die für COVID-19 verantwortlich sind, keinen Boden.
Viren mögen offensichtlich keine gesunden, glücklichen, zufriedenen, resistenten, ausgeruhten, entschlackten, basenbetonten Menschen.
Die Natürliche Gesundheitslehre© mit ihren 19 Prinzipien für eine optimale Gesundheit schafft einen idealen Rahmen für eine Neuausrichtung unserer Gesellschaft zu einem ganzheitlichen, auf natürliche, optimale Gesundheit ausgerichteten System: Einer Gesellschaft für Achtsamkeit und Nachhaltiges Leben©, welche in der vorliegenden Schrift in einem Ausblick ausführlich hergeleitet, erläutert und begründet wird.

Mit dem vorliegenden Aufsatz wird die These vertreten, dass wir uns jetzt und in Zukunft durch eine neue, natürliche und achtsame Gesellschaftsform vor weiteren Pandemien, vor allem so heftigen Formen wie COVID-19, schützen können.

Ausblickend auf eine neue Gesellschaftsform, welche die Menschen unter den Bedingungen ihrer natürlichen Heilkräfte zu wahrer, ganzheitlicher Gesundheit und Resistenz gegen Pandemien führen kann, erläutere ich, wie auf der Grundlage von Achtsamkeit und natürlichem, spielerischen, stressfreien, entspannten menschlichen Verhalten die 19 Prinzipien für optimale Gesundheit der Natürlichen Gesundheitslehre© in Form eines Gesellschaftssystems praktisch umgesetzt werden können.

Konsequente Einschränkung des W – Lans und Smartphonegebrauchs, Entschleunigung, Rückkehr zum natürlichen Schlafrhythmus und ein Vorschlag für eine Praxis eines bedingungslosen Grundeinkommens können den Menschen wieder zurück führen in ein Leben in Freiheit, Würde und Kreativität, natürliche Sinnlichkeit und Sinnhaftigkeit.

Das Vermeiden von Lärm, Strahlung, digitalen Impulsen und Stress stärkt unsere Gesundheit.

Das Leben wird erträglich, wenn wir weniger auf den Ertrag achten.

Unsere Kinder und auch wir selbst werden aus sich, aus uns selbst heraus gesünder und lebendiger, wenn wir weniger Wert auf Konsum, Kapital, Arbeit und Autos legen.

Wir Menschen sind überzeugt, dass wir Geschichte nicht zurück drehen können. Das mag stimmen. Sicher ist jedoch, dass wir uns hier und jetzt neu entscheiden können. Die Möglichkeit für Erneuerungen gibt es in jedem Augenblick.

So können wir beispielsweise im Bereich Wirtschaftswissenschaft uns heute gegen das Primat von Wirtschaftswachstum, BIP und HDI und für eine konsequente Einführung einer buddhistischen Wirtschaftslehre in allen Bereichen von Wirtschaft und Gesellschaft entscheiden.

Dies würde zu deutlich mehr Achtsamkeit im Alltagsleben, zu einer Win – Win – Win – Situation für Natur, Arbeitnehmer und Arbeitgeber führen.

Die Kombination von Natürlicher Gesundheitslehre© und ihren 19 Prinzipien für optimale Gesundheit© als Richtschnur für eine Neuordnung der Ministerialstruktur Deutschlands (Bundes- und Landesebene) mit der konsequenten Umsetzung von Einfachheit und Gewaltfreiheit in Bezug auf eine buddhistische Wirtschaftslehre, deren Lebenspraxis bis in die kommunalen Strukturen unseres Staates hinein wirkt, bildet das Grundgerüst eines auf Nachhaltigkeit und Glück ausgerichteten Staatskonzeptes für Deutschland.

Die Einrichtung von offiziellen Ministerien für Glück auf Bundes- und Landesebene stellt ein Beispiel für die Realisierung solcher Neuerungen dar.

Ich behaupte in dem hier dargestellten Entwurf, dass unsere deutsche Gesellschaft reif ist für eine nach der beschriebenen Weise funktionierende, nach buddhistischen Prinzipien (Einfachheit und Gewaltlosigkeit) geprägte Wirtschaft und Politik.

Anschließend an die Erörterung der hierzu notwendigen Grundlagen stelle ich inhaltlich und organisatorisch zwei Möglichkeiten der Kombination der 19 Prinzipien für optimale Gesundheit nach der Natürlichen Gesundheitslehre© mit unserem aktuellen System der bestehenden Ministerialstruktur (Bund und Länder) ansatzweise vor.

Eine **Schule für Achtsamkeit und Herzensbildung** bildet die Grundlage einer friedlichen, menschenwürdigen, gerechten Zukunft und Umsetzung des hier vorgestellten Entwurfes für eine Politik der Achtsamkeit und Nachhaltigkeit.

Fazit

Wir haben festgestellt, dass individuelle Krisen einen ähnlichen Verlauf haben können, wie weltweite Krisen, in unserem Falle Pandemien.

Wir können verzweifeln und mit Scheuklappen durch die Krise gehen, wobei wir hauptsächlich angstmotiviert sind und unser Hauptanliegen ist, die Krise zu überleben.

Zu überleben hat aber noch niemand geschafft, sterben müssen wir alle irgendwann. Wir sollten die Möglichkeit nutzen, die uns momentan durch die Pandemie geöffneter Geist uns verschafft, um über den Tellerrand zu blicken.

Wenn wir die Bedingungen und Funktionsweisen von Gesundheit, die wir in der vorliegenden Schrift hergeleitet haben, nachvollziehen können, können wir erkennen dass **Gesundheit nichts ist, was von außen in den Menschen hinein kommen kann**.

Wir können Heilprozesse anregen, wir können dem Körper, dem Geist und der Seele die Situation geben, die benötigt wird, um gesund zu werden: Toleranz und Raum für eigene Bedürfnisse.

Sucht hat beispielsweise immer eine Geschichte, wer süchtig ist, sucht. Hat sich eine Sucht manifestiert, hat der betreffende Mensch nur verlernt zu suchen nach dem, was ihm fehlt, nach dem, was ihn glücklich macht, was er oder sie braucht.

Aus Angst motiviertes Handeln schadet uns heute und in der Zukunft.

Von Zuversicht und geistiger Freiheit motiviertes Handeln baut uns auf in der Zukunft und schon jetzt.

Gesundheit haben wir **in** uns. Wir müssen sie nur **frei** legen.

Natürlich können wir bei jeder neuen Grippewelle Impfstoffe nutzen, deren Wirkungen und Nebenwirkungen umstritten sind.

Wir können aber auch Maßnahmen treffen, die uns in die Lage versetzen, erst gar nicht krank zu werden und dies, indem wir unsere Selbstheilungskräfte derart unterstützen und nicht an ihrer natürlichen Funktion hindern.

Wir behindern unsere natürlichen Selbstheilungskräfte und damit uns selbst durch sogenannten „Negativstress". Stress macht krank.

Wir können erkennen und lernen, dass wir widrigen Umständen wie Influenzaviren oder bakteriellen Erkrankungen unsere natürliche Heilkraft entgegenzusetzen vermögen. Mit einer natürlichen und achtsamen Lebensweise können wir unseren Organismus bei der Abwehrkraft und Selbstheilung unterstützen. Begeisterung, Dankbarkeit, Freude, Liebe, Glück machen gesund.

Auf diese Weise sind wir in erheblicher Weise auf natürliche Art vor Infektionen geschützt, ohne durch Nebenwirkungen geschwächt zu sein.

Wir vermeiden Negativstress und achten auf unseren Geist, unsere Psyche und unseren Körper, denn wir Menschen existieren als ganzheitliche Wesen.

Wir sind nicht ausschließlich unser Körper.

Durch Ganzheitlichkeit, Achtsamkeit, Natürlichkeit und Nachhaltigkeit sind wir als ganze Gesellschaft vor Infekten, Grippewellen, Endemien, Epidemien und Pandemien viel besser geschützt.

In eine Lage wie die aktuelle Coronakrise würden wir auf der Grundlage dieser hier aufgezeigten Praktiken und Prinzipien wahrscheinlich gar nicht gelangen.

Auf der Grundlage einer Gesellschaft, die ihre Strukturen nach den Prinzipien von Ganzheit, Achtsamkeit und Nachhaltigkeit ausgerichtet hat, ist eine solch starke Gesundheit möglich.

Mit der Schule für Achtsamkeit und Herzensbildung ist ein Grundstein gelegt um eine Gesellschaft zu befähigen, ab heute der Menschheit ein Werkzeug in die Hand zu geben, mit dem sie sich aus eigener Kraft, unabhängig von finanziellen und machtpolitischen Interessen in einen gesunden, zufriedenen Zustand des inneren sowie äußeren Friedens versetzen und sich diesen erhalten kann.

So können wir Krisen im Vorfeld eindämmen, Probleme und Notsituationen klein halten und Ausnahmezuständen wie Corona vorbeugen.

Haben wir also einer Krise wie der COVID-19-Pandemie etwas entgegen zu halten?

Ja und zwar heute noch, wenn wir jetzt damit beginnen, die Prinzipien der Natürlichen Gesundheitslehre© in den Kommunen, den einzelnen Bundesländern, in unserem Staat als Leitprinzipien in die Tat umzusetzen und gleichzeig ein System, das an Bruttosozialprodukt, Wirtschaftswachstum und „der realen Kaufkraft des einzelnen Bürgers" orientiert ist, abzulegen, weil wir erkannt haben, dass es seine und unsere Kinder frisst und uns auf Dauer krank und abhängig macht.

Wenn wir uns den allgemein wohltuenden Prinzipien von Achtsamkeit und Nachhaltigkeit verschreiben und diese ab heute in die Tat umsetzen, unser ökonomisches System daran anpassen und unsere Wirtschaft und unser Handeln allgemein nach diesen neuen Prinzipien organisieren, dann können wir gesünder, glücklicher, zufriedener und nachhaltiger für uns und auch für die nachfolgenden Generationen leben.

Deshalb: Fangen wir **jetzt** damit an!

Was ist wesentlich? Geld verdienen, Autos exportieren?

Oder den Kern der Sache treffen: Uns selbst, unsere Familie, Freunde, das Leben. Vor lauter Arbeiten haben wir verlernt, zu leben.

Mir persönlich reicht die Technologie in einer Wasch- und Spülmaschine, mein Auto muss nicht digital gesteuert sein, es sei denn es ist ein Elektroauto, da ist ein analoges Fahrzeug offenbar technisch nicht möglich.

Versucht doch mal gesund zu leben, statt immer tollere Prothesen zu entwickeln!

Wenn wir so weiter machen, werden wir in einer übertechnologisierten Welt enden, die nicht mehr natürlich ist, nicht mehr fühlt, nicht mehr lebt, nicht mehr erkennt und spürt, **was das Leben ist**.

„Trotz unserer erstaunlichen Leistungen haben wir nach wie vor keine Ahnung, wohin wir eigentlich wollen, und sind so unzufrieden wie eh und je. Von Kanus sind wir erst auf Galeeren, dann auf Dampfschiffe und schließlich auf Raumschiffe umgestiegen, doch wir wissen immer noch nicht, wohin die Reise gehen soll.
Wir haben größere Macht als je zuvor, aber wir haben noch immer keine Ahnung, was wir damit anfangen wollen.
Schlimmer noch, die Menschheit scheint verantwortungsloser denn je. Wir sind Self – made – Götter, die nur noch den Gesetzen der Physik gehorchen und niemandem Rechenschaft schuldig sind.
Und so richten wir unter unseren Mitlebewesen und der Umwelt Chaos und Vernichtung an, interessieren uns nur für unsere eigenen Annehmlichkeiten und ***finden doch nie Zufriedenheit.***
Gibt es etwas Gefährlicheres als ***unzufriedene und verantwortungslose*** *Götter, die* ***nicht wissen, was sie wollen?***[166]*"*

Mit diesen Worten des Yuval Noah Harari, die seine Monographie „Eine kurze Geschichte der Menschheit" abschließen, beginne ich meine eigene Schrift.
Ich zitiere Hararis Abschlusspassus, um mit meiner Schrift, mit dem hier vorliegenden Aufsatz auf die Frage „Wo wollen wir hin?" eine Antwort zu geben.
Im Moment ist dies noch ausschließlich meine Antwort. Ich begrüße es sehr und freue mich, wenn es die Antwort auch noch anderer Menschen, wenn es eine gute und mögliche Antwort für viele Menschen wäre, die dann sagen:
©Gesellschaft für Achtsamkeit und Nachhaltiges Leben!
©Schule für Achtsamkeit und Herzensbildung!
Buddhistische Wirtschaftslehre! Das wollen wir! Da wollen wir hin!

Baldur Airinger in Duisburg am 30. 04. 2022

---

[166] Quelle 8 | S. 507f.

Literatur

Quelle 1: Pschyrembel. Klinisches Wörterbuch. 267. Auflage. De Gruyter, 2017.

Quelle 1a: rki.de | Robert Koch Institut | Offizielle Website.

Quelle 2: Harvey und Marilyn Diamond: Fit fürs Leben | Fit for Life, Goldmann 1985.

Quelle 3: Lebenskunde. Studienreihe für GesundheitsPraktiker. Teil I. Studienbrief Nr. 2 | ISBN 3-926453-30-3.

Quelle 4: Lebenskunde. Studienreihe für GesundheitsPraktiker. Teil I. Studienbrief Nr. 1 | ISBN 3-926453-30-3.

Quelle 5: Lebenskunde. Studienreihe für GesundheitsPraktiker. Teil I. Studienbrief Nr. 4 | ISBN 3-926453-30-3.

Quelle 6: Eckhard K. Fisseler. Arthrose | Der Weg zur Selbstheilung. Hans – Nietsch – Verlag. Emmendingen 2005.

Quelle 7: Thomas Hohensee: 10 Dinge, die jeder von Buddha lernen kann. Lotos – Verlag. München 2016.

Quelle 8: Yuval Noah Harari: Eine kurze Geschichte der Menschheit. Pantheon – Verlag. München 2015.

Quelle 9: Ayya Khema: Wenn nicht ich, wer denn? Wenn nicht jetzt, wann dann? Jhana – Verlag, Uttenbühl, 2. Aufl., 2000.

Quelle 10: Ayya Khema | Der Pfad zum Herzen | Jhana – Verlag | Uttenbühl | 3. Auflage 2002.

Quelle 11: Laotse | Tao te King | Anaconda – Verlag | 2010.

Quelle 12: E. F. Schumacher. Die Rückkehr zum menschlichen Maß. Rowohlt 1977.

Quelle 13: Ayya Khema | Unsere Umwelt als Spiegel | Jhana – Verlag | 1999.

Quelle 14: Ernst F. Schumacher | small is beautiful | oekom | Bibliothek der Nachhaltigkeit | München 2019 | Einführung von N. Paech.

Quelle 15: Ralf Dahrendorf | Die Krisen der Demokratie | C. H. Beck | 2002.

Quelle 16: 1000 Jahre | Meilensteine der Weltgeschichte | Naumann und Göbel Verlagsgesellschaft mbH Köln.

Quelle 17: Dr. Patricia Collard | Das kleine Buch vom achtsamen Leben | Heyne - Verlag | München | 17. Auflage | 2016.

Quelle 18: Yvonne Hofstetter | Das Ende der Demokratie | C. Bertelsmann| 2016.

Quelle 19: Youtube | Selbstheilung von Arthrose – Interview – secret.tv | Thema der Sendung: Beschwerdefrei durch Ernährungsumstellung

Quelle 20: Manfred Bruer | Alt werden – gesund bleiben | Zu erwerben auf www.manfred-bruer.de

Quelle 21: Manfred Spitzer | Digitale Demenz | Droemer Verlag | München 2012.

Quelle 22: Marc Elsberg | Blackout | Blanvalet | München | Juli 2013.

Quelle 23: Thich Nhat Hanh | Mit dem Herzen verstehen | Theseus Verlag | 7. überarbeitete Auflage | 2000.

Quelle 24: Bunne, Stielmus, Schözeneere | Herkunft und Geschichte der Nutzpflanzen im Rheinland | Herausgeber: Biologische Station Haus Bürgel | www.mercator-Verlag.de | ©2010.

Quelle 25: Gabriele Lindemann & Vera Heim | Erfolgsfaktor Menschlichkeit | Wertschätzend führen – wirksam kommunizieren | Junfermann – Verlag | Paderborn | 2011.

Quelle 26: Prof. Dr. Lothar Wendt | Die Eiweißspeicherkrankheiten | Haug Verlag Heidelberg 1984.

Quelle 27: R. D. Precht | Anna, die Schule und der liebe Gott | Goldmann | München | 2013 | Siehe besonders S. 37, 3. Absatz.

Quelle 28: Karl Josef Strank / Jutta Meurers – Balke (Hrsg.) | „...dass man im Garten alle Kräuter habe... Obst, Gemüse und Kräuter Karls des Großen" | Verlag Philipp von Zabern | Mainz 2008.

Dank

Meiner Mutter gilt mein Dank.

Meine Mutter erlebt in diesem Jahr 2022 ihren 82. Geburtstag. Sie gehört damit, genau wie ich, Baldur Airinger, der ich ein chronisch kranker Mensch mit einer Schwerbehinderung von 50 % GdB bin, zur Risikogruppe in Bezug auf Corona.

Wir halten die Vorsichtsmaßnahmen wegen Corona für angebracht und halten es für richtig, dass die Menschen, die unser Land regieren wollen auch bereit sind, für die Gesundheit von rund 80 Millionen Menschen die Verantwortung zu tragen. Daher sage ich Danke für die Schutzmaßnahmen, welche von der Regierung den Menschen zum Schutz vor COVID-19 auferlegt wurden.

Mein Dank gilt meiner Familie, die mich bei meiner Arbeit an dem vorliegenden Werk unterstützt und in der Praxis mit getragen hat.

Herrn Manfred Bruer, Herrn Ottfried Zimmermann sowie Herrn Dierk Hüllenhagen ganz herzlichen Dank für die großartige Unterstützung und Beratung im Bereich der Natürlichen Gesundheitslehre.

Herrn Bruer und seinen Freunden, seinem Team gilt überdies mein Dank für sein literarisches Werk, welches mich erst richtig auf den Weg der Natürlichen Gesundheitslehre brachte. Bei Herrn Hüllenhagen 1996 begonnen, kam ich durch die Praxis meiner Krankheit und durch die Möglichkeit, natürliche Gesundheit bei den Seminaren von Herrn Bruer in der Natur gemeinsam mit Wilhelm Fiebiger (+) sowie Herrn Stephan Engelhardt zu erfahren, auf einem Umweg von 16 Jahren wieder zurück zu Herrn Hüllenhagen, welcher der Lehrer des Herrn Bruer in Sachen Natürliche Gesundheitslehre ist.

Herrn Hüllenhagen bin ich sehr dankbar für all die wertvollen praktischen Hinweise, die er mir gab.

Ganz herzlichen Dank an Bernd von der Radkolumne für die Erlaubnis, den Text der Internetseite der Radkolumne hier 1 : 1 zitieren zu dürfen.

Als ich es geschafft hatte, mich körperlich zu reinigen und zu läutern, kam meine geistige und seelische Reinigung und Läuterung verhältnismäßig schnell und ich konnte meinen Selbsthass, den ich mir selbst zwecks meiner eigenen Läuterung auferlegt hatte, nach insgesamt 40 Jahren abschließen.

Hierzu danke ich meinem Freund Thomas, meiner Tochter, meinen Eltern, meiner Oma und Tante, dem Buddha-Haus e.V. und der Ehrenwerten Ayya Khema sowie meinen Ärzten, meinem Homöopathen, meinen Psychologen.

Keine Sorge, diesen Weg muss mir keiner nach machen.

Glücklich werden kann man auch einfach jetzt und hier in diesem Augenblick, wenn man es sich selber gönnt.

Baldur Airinger | Mai 2022.

Der Achtsame Staat Deutschland

Ich wünsche mir natürlich, Länder wie Russland oder die Ukraine hätten ein Achtsames Staatskonzept, in dem verankert ist, dass man in Konflikten Fragen stellt und nicht Vorwürfe macht.

Aber wer weiß, vielleicht ist dies in den genannten Ländern ja der Fall und die Situation ist so verstrickt, dass selbst dann kein einfacher Ausweg zu erkennen ist, wenn man Fragen stellt und man alle Fragen bereits gestellt hat.
Auch hier gehe ich selbst lieber neutral mit einer ungefärbten Brille ohne Vorurteile und ohne Vorwürfe an die Situation.

Besser, als zu verurteilen, ist es, W – Fragen zu stellen, wie:

Was ist passiert?
Wie geht es dir?
Was brauchst du, um glücklich zu sein?

Oder: Ja, das ist jetzt keine W-Frage, fast wäre ich hier wieder in eines meiner kleinen, goldenen Fettnäpfchen getappt – Bist du zufrieden?

Wenn Siddhartha Gautama erkannt hat, dass es vier Schätze gibt, also vier Dinge, die unabhängig sind von jeder äußeren Bedingung, also:

- **Gesundheit** als höchsten Reichtum,
- **Zufriedenheit** als wertvollsten Schatz,
- **Zuversicht**, welche Buddha den besten Freund nennt,

dann füge ich jetzt noch hinzu die Erkenntnis, dass wir uns unsere Steine selbst in den Weg gelegt haben, um daran zu wachsen. Unsere Krisen sind unser Karma und Karma ist selbst gemacht. Wenn wir dies erkennen, müssen wir uns darüber, über uns selbst und unsere Entscheidungen, nicht mehr ärgern.
Das ist der vierte Schatz von den „Vier Schätzen Buddhas": Wir erkennen unser Karma als selbst gemacht und benötigen keine „Schuldigen" im Außen, denn Schöpfer unseres Schicksals sind wir selbst – das nennt der Buddha „**Nirvana**".
Dieses Nirvana, was auf Pali, einem Dialekt des Sanskrit, einfach bedeutet: „Nicht brennen", das ist der Vierte dieser Vier Schätze Buddhas.

Und nun zurück zum Achtsamen Staat Deutschland:
Nach meiner Auffassung haben wir alles, was uns bisher in unserer Geschichte passiert ist, gebraucht, um da hin zu gelangen, wo wir jetzt sind.

Wo sind wir jetzt? In einem Status des Friedens. Den gilt es zu bewahren. Natürlich wäre es schön, wenn andere Länder ein Achtsames Staatskonzept hätten und dies auch wirklich praktizierten. Aber was nützt mir das, was ich selbst nicht habe? Dass wir in Deutschland **selbst** so ein Staatskonzept für einen Achtsamen Staat uns erarbeiten und in die Tat umsetzen, daran liegt alles!

Was sollten wir dabei beachten:

- Unseren Umgang mit uns selbst: Wir dürfen und sollten erkennen, dass unser privates ureigenes Glück, die Zufriedenheit eines jeden Einzelnen, nicht von Konsumgütern abhängt, sondern davon, wie wir mit uns selbst umgehen, wie wir zu uns selbst stehen.
  Kurz gesagt: Liebe Dich selbst, so, wie Du bist.
  Nimm Dich an, vollkommen, so, wie Du bist!
  Habe ich auch geschafft, dann könnt Ihr das auch.

- Unseren Umgang mit unserer sozialen Umwelt: Wir dürfen auf unsere Grenzen achten aber wir müssen dabei nicht zurück beleidigen, wenn uns jemand beleidigt. Ein Mensch, der uns beleidigt, hat einfach nur Stress.
  Er fährt in Panik einen Horrorfilm in seinem Inneren und merkt dies selbst nicht. Er hat einen Tunnelblick und erkennt dies nicht.
  Darum sieht er nur noch sich selbst und sein wichtiges Ziel und hat keinen Blick mehr für seinen Nächsten.
  Wenn wir uns selbst mögen, wenn wir uns selbst auch mal eine Pause und etwas Ruhe gönnen, wenn wir selbst schaffen, Vertrauen zu haben in uns selbst und das Gelingen unseres Handelns, kommen wir selbst aus diesem Tunnelblick heraus und können dieses Verhalten auch bei anderen Menschen erkennen, nicht tadeln, sondern akzeptieren oder sie freundlich mal darauf hin weisen. Denn sie bemerken nicht, was sie tun. Sie wissen nicht, was sie tun. Es ist ihnen nicht bewusst.
  Ich darf jemanden, der mich verletzt hat, darauf aufmerksam machen, dass mir sein Handeln nicht gefallen hat. Ich kann ihm oder ihr sagen, dass er oder sie mich mit seinem oder ihrem Handeln verletzt hat.
  Ich kann sagen, dass ich dieses Handeln nicht mehr möchte.
  Durch dieses Grenzensetzen in freundlichem aber bestimmtem Ton schaffe ich mir selbst Raum ohne den Anderen anzugreifen.
  Der andere Mensch kann meine Wertschätzung ihm gegenüber spüren.
  Ich achte ihn, so wie ich auch mich selbst achte. Oder um es so zu formulieren, wie ich es euch schon vor knapp 2000 Jahren sagte:
  Liebe Deinen Nächsten. Fangt bei Euch selbst an: Liebt Euch selbst.
  Liebe Dich selbst und liebe Deinen Nächsten.
  Wenn ich es so sage, sicher versteht Ihr es dann besser.